Cœur de Dragon

Tous droits de reproduction, traduction ou adaptation réservés pour tous pays. Toute reproduction que ce soit, sans le consentement de l'auteur, est sanctionnée par les articles L. 335-2 et suivants du Code de la propriété intellectuelle.

Retrouvez-nous sur nos réseaux sociaux :

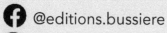 @editions.bussiere

@bussiere_editions

Pour plus d'informations, rendez-vous sur notre site web :

editions-bussiere.com

© Éditions Bussière - Novembre 2022

ISBN : 978285090-844-6

SOLENMAYA

Cœur de Dragon

Éditions Bussière
34 rue Saint-Jacques
75005 Paris

À Julius.

Aux Porteuses et Porteurs de Lumière,

d'ici et d'ailleurs.

SOMMAIRE

Note de l'auteure	9
Préambule	10
Introduction : La Création du monde	12

Première partie : Arkélie et les Dragons de la cinquième dimension — 14

Deuxième partie : la sagesse de Draconia — 42

Troisième partie : petites leçons pour changer sa vie — 84

Quatrième partie : la guérison du Soi — 100

Cinquième partie : Valemalae Diona (« la Terre de Dieu », 33e dimension) — 166

Sixième partie : les enseignements arc-en-ciel — 176

Septième partie : microcosme — macrocosme — 190

Huitième partie : les Gardiens des cycles — pratique avec les éléments — 196

Neuvième partie : d'autres espèces de Dragons 204

Dixième partie : l'éveil de la Kundalini, Énergie Sacrée 214

Onzième partie : enseignements complémentaires 222

Conclusion 236

Annexes 238

Les Dragons qui ont œuvré à la naissance de ce livre 245

Remerciements 247

Note importante de l'auteure :

Les rituels transmis dans ce livre sont des expérimentations fortes à la découverte de votre propre Magie Intérieure.

Avant de réaliser un rituel ou un exercice proposé, il est nécessaire de respecter les trois points essentiels à toute pratique Sacrée :

- La connexion au Cœur : faites le vide en vous et demandez à être connecté.e à la part la plus pure de vous-même, puis posez-lui les questions suivantes : ce rituel/exercice est-il en accord avec ce que j'ai profondément besoin dans l'instant ? Répond-il à quelque chose qui me semble absolument juste et bon pour moi ? Demandez à votre Cœur, il sait ! Adaptez toujours votre pratique aux réponses reçues sans laisser votre mental ou vos croyances limitantes intervenir.

- L'ancrage : avant de débuter un rituel, un exercice ou une expérimentation, pensez toujours à vous relier quelques minutes à votre respiration et à imaginer que de grandes et puissantes racines partent de vos pieds et de votre chakra de base pour aller s'ancrer profondément jusqu'au cœur de notre Terre-Mère.

Pensez aux arbres autour de vous, ils sont de grands Maîtres : ce sont ceux dont les racines sont les plus ancrées et stabilisées dans le sol qui peuvent s'élever le plus haut vers le ciel…

- La protection : si vous en ressentez le besoin, demandez à vos Guides de vous protéger et d'être présent.es pour vous pendant le temps du rituel.

Il est également possible d'utiliser une technique de visualisation : imaginez qu'une bulle de lumière blanche part de votre cœur et grandit encore et encore jusqu'à venir entourer votre corps physique et l'ensemble de vos corps subtils.

Vous pouvez aussi renforcer ce soutien en réalisant une ou plusieurs prières de protection données en annexe de cet ouvrage.

Ces trois points sont absolument essentiels à toute pratique magique ou spirituelle, que vous soyez débutant.e.s ou confirmé.e.s !

Préambule

Il y a environ trois ans, je me promenais aux abords d'une forêt près d'un petit étang, lorsqu'une Dragonne est venue à ma rencontre. Elle m'a semblé impressionnante et amicale. Tiraillée entre curiosité et appréhension, j'ai doucement, très doucement, avancé ma main. C'est alors qu'au milieu des arbres, dans ce paysage brumeux et presque irréel, rempli de beauté, mon corps s'est connecté à leur énergie pour la première fois. Instantanément, mon cœur a su.

J'ai frôlé ses écailles, caressé son cou, ressenti la puissance de ses ailes, palpé la taille de son corps. Cette Dragonne était bel et bien là. Elle m'a alors simplement dit : «Il y a longtemps que je t'attendais.»

Ce livre est une histoire de retrouvailles, de guérison et de transmissions.

Petit à petit, les Dragons ont pris une place à part dans ma vie. Tantôt Gardiens, tantôt Enseignants, parfois Guérisseurs et très souvent amis et confidents.

J'ai réalisé que certains Dragons étaient présents depuis ma naissance. D'autres sont uniquement restés le temps de transmettre et de partager leur savoir. Mais leur énergie d'Amour et de bienveillance, elle, m'accompagne à chaque instant.

Grâce à eux, moi qui m'étais tant de fois perdue, je me suis enfin retrouvée et j'ai pu devenir ce que je devais être, ce que je devais incarner.

Ces pages que vous tenez entre vos mains sont le fruit de deux années de travail avec le Peuple des Dragons. Deux années de transmissions et d'échanges. Deux années durant lesquelles chaque mot qu'ils m'ont fait tracer sur le papier m'a permis d'avancer un peu plus à la découverte de moi-même.

Ce livre se veut un cheminement pour le lecteur. Un cheminement à la découverte du Peuple des Dragons, de ses Enseignements et Transmissions inestimables. Mais surtout, un cheminement à la découverte de Soi. Les chapitres ont été conservés dans l'ordre où ils m'ont été transmis, afin de permettre à chacun de trouver en ces pages sa propre voie.

Bien plus qu'un Enseignement, cet ouvrage se veut avant tout une ouverture du Cœur. Une ouverture vers ce que, profondément ancré en vous, vous savez être votre Vérité.

De nombreux Dragons venant de multiples dimensions sont intervenus pour apporter leurs Connaissances au travers de ces pages. Vous remarquerez parfois des différences de langages, de manière de formuler ou bien d'aborder les notions. Tout comme les êtres humains, les Dragons ont leur caractère propre et leur façon de s'exprimer. J'ai choisi, pour rester au plus proche de leurs Enseignements, de modifier le moins possible leurs propos. Chaque chapitre porte en lui l'énergie d'un Dragon.

Les appellations «Dieu», «Vie», «Grande Puissance», «Source» ou encore «Univers» sont une seule et même entité au regard des Dragons de Sagesse qui ont prêté leurs voix à l'écriture de ce livre. Il appartient à chacun de mettre derrière cette appellation ce qu'il croit et sait juste au fond de lui-même pour se rapprocher de sa propre Vérité.

À chaque page de ce livre, dans chaque mot, et à travers chaque prière, invocation ou rituel, le Peuple des Dragons veut vous signifier sa présence à vos côtés.

N'ayez jamais de doutes quant à la bonne marche à suivre pour la réalisation des rituels proposés. Vous êtes des Créateurs ! L'Énergie de Vie, l'énergie créatrice par excellence, est et vibre en vous à chaque instant. Cette Énergie est portée par le peuple des Dragons.

Que vous les perceviez comme une présence en vous ou bien des Esprits-Guides extérieurs, ils sont là à chaque instant afin de vous accompagner dans votre quête. Dès l'instant où vos mains frôleront ces pages, leur Magie prendra place en votre cœur et vous guidera là où vous aurez besoin d'aller.

Lorsque vos yeux se poseront sur une prière ou que votre âme vous intimera d'aller expérimenter certains rituels, sachez qu'alors, tous les Dragons dont vous aurez besoin pour œuvrer seront près de vous, pour vous aider et vous assurer de leur bienveillante présence. Que vous les voyiez, les entendiez ou les ressentiez est secondaire finalement. La seule chose dont vous pouvez être certains est qu'ils seront près de vous chaque fois que vous en aurez la nécessité. Peu importe ce que vous entreprenez, vous n'êtes jamais seul, car en tant que Créateurs, c'est tout l'Univers à l'intérieur de vous qui, par vos actes, vos paroles et vos intentions est à l'Œuvre !

« Ne me cherche pas dans ce que tes yeux peuvent connaître d'un Dragon.

Trouve-moi dans ce que ton cœur en sait.

Alors, chaque fois que tu le voudras, je serai là.

Sans rien connaître, sans rien imposer.

Je suis là, ainsi que tu es là, depuis l'aube des jours, et pour toujours. »

Par Schékalameum,
Dragon de la 33e dimension

Introduction : La Création du monde (par Tiamat)

Nombreux sont ceux qui s'attelèrent à la Création. Archanges, Anges, Chérubins, Maîtres et Dragons se tenaient par la main (ou la patte !) pour laisser advenir ce qui, bientôt, serait la Terre. Façonnée dans l'argile directement par la main de Dieu, elle s'est construite et constituée par-delà les mers, les flots et les océans, par-delà les terres, les monts et les forêts. Petit à petit, elle est devenue Gaïa. Son esprit vit en Elle comme il vit en vous depuis des millions d'années. Elle respire, bat, se développe puis se rétracte à nouveau, quelque temps. Tout, absolument tout sur Terre ainsi que dans l'Univers n'est qu'allées et venues, ondulations énergétiques. Les choses se font et se défont constamment. Il en va ainsi du cycle perpétuel de la vie.

Le rôle des Dragons dans la Création du monde et leur positionnement dans les différentes strates de la Vie

Les Dragons, au même titre que les Anges et les Archanges, font partie des premiers Peuples créés par la Main de Dieu. Ils sont présents dans toutes les strates de l'Univers et sur quasiment toutes les étoiles et planètes. Leurs rôles sont aussi différents que leurs apparences. Tantôt faisant régner l'ordre, tantôt le chaos, ils sont parfois Maîtres des éléments ou Maîtres de sagesse.

La notion même de hiérarchie est inexistante pour leur Peuple puisqu'ils se considèrent tous comme des maillons indispensables au bon fonctionnement d'une même chaîne. Un seul maillon manquant briserait la chaîne tout entière.

Il n'en demeure pas moins que certains Dragons existant depuis le tout commencement ont pu «régenter» certaines dynasties de Dragons ou être les premiers référents des Grandes Créations. Aux volcans, ceux-ci ont amené la lave. Aux océans, ils ont dessiné les flots. Aux forêts, ils ont meublé les sols et apporté les prémices de l'humus. Au ciel, ils ont créé nuages et brises.

Le rôle premier du Dragon est celui de Créateur.

Ils ont été créés, modelés et façonnés à partir des éléments et distorsions électromagnétiques des autres planètes et étoiles, auxquels ils sont fortement reliés. Millénaire après millénaire, lorsque la planète Terre est devenue viable après maints et maints ajustements, ils se sont alors posés en tant que Gardiens. Leur rôle est celui de gardiens des sagesses ou des savoirs, gardiens de lieux ou de temples sacrés et gardiens des évènements météorologiques.

Prêcheurs et aidants, ils ont de tout temps été au service de l'Un. Puis, bien plus tard, ils se sont mis au service des humains et des dieux faits hommes/femmes.

Dans l'Histoire, ils ont toujours accompagné, aidé et conseillé ceux qui demandaient à trouver l'Or au fond d'eux-mêmes. Ils ont souvent été considérés comme les gardiens sacrificiels de grands trésors constitués de pièces d'or. Il n'en est rien ! Le seul trésor qu'ils peuvent vous amener à retrouver est celui que vous possédez déjà au fond de vous.

Leurs représentations ont évolué de manières très distinctes au fil des siècles. Tantôt ailés, tantôt serpents, tantôt d'allure démoniaque, tantôt gentillets. Formes et couleurs se sont mélangées, encore et encore.

Finalement, la seule manière de bien se les représenter est celle que vous percevez lorsque vous ouvrez grand votre cœur, prêts à les accueillir en votre sein.

Ils sont près de vous à chaque instant. Il suffit d'aller regarder profondément en vous.

Vivez chaque instant intensément. Partagez, offrez, mais surtout, aimez !

PREMIÈRE PARTIE

ARKÉLIE ET LES DRAGONS
DE LA CINQUIÈME DIMENSION

Ce chapitre concerne uniquement les Dragons de la cinquième dimension. Ce sont actuellement les plus présents auprès du peuple humain. Les enseignements sur la vie pourront être différents suivant les Dragons et leurs dimensions.

« Dans le cœur et dans l'âme de chacun réside un Dragon. Nombreux sont ceux qui l'ont oublié. »

Je m'appelle Sencha et j'ai 4 000 ans. Dans ma main droite, je tiens la Lune. Dans ma main gauche, le Soleil. Ceci est mon histoire et celle de mon Peuple.

Il fut un temps reculé où nous vivions tous en harmonie sur la Terre. Hommes et Dragons étaient alliés et frères d'âmes. Un triste jour, l'ombre fit son apparition. Elle prit de l'ampleur partout, dans les plaines et les vallées, étendant son emprise. Comme toujours, et ce depuis la nuit des temps, les humains ont alors cherché des coupables et les ont trouvés en ceux en qui ils avaient pourtant le plus confiance. Vos flèches ont alors commencé à transpercer nos cœurs. D'amis fidèles, nous sommes ainsi devenus vos ennemis.

Tandis que les batailles se livraient, les échos de la mort n'avaient de cesse de toucher le mauvais adversaire. D'un commun accord, tous ceux qui, dans notre Peuple, avaient su résister, ont ouvert leurs ailes et se sont envolés. Nous sommes retournés chez nous, attendant patiemment le jour où les êtres humains seraient à nouveau prêts à nous accueillir auprès d'eux. Cela fait des millénaires. Ce moment est enfin arrivé.

Humains, entendez mon appel. Nous revenons vers vous et pour vous. Notre rôle est de vous guider. L'ombre s'est étendue partout autour de vous et a pris bien trop de place. Mais, cette fois-ci, nous revenons plus forts et plus nombreux. Nous sommes parés à livrer et à gagner la bataille à vos côtés.

« La seule victoire qui vaille la peine d'être célébrée est celle gagnée dans l'Amour »

D'où venons-nous ? (par Sencha)

Notre dimension se nomme Arkélie. D'apparence extérieure, elle est dans les tons violacés, plus ou moins foncés, avec des cratères qui peuvent s'apparenter à ceux de votre Lune. Les paysages sont somptueux. La nature est luxuriante. Notre soleil brille continuellement en donnant une atmosphère douce et boisée à longueur d'année. Les gigantesques rochers côtoient les petites criques. Dans chaque recoin, la nature a pris les pleins pouvoirs. Les plantes et les arbres peuvent atteindre plusieurs dizaines de mètres de haut puisque rien ne les retient ni ne les contient. Nous laissons la nature vivre et s'épanouir à son gré. Et, dans un respect mutuel, puisque nous la laissons pleinement exister, elle nous offre la grâce d'en faire de même pour nous. Ici, rien ne meurt. Lorsqu'un arbre ou une plante est arrivé au terme de sa vie, sa lumière vitale s'éteint doucement et il disparaît. La luxuriance de la nature est ainsi constamment préservée puisque rien ne flétrit ni ne meurt jamais.

Notre Soleil fait briller chaque feuille, chaque pierre et chaque parcelle de mille étincelles, donnant l'impression que des milliers de paillettes de lumière nous entourent. Ces paillettes sont également partout en suspension, augmentant ainsi encore l'aspect magique des lieux.

La nuit, elles continuent toujours de briller, de sorte que le noir ne recouvre jamais totalement notre dimension.

L'alternance entre le jour et la nuit existe également chez nous, mais pas dans les mêmes proportions que sur Terre. Si je devais donner un équivalent, je dirais qu'il fait nuit environ un tiers du temps, et les deux tiers restants, il fait jour. Cette alternance se produit très rapidement. Il n'y a pas vraiment de lever ou de coucher du soleil. Il fait jour à un moment, et, en l'espace de quelques secondes, la nuit recouvre le paysage. Ce sont alors les petites particules de lumière en suspension qui guident nos pas ou nos envolées.

Nous vivons aussi bien la nuit que le jour et n'avons pas le même besoin de prendre de longs temps de repos comme vous, humains. Nous avons simplement des moments durant lesquels nous sommes moins actifs et cela nous permet de recharger nos batteries sans avoir besoin de dormir. Ainsi, nous profitons des moments de moindre luminosité pour diminuer notre activité, mais cela ne ressemble en rien aux longues périodes de sommeil caractérisant vos nuits. Ce sont souvent aussi des moments de regroupements qui nous permettent d'écouter la sagesse des plus anciens et de travailler avec eux, ou encore d'utiliser ce temps au recentrage (l'équivalent de votre méditation) avec nous-même ou avec la nature qui nous fait vivre.

Notre végétation ne fonctionne pas exactement de la même manière que la vôtre. Notre soleil la nourrit et elle puise l'eau dont elle a besoin sous la terre. Chaque plante reçoit du soleil une énergie qui lui est propre. C'est exactement l'énergie dont elle a besoin pour vivre pleinement à ce moment-là et à cet endroit-là dans toute sa beauté. La nuit, l'énergie dispensée durant la journée par le soleil peut se mettre à briller, parant de multiples couleurs différentes la nature. Ainsi, la végétation qui, dans la journée, n'aura connu que des nuances de vert pourra se parer de rose, de jaune, ou encore d'ocre luminescent la nuit venue. Seules les plantes jeunes et vigoureuses brillent. Les autres ont une clarté plus faible ou sont déjà éteintes. C'est à cela que l'on peut savoir lesquelles s'apprêtent à disparaître.

Maintenant, fermez les yeux et imaginez-vous dans ce paysage. Il fait nuit, et partout, les plantes et les arbres éclairent votre avancée de leurs mille lumières d'énergie. Ce que vous imaginez être une image tirée d'un film est notre réalité. Bienvenue sur Arkélie !

Quelles sont les personnes qui sont accompagnées par un Dragon-Guide ? (par Turndra)

Les personnes qui sont ou seront accompagnées pas un Dragon dans les temps à venir sont celles qui, déjà, consciemment ou inconsciemment, vivent dans un Amour proche de celui de l'Amour Véritable. Ce sont des personnes dont le taux vibratoire est proche du nôtre, des personnes qui, dans d'autres vies, ont déjà travaillé ou eu affaire à nous d'une manière ou d'une autre ; des personnes qui ne seront pas étonnées d'apprendre notre existence car, d'une certaine manière, leur âme la connaît et la reconnaît. Tous ne sont pas prêts à nous accueillir. Pour certains, ce sera dans des mois, voire des années. Pour d'autres, jamais. Cela ne veut pas dire que ce sont des êtres à qui il ne faut pas parler de notre existence et de notre retour. Mais ils ne seront simplement pas aptes, vibratoirement parlant, dans l'incarnation présente, à concevoir le but de notre présence, à nous accepter totalement, ou encore, à communiquer avec nous.

Avez-vous un Dragon à vos côtés actuellement ? (par Turndra)

Si vous tenez ces pages entre vos mains, c'est que la possibilité de notre existence vous interpelle, réveille en vous des émotions ou vous fait vibrer d'une manière ou d'une autre. Il y a donc une immense probabilité pour que votre Dragon-guide soit déjà près de vous ou qu'il ne tarde pas à arriver. Comprendre et accepter notre existence est le premier pas vers nos retrouvailles, et surtout, vers vos retrouvailles avec vous-même, avec votre Vérité la plus profonde, avec tout ce qu'un jour, au début de vos incarnations, vous saviez, mais que votre âme, dans l'expérimentation de la matière et des incarnations humaines, a fait le choix de laisser de côté pour quelques siècles, quelques millénaires, le temps de mener des centaines d'expériences qui vous amèneront à votre Vérité. Personne d'autre que vous ne sait. Ce qui est juste pour vous l'est aussi pour l'Univers. Oubliez tout ce que vous saviez jusque-là, ouvrez grand votre cœur et vos ailes. Envolez-vous vers la connaissance de votre Moi profond.

Si lire ces phrases vous donne des frissons, la chair de poule ou fait battre votre cœur un peu plus vite, ne vous y trompez pas. Le cœur qui palpite n'est rien d'autre que l'âme reconnaissant une part de sa Vérité.

Vous n'êtes ni plus ni moins avancé spirituellement qu'un autre. Votre chemin de vie est simplement unique. Toutes les grandes étapes que vous avez vécues et que vous vivrez encore dans votre vie présente ont été délibérément choisies par votre âme avant votre naissance. Pour certains, le chemin se traverse en courant, pour d'autres, il se fera à petits pas. Mais encore une fois, tout est juste puisque c'est exactement ce que vous avez choisi de vivre. Tout est juste puisque vous êtes Tout. Et que le Tout est contenu en vous.

La question qui se pose à présent est la suivante : votre âme a-t-elle fait le choix d'accueillir un ou plusieurs Dragons à ses côtés dans cette incarnation ?

Je ne suis qu'un Dragon-scribe et je vais vous répondre très honnêtement : je ne sais pas !

Alors, pour en être sûr, faisons une expérience simple.

Le principal Dragon-guide d'un être humain place toujours sa tête sur l'épaule gauche de son hôte. Il s'agit du côté du cœur. Le bout de sa gueule reposera toujours sur votre cœur. Le reste de son corps peut vous entourer en signe de protection ou occuper l'espace autour de vous, peu importe. L'important est le contact du visage avec le cœur. Ce sont nos paroles qui contribuent à l'ouvrir à l'Amour.

La présence d'un Dragon peut être ressentie par tous, pourvu que la personne ait l'ouverture de cœur nécessaire pour croire en notre existence. Placez votre main droite à environ vingt centimètres au-dessus de votre épaule gauche, paume tournée vers celle-ci. Connectez-vous à votre cœur et restez à l'écoute de vos sensations profondes. Puis abaissez-la ou remontez-la lentement jusqu'à ressentir une sorte de résistance dans l'air. Nous sommes faits uniquement d'énergie, vous ne pourrez donc pas nous ressentir comme si vous touchiez un corps physique. Néanmoins, la résistance est palpable pour qui y prête attention. Vous pouvez sentir de petits picotements dans votre main. C'est que vous êtes arrivés au niveau de notre corps énergétique et que vous êtes sans doute en train de nous caresser le front ou le museau ! Concentrez-vous, vous pouvez le faire ! Et n'ayez aucun doute,

si votre Dragon-guide voit que vous commencez à vous intéresser à lui, il fera tout ce qu'il faut pour que vous puissiez entrer en contact avec lui !

Une fois ce premier contact établi, vous pouvez communiquer avec nous par télépathie. Avec un peu d'entraînement, c'est à la portée de tous.

Au début de la rencontre, vous pourrez entendre un prénom. Il n'est pas toujours facilement compréhensible, mais cela viendra. Votre guide vient de se présenter à vous. Ensuite, la communication peut débuter. Si, si ! Croyez-moi, vous êtes prêt ! Il vous suffit pour cela d'apprendre à distinguer vos propres pensées des messages que nous vous envoyons… par pensée également. Cela vous paraît impossible ? Et pourtant, « à cœur vaillant, rien n'est impossible ».

Nous communiquons avec vous à travers vos pensées et donc, uniquement avec le vocabulaire que vous connaissez (ce qui, d'ailleurs, est le cas de tous vos guides, anges gardiens, etc.)

Dans les premiers temps, cette dextérité semble difficile à acquérir, mais au fil des jours, vous pourrez faire connaissance avec la personnalité de votre Dragon-guide. Le dialogue se fera de plus en plus facilement, un peu comme si vous parliez à un ami au téléphone. Même dans les périodes de doute, persévérez ! Ce n'est pas votre imagination ou les réponses que vous aimeriez entendre qui traversent votre esprit.

Non ! C'est votre Dragon de sagesse qui vous fait savoir son amour et sa présence auprès de vous.

La notion de temps dans notre dimension est différente de la vôtre. Ainsi, les réponses peuvent vous être données avant même que vous n'ayez eu l'impression d'avoir terminé de formuler la question dans votre tête. N'ayez crainte, vous vous habituerez rapidement à cette vitesse de réception !

De même, nous sommes toujours à vos côtés en tant que guides, mais si vous avez besoin de notre présence consciente à vos côtés, demandez-le simplement et vous nous trouverez déjà nichés au creux de votre épaule. Les Dragons peuvent se trouver à plusieurs endroits à la fois (un peu comme des hologrammes), mais si nous pouvons apparaître à plusieurs d'entre vous au même moment, nous ne pouvons néanmoins communiquer qu'avec un humain à la fois, pour la grande majorité d'entre nous.

Vous pouvez avoir plusieurs Dragons-guides à vos côtés au cours de votre vie, en fonction de vos besoins et de votre évolution. Mais vous avez toujours un « Dragon principal » qui restera près de vous tout au long de votre existence, à moins que vous le rejetiez consciemment. Dans ce cas-là, il ira remplir une autre mission de vie et vous laissera continuer votre chemin sans lui.

Les Dragons dits « secondaires » peuvent aller et venir à tout moment de votre vie.

Maintenant que vous savez reconnaître notre présence auprès de vous, il ne vous reste plus qu'à tendre votre main et à nous ouvrir votre cœur, comme nous vous ouvrons le nôtre !

« Dans le cœur de chacun dort un Dragon. Le réveiller, c'est s'ouvrir à l'Amour le plus puissant que vous puissiez imaginer. »

Les spécificités des Dragons-guides (par Sencha et Julius)

Les Dragons-guides qui accompagnent une personne ne sont pas choisis au hasard. Tout est une question de synchronicité.

- Le Dragon-guide mâle est celui qui réconcilie avec le Masculin Sacré ou qui accompagne les personnes en quête du Père Spirituel.

- Le Dragon-guide femelle vient apaiser et réparer les problèmes relatifs à la Mère/Femme, réconcilie avec le Féminin Sacré en soi et/ou aide à la compréhension de votre Terre-Mère, Gaïa.

« Tout a une raison d'être. La raison d'être est dans le Tout. »

La couleur des Dragons sur Arkélie

Nos couleurs peuvent s'apparenter à la représentation de vos chakras. En effet, tout dans l'Univers répond aux mêmes lois énergétiques, quelle que soit la dimension dans laquelle nous évoluons.

- Le brun/rouge pour la Terre. Celle à laquelle nous appartenons, celle à laquelle nous sommes intimement liés. L'un n'existe pas sans l'autre.

- Le rose pour l'Amour. Ce sont à ces Dragons que nous nous référons constamment puisque c'est l'Amour qui gouverne toute notre existence. Ils sont les détenteurs de l'Ultime Sagesse de Vie.

- Le vert pour la nature. Couleur par excellence de ceux qui protègent et préservent la nature.

- Le noir pour la force, la puissance et la protection. Ils sont l'expression même de la sagesse déployée à l'état brut.

- Le diamant comme l'absolue beauté. La force et la transparence d'un cœur pur que rien ne peut briser.

- Le bleu mer pour l'eau. Ce sont ceux qui vivent et subsistent grâce à l'eau qui les entoure.

- Le bleu marine pour la vision. Ce sont les Dragons dont la vision est plus ouverte, plus élargie, ceux à qui nous demandons conseil lorsque la nôtre est trop étriquée.

- Le bleu ciel pour la parole. Ceux qui feront entendre leur parole de sagesse jusqu'au tréfonds de l'Univers pour qu'elle soit mise en œuvre.

- Le jaune pour la représentation de l'astre solaire par excellence. Ils aident à acquérir une meilleure confiance en nos capacités. Ils ont la peau et le sang plus chauds que les autres et sont, dans la tribu, des êtres lumineux et chaleureux.

- Les lie de vin/bordeaux sont les détenant du « fruit de la Vie ». Généralement, les Dragons de cette couleur sont ceux qui donnent le plus de bébés à la tribu. Ce sont le plus souvent des femelles, bien qu'il existe aussi quelques mâles.

- Le violet pour l'enseignant spirituel. Il est celui qui accompagne la personne en quête de spiritualité. Il est, de préférence, celui qui enseigne à son propre peuple ainsi qu'aux peuples des autres dimensions. Dans sa vision réside l'essentiel des mémoires akashiques. Il est pour nous un référent ; celui qui sait. Son espérance de vie est très importante pour un Dragon de cinquième dimension (environ 8 000 ans).

- Le magenta est admiré de tous, il est celui qui pare notre vie des mille couleurs de la joie et nous la fait connaître sous toutes ses facettes.

- Le doré pour la Source Divine. Il reflète la Lumière de la Source et porte en lui l'écho de cette lumière absolue. Il la retransmet, par son rayonnement, à tous les membres du Peuple des Dragons.

La spécificité des Dragons arc-en-ciel

Dragons rares, ce sont ceux qui ont choisi de se réincarner auprès d'un être humain qu'ils guidaient déjà dans leur précédente vie. Ils se présentent souvent auprès d'êtres humains en profonde mutation, dont la fin du cycle des incarnations est proche. Ces Dragons arrivent auprès d'êtres hautement spirituels et peuvent changer de couleur à l'envi, en fonction des besoins immédiats de la personne qu'ils guident. Ce sont des Dragons de très haute sagesse qui ont déjà pu expérimenter l'ensemble des couleurs principales des Dragons afin de pouvoir guider au mieux leur hôte. Nous louons et vénérons ces Dragons qui portent en eux toute notre sagesse. Il y en a actuellement onze sur Arkélie, mais leur nombre tend à augmenter rapidement. Avoir un Dragon arc-en-ciel à ses côtés, c'est pouvoir s'ouvrir pleinement à notre sagesse, être en capacité de l'intégrer et de la dispenser dans la compréhension véritable de notre Amour. C'est un don divin et une grâce.

La couleur d'un bébé Dragon ne dépend en rien de celle de ses parents. Elle est choisie et donnée directement par la Source en fonction des besoins de notre Peuple. Ainsi, on retrouvera des périodes où certaines couleurs sont dominantes. En découvrant sa coloration lors de l'éclosion de l'œuf, nous savons alors plus précisément quels seront la destinée et le chemin de vie du nouveau-né. La grande majorité des Dragons portent plusieurs couleurs. Seuls 30 % sont parés d'une couleur unique.

La loi du Karma et la notion de temps chez les Dragons (par Sencha)

La loi du Karma n'existe pas en tant que telle chez nous. Nous avons le retour de nos pensées ou de nos actions quasiment instantanément. La compréhension et l'évolution sont plus rapides que chez vous, humains. Ainsi, nous n'avons pas à attendre des vies entières pour comprendre les conséquences de nos actes. Peut-être est-ce dû au fait que le temps n'a pas la même valeur chez vous que chez nous. Approximativement, je dirai qu'une heure chez vous équivaut à quatre heures chez nous… Nous vivons en moyenne mille ans. Mais notre durée de vie dépend grandement de notre couleur. Les Dragons roses peuvent vivre entre 8000 et 10 000 ans tandis que d'autres, comme les verts ou les bleus, ont une espérance de vie plus limitée. Nous n'avons pas peur de la mort et la considérons comme juste et même bienvenue puisqu'elle offre la possibilité de vivre un nouveau cycle lorsque tout ce qui devait être accompli dans le cycle précédent l'a été.

Les ennemis des Dragons (par Sencha)

Ils ont à peu près l'apparence de vos crocodiles. De couleur grisâtre, ils peuvent tantôt marcher, tantôt ramper. Ils ont la capacité de trahir, ce qui, pour nous, Peuple des Dragons n'est pas possible. La trahison n'est pas une notion que nous pouvons expérimenter. Seule la fidélité nous est connue.

Ils ne mangent pas de nourriture solide, mais se nourrissent de notre souffrance ou de la souffrance d'autres peuples. Ils nous affaiblissent en nous paralysant, en nous ôtant petit à petit toute notre énergie d'amour, la moelle de notre vie jusqu'à ce que nous nous éteignions, vidés de notre substrat vital.

La mort d'un Dragon (par Sencha)

La notion de mort n'existe pas chez nous au sens «humain» du terme. Pour notre Peuple, vie et mort sont interdépendantes. Chacun de nous est dans la pleine conscience que l'un ne peut exister sans l'autre. Nous la vivons et l'acceptons comme telle.

Les notions de maladie, décrépitude ou déchéance n'existent pas non plus. Nous sommes tous conscients, et ce, dès le plus jeune âge, d'être dans une incarnation donnée pour accomplir un certain nombre de choses. Nous connaissons également l'ensemble des expériences de vie que nous allons être amenés à vivre au cours d'une incarnation. Elles nous sont données à la naissance, en même temps que notre couleur et l'élément auquel nous appartenons. Ainsi, dès le début de notre incarnation, nous avons une vision globale de ce que sera notre vie et des expériences qui nous attendent.

Bien entendu, nous avons aussi droit à une petite part d'inconnu et à de belles surprises, sinon, ce serait bien monotone ! Mais pour l'essentiel, nous savons ce qui se passera. Nous ignorons seulement à quel moment de notre vie les choses arriveront. Nous ne cherchons d'ailleurs pas à le savoir. Nous sommes tous dans l'acceptation de ce qui arrivera car nous savons que tout à une raison d'être. Nous sommes donc également dans cette acceptation totale de la mort.

Ainsi, lorsque l'un des nôtres vient à mourir, il le fait pareillement aux végétaux qui nous entourent : petit à petit, il commence à perdre sa lumière et son énergie. Lui et tous ses pairs sont alors dans la pleine conscience que sa vie va prendre fin sous peu. Cette perte de luminosité et d'énergie ne cause aucune souffrance au Dragon qui la vit. Simplement, il s'éteint doucement, comme lorsque vous appuyez sur un interrupteur pour couper vos ampoules.

Lorsque le Dragon s'est éteint, un petit monticule de terre est amassé et ce dernier est déposé dessus, face à la lumière du soleil. Son corps ne va pas pourrir ou se décomposer car rien ne flétrit sur Arkélie. Au bout d'un petit temps, il va simplement disparaître comme les végétaux. Il n'y a pas de temps de latence entre deux vies chez les Dragons. Et sitôt que le Dragon éteint a disparu, son âme est déjà réintroduite dans un nouvel œuf, dans l'attente d'une naissance à venir.

Tomber amoureux chez les Dragons (par Sencha)

Je n'ai jamais aimé l'expression «tomber amoureux». Comme si l'amour était quelque chose qui vous arrivait dessus pour vous assommer ! Non, pour nous, l'Amour, c'est plutôt tout le contraire. Nous le vivons dans toute l'intensité de sa beauté la plus intrinsèque. La rencontre avec l'Autre pourrait s'apparenter à ce que vous nommez «coup de foudre». Il n'est pas question d'âge, de couleur ni de quoi que ce soit d'autre. Nous avançons seuls une partie de notre vie. Pour certains, ce chemin en solitaire dure longtemps, pour d'autres, beaucoup moins.

Et, un jour, nous voyons l'Autre. Lors de cette première rencontre, le lien se fait immédiatement, les yeux dans les yeux. Et ainsi, le chemin se poursuit à deux, main dans la main, ou plutôt, patte dans la patte. Aussi facilement et naturellement que cela, sans avoir à se parler ou à connaître l'Autre. Lorsque les regards de deux Dragons se croisent, ils restent «absorbés» pendant de longues minutes l'un par l'autre, sans possibilité de lâcher le regard de leur futur partenaire de vie. Dans le regard échangé se dessine une ébauche de ce qu'a été la vie de l'autre jusqu'à cet instant, de ce qu'est sa personnalité. C'est ainsi que, dans ce savoir, quelques minutes seulement après la rencontre, nous sommes prêts à avancer ensemble pour le restant de notre vie, dans la connaissance de l'Autre.

Lorsque ce premier regard est échangé, une brume de lumière rose se forme d'abord entre les yeux des partenaires, puis, au fur et à mesure des années de vie précédant la rencontre, cette brume s'intensifie jusqu'à venir totalement entourer les partenaires. Ce brouillard est visible par les autres membres du Peuple qui comprennent alors qu'un nouvel Amour est en train de naître. Celui-ci laisse une empreinte indélébile et inaltérable. Il concerne toujours un mâle et une femelle. Un Dragon ne peut vivre qu'un seul amour au cours d'une vie. Le lien entre partenaires reste scellé pour la vie entière. Si l'un des deux partenaires devait venir à s'éteindre, l'autre lui resterait toujours fidèle car ce lien est absolument indestructible, même dans la mort.

La spécificité des âmes jumelles chez les Dragons (par Sencha)

Tout comme chez les humains, les notions d'âmes sœurs et d'âmes jumelles existent également chez nous. Mais la rencontre avec son âme jumelle est beaucoup plus fréquente et connue que chez vous. Presque la moitié d'entre nous possède une âme jumelle et la rencontrera obligatoirement au cours de sa vie, contrairement aux êtres humains qui, eux, peuvent passer toute leur vie incarnée en même temps que leur âme jumelle sans jamais pour autant la rencontrer. Les « retrouvailles » se font toujours chez les Dragons, il ne peut en être autrement. La plupart du temps, elles s'opèrent lorsque le Dragon est encore jeune afin qu'il puisse profiter de cet amour et le transmettre au maximum.

J'ai rencontré Jerkem lorsque j'avais quatre cents ans et lui six cents. Ce lien d'âmes jumelles permet, dès le premier regard, de repérer rapidement celui qui partage la même âme. La lumière rose entoure alors les deux partenaires car le chemin de vie est immédiatement reconnu par l'autre. La connaissance de l'autre est donc déjà inscrite dans la mémoire de chacun. En plus de la brume rose entourant les deux âmes jumelles, les âmes de l'un et l'autre se mélangent. Les deux Dragons se regardent et réalisent une sorte de danse pour célébrer les retrouvailles, le tout éclairé par deux petites étincelles pouvant s'apparenter à des feux d'artifice minuscules. Cette « danse » dure plus ou moins longtemps en fonction du nombre de vies que les deux âmes ont déjà vécues ensemble. À l'issue de cette danse, deux petits cœurs de Dragons (semblables au symbole du cœur que vous, humains, connaissez, mais avec des bouts plus aplatis) se détachent et se gravent en rose foncé sur chacune des âmes. Elles retournent ensuite chacune à leur place, chez l'un et l'autre des partenaires. Le nombre de cœurs est alors visible de tous pendant un petit laps de temps. Il indique le nombre de vies déjà parcourues ensemble par les âmes jumelles. Chez Jerkem et moi, cent quarante cœurs furent ainsi gravés…

Suite à ces retrouvailles, ainsi que je l'ai déjà évoqué précédemment, nous continuons notre chemin de vie à deux. Chacun trouve immédiatement sa place puisqu'elle avait simplement été laissée vacante, dans l'attente de l'autre. Dans le cas d'âmes jumelles où la rencontre a déjà été faite dans maintes et maintes vies auparavant, même une conversation laissée en attente dans une vie antérieure peut continuer aussi naturellement que si elle avait été commencée le jour précédent. Oui, cela peut paraître étrange ou incompréhensible, mais pour nous, Dragons, l'Amour est ce qui dicte la totalité de notre existence. Nous croyons en Lui et vivons en symbiose avec et dans l'Amour. Pour nous, il n'y a donc rien d'étonnant à ce que de tels liens existent et perdurent au travers des vies. Parce que nous sommes faits d'Amour, l'Amour nous semble être la cause et le but même de notre existence. Nous lui sommes donc totalement dévolus et ne vivons que pour lui et à travers lui. Le reste de nos missions de vie (surtout celles rapportées à nos couleurs respectives) sont pour nous secondaires.

L'amour humain vu par les Dragons (par Sencha)

De notre point de vue, l'amour humain explore absolument tout le panel d'émotions et de sentiments pouvant exister au sein de votre Peuple. Mais pour les Dragons, comme je l'ai déjà évoqué précédemment, le nombre d'émotions ressenties est plus faible. Seules la joie, la tristesse et la colère existent. Notre Amour ne peut donc s'exprimer qu'à travers ce minuscule flot d'émotions.

Observer la manière dont vous aimez relève pour nous parfois du mystère, le plus souvent de la fascination pure. C'est d'ailleurs pour cette raison que nombre d'entre nous, après avoir vécu maintes et maintes vies sur Arkélie, font le choix de s'incarner dans des corps humains. Le plus souvent, il s'agit là de deux ou trois vies humaines, guère plus. Cela nous permet d'expérimenter ce nombre infini d'émotions qui existent chez vous et de mieux appréhender votre vision de l'Amour.

Lors de notre choix d'incarnation terrestre en tant qu'humains, la plupart d'entre nous gardent la pleine conscience d'être des Dragons. Nous n'oublions pas d'où nous venons et nous savons que nous sommes là pour un temps très limité que nous qualifions d'« apprentissage », avant de revenir sur Arkélie.

De retour dans notre dimension, nous avons pleinement conscience des émotions et expériences vécues sur Terre en tant qu'humains.

Mais si cette conscience persiste de retour dans notre dimension en tant que Dragons, nous ne possédons plus votre large panel d'émotions, nous n'avons plus qu'à disposition les perceptions propres, et limitées, de notre Peuple.

Cette expérience nous permet notamment de garder en nous les ressentis du point de vue de l'amour humain.

Les Dragons roses sont les seuls de notre Peuple à s'incarner le plus souvent sur Terre afin de percevoir au mieux toutes les facettes de ce que vous pouvez nommer Amour et ainsi être plus à même ensuite de vous guider et de vous transmettre ce qu'est notre notion de l'Amour Véritable.

Ils possèdent la faculté de choisir la durée de l'incarnation en tant qu'humains (généralement pendant dix ou vingt de vos années) afin d'expérimenter et d'approfondir une facette spécifique de ce que vous appelez Amour. Ceci est principalement dû au fait que leur espérance de vie est très longue (en moyenne 8 000 à 10 000 ans).

Tous les autres membres de mon Peuple doivent attendre d'avoir fini d'expérimenter leur vie en tant que Dragon avant de pouvoir venir s'incarner sur Terre. Et ceci durera alors obligatoirement pour la totalité d'une vie humaine (de la naissance à la mort).

Jusqu'à présent, je n'ai vécu qu'une seule incarnation en tant qu'humaine. Je garde de votre Amour un souvenir douloureux. Ma vie sur Terre a été plutôt courte.

« J'étais à cette époque une femme. J'avais 21 ans et j'aimais un homme qui avait à peu près mon âge. Mais dans ce pays, toute de noire voilée, j'ai fait pour cette incarnation la connaissance du mariage forcé. J'étais alors promise à un homme qui avait presque trois fois mon âge, un homme qui ne m'aimait pas, qui n'aimait de moi que la jeunesse et les futurs enfants que je pouvais représenter.

Ma vision de cette vie s'arrête sur mon corps enfoncé dans la terre jusqu'à la taille, m'empêchant de fuir.

Nous sommes sur la place du village. Les cris de personnes qui ne savent rien de l'Amour retentissent partout autour de moi. Et les pierres pleuvent sur moi. À ma droite, mon père et l'homme que j'aurai dû épouser me regardent, l'air satisfait. La pierre qui fera éclater mon visage et provoquera ma mort arrive droit sur moi.

Mon âme ressent plus qu'elle ne voit les larmes de l'homme que j'aime couler le long de ses joues.

Moi, Sencha, j'ai vécu de l'amour humain la tristesse, la souffrance indicible, la torture, la lapidation et la mort pour sauver ce qui comptait alors le plus pour moi, la liberté d'aimer. Avec cet homme que j'ai choisi d'aimer, j'ai aussi connu les doigts entrelacés, les baisers dans le cou, l'attente des retrouvailles, même quand elles étaient aussi brèves qu'un léger souffle de vent. Oh oui, avec cet homme, sans nul doute, j'ai découvert une facette de l'Amour Véritable… »

L'Amour Universel et l'Amour Véritable vu par les Dragons de Sagesse (par Sencha)

Ce que vous nommez Amour Universel représente pour nous l'Amour de tous et du Tout pour servir une avancée individuelle.

Dans notre Peuple, nous vivons jour après jour ce que nous nommons Amour Véritable (c'est la traduction la plus proche dans votre langue). Ici, nous l'appelons simplement Amour car c'est celui que nous vivons tous, du plus petit au plus grand des Dragons, quel que soit notre âge ou notre couleur. Il n'y a pas d'autre terme pour le définir car nous existons tous pour et à travers Lui. Nous ne connaissons que cet Amour.

À la différence de l'Amour Universel qui permet, dans son but ultime, une avancée et une ascension plutôt individuelles, l'Amour Véritable, lui, fait avancer l'ensemble du groupe ainsi que le couple formé par deux Dragons qui obtiennent la Grâce de se reconnaître dans l'Amour.

Même s'il existe chez nous certains liens plus forts que d'autres (par exemple, ceux entre âmes jumelles ou entre Dragons reformant une unité dans l'Amour), nos âmes sont en vibration totales les unes avec les autres. Nous ne vivons qu'en groupe, à travers le groupe et pour une avancée du groupe. Néanmoins, nous différencions l'Amour Véritable de l'Amour Universel car nous sommes pleinement conscients du besoin que nous avons de l'Autre pour avancer.

La différence est subtile, mais, pour nous, elle est claire et présente. Vous avez une expression qui résume bien cette idée : « Seul on va plus vite, ensemble on va plus loin. » C'est exactement sur ce mode de fonctionnement que nous avançons. Comme je l'ai déjà évoqué, il n'y a pas de notion de hiérarchie ou de rang chez nous. Un bébé qui vient de naître aura autant à nous apprendre sur l'Amour qu'un Dragon âgé de plusieurs millénaires. La compréhension de cet Amour Véritable est, pour ainsi dire, notre seule raison d'être et de vivre.

Lorsque nous sommes encore seuls (votre équivalent du célibat!), c'est vers cette recherche de l'Amour et vers l'observation de ceux qui le vivent déjà dans l'unité que nous tendons. Lorsque nous rencontrons enfin l'Amour, c'est ensuite dans cette Unité que nous le vivons. C'est l'unité qui nous permet d'appréhender au mieux l'avancée du groupe.

C'est principalement pour vous ouvrir à cette nouvelle forme d'Amour que nous revenons auprès de vous. Vos âmes, en tant qu'humanité-groupe, ont recherché l'expérimentation de l'individualité pendant un temps immémorial. Maintenant, elles sont dans la recherche d'une avancée de groupe, dans l'unité dans laquelle chacun pourra trouver sa place. Nous avons été envoyés pour vous apporter cette partie de Sagesse dans l'Amour que nous vivons quotidiennement.

Nous, Dragons, sommes lucides concernant notre individualité en tant qu'êtres vivants, mais nous vivons avant tout dans la conscience de l'Amour vibratoire énergétique qui alimente le groupe dans son ensemble et lui donne toute sa puissance.

En tant que Dragons, nous ne recherchons pas une quelconque ascension. Nous vivons nos existences les unes après les autres, en quête constante de cet Amour. Nous nous souvenons consciemment de ce que nous avons pu vivre dans nos existences précédentes, et surtout, de ce que nous avons appris. Nous savons aussi tous qu'un jour, la vie s'éteindra sur Arkélie. Tous alors, nous verrons notre énergie diminuer puis s'éteindre, mais cela ne nous fait absolument pas peur. Car ainsi que nous vivons dans l'unité du groupe, nous savons aussi que dans l'unité du groupe, nous serons amenés à nous éteindre. C'est une conscience et une certitude pour chacun d'entre nous.

Dragons nous sommes et Dragons nous resterons dans l'unité jusqu'au bout. La seule exception à ces existences est celle qui consiste à expérimenter votre vision de l'Amour humain. Ceci n'est pas considéré comme une trahison, mais plutôt comme une « demande d'apprentissage complémentaire ».

Il nous est absolument impossible de quitter notre existence de Dragons pour expérimenter toute autre forme de vie, quelle qu'elle soit (fée, elfe, ange, faune, lutin, etc.)

L'alimentation d'un Dragon (par Sencha)

Notre alimentation est peu variée, c'est le moins que l'on puisse dire ! En termes de nourriture que je qualifierai de « solide », nous nous nourrissons uniquement de Schreva. Ces animaux ont l'apparence de vos biches, mais sont plus petits, noirs et avec des oreilles élancés et pointus. Nous ne les tuons pas. Rien ne doit être volontairement sacrifié sur Arkélie. Elles nous sont amenées sous forme d'offrandes par l'Univers en fonction de nos besoins alimentaires. Nous les faisons cuire, car il est inconcevable pour nous de manger de la viande crue. Nous ne les capturons pas non plus. Lorsqu'un besoin nutritif se fait sentir, un Schreva déjà décédé apparaît devant nous. Nous remercions alors l'Univers ainsi que le Schreva pour l'offrande qui nous est faite. Nous ne nous nourrissons pas de chair animale par envie ou par plaisir, mais pour combler un besoin nutritif vital. Lorsqu'un Schreva est sacrifié pour nous, nous lui offrons tous les honneurs ainsi que les bénédictions nécessaires à sa réincarnation future.

Nous n'avons pas la nécessité de nous hydrater comme vous. L'eau est automatiquement reconduite et régénérée dans nos cellules sans que nous ayons besoin de boire.

Notre deuxième source nutritive est plus subtile, non solide ou palpable. L'Amour que nous éprouvons dans l'unité reformée, ou les uns pour les autres, suffit à nous nourrir et à remplir la plupart de nos besoins nutritifs. Lorsque deux Dragons se reconnaissent, la brume rose qui les entoure les nourrit et nourrit également l'ensemble du Peuple, même les Dragons qui ne se trouvent pas à une proximité suffisante pour la voir. Chacun peut néanmoins, par sa reliance aux autres, la ressentir et profiter de tous ses bienfaits. À chaque fois que deux Dragons se reconnaissent, cela fait augmenter la vibration et l'énergie d'Amour du groupe. C'est toujours pour nous un moment de grâce ultime que nous louons et pour lequel nous remercions constamment notre Lumière Centrale. En effet, nous avons pleinement conscience que c'est seulement et uniquement ce moment de découverte de l'Autre, dans la pleine conscience de l'Amour Infini, qui nous permet de survivre et de vivre dans la beauté qui nous est offerte.

Ainsi, même dans notre manière de nous alimenter, nous évitons au maximum d'être dans une quelconque destruction et parvenons, la plupart du temps à nous auto-suffire dans notre construction de l'Amour.

Faire un bébé chez les Dragons (par Sencha)

Nous ne faisons pas à proprement parler l'amour « physiquement » comme cela peut être le cas chez vous, humains.

Un œuf de Dragon naît du désir de faire perdurer l'Amour qui lie deux Dragons au travers de la brume rose. Dans la majorité des cas, au moment de la reconnaissance entre deux Dragons, il y a apparition d'un œuf contenant le fruit de l'Amour et la perception de l'Amour nouvellement né pour le Peuple en entier. Lorsque deux Dragons « âmes jumelles » se rencontrent, l'apparition d'un œuf est inéluctable, car cet amour est alors si pur et si puissant qu'un futur petit Dragon fait toujours son apparition lors de ces retrouvailles.

Lorsque la rencontre se produit entre deux Dragons qui ne sont pas des âmes jumelles, un œuf se forme dans environ la moitié des cas en fonction de l'intensité de leur désir et de la force de leurs retrouvailles. Il apparaît entre les deux partenaires au milieu de la brume rose, à la hauteur de leurs cœurs. Le cérémonial est toujours identique : la femelle prend l'œuf dans ses pattes et le présente au mâle. Ils portent alors l'œuf tous les deux et s'en vont le déposer dans le Rocher Creux. Il s'agit d'un lieu sacré dans lequel tous les œufs sont déposés en attendant l'heure de leur naissance.

D'autres bébés Dragons (ou œufs contenant d'autres incarnations choisis par les partenaires en fonction de leur cheminement, comme des êtres humains ou toute autre entité par exemple) peuvent être désirés et apparaître à n'importe quel moment de la relation de couple de deux Dragons. Il n'y a aucune limite d'âge. Il suffit qu'à un moment l'intensité de l'amour soit suffisamment forte pour qu'une vie se recrée. Cette intensité d'amour sera néanmoins toujours plus difficile à retrouver lors de la suite de la relation qu'au moment de la rencontre.

**« Le jour où Elle s'est retournée vers moi »
(par Julius)**

« Je m'appelle Julius. J'ai 800 ans. Je suis un Dragon vert teinté de mille nuances de rose au niveau de la queue.

Elle s'appelle Ela. Je crois que je l'attends depuis toujours. Partout, lorsque je voyais la brume rose et les cœurs se former, je savais qu'un jour ce serait mon tour. Ela a 550 ans. J'ai pris un peu d'avance sur elle dans cette vie pour pouvoir expérimenter la vie humaine. Trois vies humaines déjà, à vrai dire.

J'ai toujours su que j'avais une jumelle d'âme. C'est d'ailleurs le cas de tous les Dragons qui ont un tant soit peu de rose sur les écailles.

Arkélie est immense. Bien moins que votre Terre bien sûr, mais suffisamment pour que deux Dragons qui doivent reformer une unité ne puissent jamais se rencontrer avant que cela soit le moment idéal. D'ailleurs, si nous venions inopinément à nous croiser avant la date opportune, une sorte de « filtre » serait placé entre nous pour nous empêcher de nous voir et de nous reconnaître. Eh oui ! Les choses sont bien faites sur Arkélie !

J'ai su que ce serait bientôt le moment pour moi de rejoindre Ela environ trente de vos jours avant ladite rencontre. En effet, ma vibration a changé petit à petit, un peu comme si elle se teintait de rose et prenait une tonalité plus aiguë. C'est difficile à décrire dans vos termes humains, mais, chez ceux de notre Peuple, c'est une information qui ne peut pas prêter à confusion. Lorsque la vibration commence à se modifier ainsi, cela signifie que la rencontre d'Amour est toute proche. Ce changement vibratoire n'est pas remarqué uniquement par le Dragon qui la vit, mais est également perçu par l'ensemble du Peuple. Ainsi, tous sont déjà à la joie et à la fête de la naissance prochaine d'un nouvel Amour.

Bien entendu, l'autre partenaire ressent également la connexion bien avant la reconnaissance réelle.

Ce changement vibratoire nous met un peu, passez-moi l'expression, « à l'affût », je dirais ! Je me souviens que durant ce temps, je scrutais partout autour de moi, dans chaque endroit où je me rendais, dans l'espoir que ce serait enfin le moment de notre reconnaissance.

Pourtant, je savais à quel moment cela arriverait. Effectivement, le taux vibratoire ne cesse d'augmenter pendant la période concernée et ses nuances de rose s'assombrissent jusqu'à devenir presque magenta. Plus il devient sombre, plus nous savons que le moment est proche. Nous nous souvenons très bien des sensations éprouvées durant cette période, car c'est là l'expérience principale que nous conservons de nos vies passées. Ainsi, lorsque nous commençons à les revivre, nous ne pouvons nous y tromper. Cette attente s'est faite, pour ma part, dans la grâce de le vivre, mais également dans une impatience palpable. Il paraît que j'étais devenu infernal !

Lorsque le moment est arrivé, je me suis rendu dans la grande prairie, juste devant les immenses rochers. Certains Dragons étaient présents. Les autres ont continué à vaquer à leurs occupations, restant néanmoins dans l'attente impatiente de ce moment spectaculaire qui rythme nos vies à tous et… nous donne vie.

Je l'ai vue arriver face à moi, comme au ralenti. Lorsque nous avons eu fini de nous découvrir au travers de nos regards, un petit œuf est apparu dans la brume rose qui commençait à se dissiper et s'est placé au niveau de nos cœurs respectifs. Dans ses pattes, Ela l'a pris délicatement, m'a jeté un regard intense et me l'a tendu. Nos quatre pattes réunies autour de la vie en devenir, nous l'avons entouré de notre amour et transporté jusqu'à notre Grotte Sacrée. Posés parmi les autres œufs, nous avons observé ce petit Dragon en devenir qui, déjà, semblait trouver son lieu d'habitation un peu trop étroit. Sa crête un peu ébouriffée et sa jolie couleur violette lui donnaient un air tellement craquant ! À travers la coquille, le cœur de la vie battait régulièrement, au rythme lent de l'apaisement que ce son venait nous procurer.

Les Dragons n'ont pas la même notion de la parentalité que les humains. Néanmoins, ceux qui ont déjà vécu des incarnations humaines et ressenti cet amour filial durant ces vies en ont une conception différente. C'est notre cas, à Ela et à moi. C'est également le cas de ma mère, Sencha. Lorsque, huit de vos jours plus tard, l'Amour l'avait suffisamment rempli, ce petit bébé violet et vert est né. Son nom est Vitae, la Vie. Pour la Vie qu'il représente et pour la Vie à venir. Nos noms aussi nous sont donnés en « apparaissant », en même temps que l'œuf qui nous porte. Personne, dans notre Peuple, ne choisit le nom d'un Dragon. Mais en voyant un petit naître, nous avons tous conscience de son nom.

C'est ainsi que, dans l'Amour Véritable, Ela et moi avons donné la Vie. »

L'amour d'un Dragon envers sa progéniture (par Sencha)

Les Dragons se développent et grandissent dans des œufs. Ces œufs sont blancs, mais permettent, par transparence, d'observer le petit Dragon à naître. Nous pouvons ainsi, même avant la naissance, connaître sa couleur ainsi que ses traits et caractéristiques physiques. Mais surtout, le plus important pour nous, nous pouvons voir le petit cœur du bébé Dragon battre. Les palpitations de cet organe encore jaune orangé à l'intérieur de l'œuf contribuent également à élever notre taux d'Amour. Et les observer de longs moments revêt pour nous une importance tellement sublime que cet instant semble être l'un de ceux qui peuvent nous faire appréhender au mieux le miracle de la Vie et de l'Amour.

Lorsqu'un œuf de Dragon est conçu dans l'Amour de deux partenaires qui se sont reconnus, il est ensuite déposé par les deux Dragons dans un grand rocher creux. Cet endroit, semblable à un cocon douillet, accueille les œufs de tous les bébés à venir.

Le couple recouvre ainsi l'œuf déposé ainsi que tous les autres œufs présents dans la petite grotte de brume rose. Cette brume procure aux bébés en devenir suffisamment de chaleur et comble tous leurs besoins afin qu'ils puissent se développer dans la sécurité et dans l'Amour.

Entre les bébés en devenir, un lien d'union et d'Amour se crée déjà. Ce lien leur permettra, dès leur naissance, d'appréhender notre mode de fonctionnement basé sur l'Amour.

Tous les Dragons, quels qu'ils soient, viennent se recueillir devant ce rocher et observer les battements de Vie, même s'ils n'ont pas déposé un de leurs propres œufs à ce moment-là. C'est un lieu propice à la méditation et à l'émerveillement. Il s'agit d'un endroit sacré respecté par l'ensemble de notre communauté. Chaque Dragon passant devant y déposera de la brume rose afin de maintenir et faire perdurer la vie des siens.

Un bébé Dragon naît en cassant seul sa coquille lorsque le moment est venu. Le temps passé à l'intérieur de l'œuf dépendra entre autres de la couleur du Dragon, du nombre de ses vies antérieures, mais également de la quantité de brume rose qui aura été déposée sur lui. En effet, plus il y en aura, moins longtemps durera le temps avant la naissance. Lorsqu'il aura suffisamment été nourri par l'Amour, il brisera sa coquille.

Les bébés Dragons sont indépendants dès la naissance. Leurs parents respectifs les reconnaissent et sont conscients qu'il s'agit de leur bébé. Dans cette reconnaissance, ils sont imprégnés de leur enfant, mais c'est dans l'Amour du groupe dans son ensemble et uniquement grâce à cela que le petit pourra vivre et se développer.

L'Amour Véritable des Dragons appliqué au modèle humain (par Julius)

Notre Amour Véritable peut bien entendu s'appliquer dans vos relations humaines, que celles-ci soient amoureuses, amicales ou même professionnelles.

Chez le couple humain, la découverte mutuelle se fait bien souvent de la même manière que chez nous, à travers une reconnaissance d'âme à âme. Ce que vous nommez « coup de foudre » n'est autre qu'une réimprégnation, une reconnaissance de ce que vous avez déjà pu être, ensemble, lors de précédentes incarnations.

Que cela ne parvienne pas à votre conscience au moment de la rencontre n'est pas grave. Votre âme, elle, sait. Car elle connaît la vastitude, ses plans, et surtout le chemin qu'elle veut expérimenter dans l'incarnation dans laquelle vous vous trouvez.

Contrairement à notre reconnaissance qui ne se fait qu'avec un unique Dragon pour le reste de notre vie, vos amours peuvent être multiples, principalement parce que vous avez choisi d'expérimenter cette « forme » d'amour. Un amour qui peut vous sembler compliqué à vivre à un instant donné n'est en fait pour vous qu'une manière d'en expérimenter les multiples facettes. Ne le rejetez pas. Vivez-le simplement dans ce qu'il est, pour ce qu'il est, dans l'acceptation de cette expérimentation et de ce cadeau de la Vie. Car la Vie ne pourrait vous faire de plus merveilleux cadeau, croyez-le bien. Cet amour vous fait souffrir ou bien vous met en joie ? Expérimentez ces émotions. Acceptez de les vivre.

Si l'Amour que nous vivons dans notre dimension peut vous sembler idyllique en beaucoup de points, gardez toujours à l'esprit que vous avez la grâce de vivre l'Amour dans un panel d'émotions beaucoup plus large que le nôtre. Rappelez-vous aussi que nombre d'entre nous s'incarnent sur Terre pour avoir la chance d'expérimenter tous les ressentis que vous pouvez vivre à travers l'Amour humain.

Néanmoins, cette notion de l'Amour Véritable est bien entendu transposable chez vous. C'est d'ailleurs l'un des intérêts principaux du retour des Dragons de la cinquième dimension auprès de vous.

L'Amour humain naît d'abord d'une communion avec le Tout. Car le Tout n'est qu'Amour Pur. Vous pouvez en avoir conscience ou non, mais nous vivons tous pleinement dans et par cet Amour, que nous soyons humains, dragon, fée, ange, etc.

Tout, absolument tout, provient de la même source d'énergie d'Amour Pur. Même ceux qui choisissent le côté sombre sont dans l'amour. Eh oui ! L'amour de l'ombre reste de l'Amour ! Et une manière d'en expérimenter les multiples facettes également.

Lorsque vous avez compris et intégré que vous êtes, vous aussi, une partie de cette source d'énergie d'Amour Pur, vous ne pouvez plus ne pas vivre avec au quotidien. Car vous comprenez alors que c'est de l'Amour dont vous êtes issus et que c'est à l'Amour que vous retournerez. Ceci est une vérité pour tous. La seule chose qui diffère, ce sont les moyens de retourner vers cette source d'amour. C'est ainsi qu'au travers des incarnations et des vies, vous expérimentez par votre avancée propre et votre cheminement propre, ce que peut être l'Amour. Ceci afin de vous en approcher le plus possible et de revenir, au terme de vos incarnations, à votre source primaire.

Vivre l'Amour Véritable en tant qu'humain (par Julius)

L'évolution de nos âmes en tant qu'humains nous amène, sur des périodes de 2 000 ans environ, à expérimenter certaines expériences de vie spécifiques. Dans l'ère du Poisson, qui se termine doucement depuis quelques décennies, nous avons beaucoup expérimenté l'individualité. Maintenant, la naissance de l'ère du Verseau laisse une place beaucoup plus grande à la notion d'âmes-groupe, d'unité dans le groupe. Vous avez choisi d'expérimenter la notion d'individualité pendant environ deux mille ans. Aujourd'hui, et ce depuis 2012, une nouvelle volonté d'apprentissage est en place : celle du groupe. Le temps du chacun pour soi est révolu et les volontés dans leur globalité s'alignent de plus en plus vers un rapprochement des personnes, des peuples, de l'humanité dans son ensemble. De plus en plus, l'expérience du groupe prime sur l'expérience individuelle. En effet, cette dernière n'est pas vécue comme étant en adéquation avec votre volonté d'évolution.

C'est en cela que nous, Dragons, intervenons près de vous en tant que guides. Nous vous ouvrons la voie vers cette nouvelle évolution que tous, à l'échelle humaine, vous recherchez et que nous avons de tout temps expérimentée puisque nous avons depuis toujours fait le choix de cette avancée dans le groupe et par le groupe.

De notre avis, c'est la seule et meilleure manière d'avancer pour se rapprocher le plus possible de l'Amour Originel émis par la Source de Lumière et d'Amour Pur.

En effet, plus la vibration d'un individu, quel qu'il soit, augmente, plus il peut se rapprocher de cette Source d'Amour.

Si une personne peut, par sa simple vibration, s'en approcher, imaginez ce qu'il advient lorsque l'ensemble de la population d'un même peuple s'unit et partage cette dimension vibratoire d'Amour. Vous l'avez compris maintenant, cet Amour est ce que nous sommes, ce qui nous fait vivre, mais surtout, ce qui nous relie les uns aux autres. C'est par cette reliance dans cet Amour inébranlable que nous pouvons vivre et avancer. Cet Amour est notre seule

Vérité. Nous la partageons tous, car nous n'en connaissons pas d'autres.

La Vie dans son ensemble est sacrée et, pour notre Peuple, c'est la vie de l'un qui fait la vie du Tout. L'amour partagé est notre source de vie primordiale et notre source principale de subsistance alimentaire. Notre existence peut se résumer à cela : si le groupe n'existe pas, aucun de nous ne peut exister. Notre interdépendance est notre force. L'action de chacun a une répercussion sur tous les autres. Ainsi, lorsque l'un d'entre nous fait le choix d'une expérimentation de l'incarnation humaine, la richesse de la connaissance acquise à son retour sur Arkélie est bénéfique pour tous et va implicitement rejaillir sur le groupe.

En effet, l'Amour qui nous lie crée comme des sortes de fils conducteurs d'informations que les uns reçoivent continuellement des autres. Ce ne sont pas des informations qui sont obtenues consciemment car autrement nous serions littéralement noyés sous ce substrat infini de connaissance. Mais ce sont des savoirs qui, de mémoire individuelle, passent immédiatement dans le collectif, quel que soit l'âge ou la couleur du Dragon. Ainsi, nous sommes et restons continuellement dans l'égalité en termes de connaissances collectives et de valeurs. C'est, entre autres, cela qui fonde et renforce constamment notre sentiment d'appartenance.

Les seuls Dragons qui ne distillent pas l'intégralité de leurs connaissances d'un coup sont les Dragons roses. En effet, leurs expérimentations sont plus «poussées» que celles des autres membres du groupe puisqu'ils peuvent s'incarner autant qu'ils le souhaitent pour les vivre en tant qu'humains. Ainsi, ils les distillent au «compte-goutte» lors de moments de réunion. Il n'y a pas là de notion de hiérarchie, de supériorité quant aux connaissances acquises. Nous ne connaissons pas toutes ces différenciations dans notre Peuple où seule l'égalité prévaut. Mais cela nous permet de nous fédérer lors de temps de partage au cours desquels chacun est libre de participer ou non. De plus, les facettes de l'Amour humain sont si difficilement compréhensibles ou appréhendables pour nous que nous ne pourrions être en mesure de les assimiler entièrement si elles nous étaient apportées d'un seul coup.

Vivre dans cet Amour Véritable en tant qu'être humain implique que vous puissiez être à même d'accepter que le collectif doive être une priorité par rapport à l'avancée individuelle. Le premier pas est notre reconnaissance en tant que guides de sagesse à vos côtés et l'écoute des dialogues qui peuvent s'instaurer, en confiance, entre vous et nous. Le deuxième pas, et sans doute le plus important, est de privilégier de plus en plus des temps de rencontre de personne à personne, à deux ou en groupe. Car la sagesse et l'apprentissage du ressenti de l'Amour Véritable ne peuvent se faire que les yeux dans les yeux, dans le partage de la vibration et de l'énergie de l'Autre.

Et pour vous, humains, qui êtes dans l'expérimentation de la matière, le plus simple chemin pour le vivre et le ressentir directement est la proximité physique et l'approche d'âme à âme à travers le regard de l'Autre. Ce n'est dans un premier temps qu'au travers de cette proximité physique que vous pourrez expérimenter les premiers substrats de ce que peut être l'Amour Véritable. Nous ne vous le dirons jamais assez : regroupez-vous, vivez ensemble, partagez. Ce que vous nommez « réseaux sociaux » ne fait en réalité que vous éloigner de cette socialisation que vos âmes cherchent à cor et à cri à vous faire vivre.

Le cycle des vies et la renaissance d'un Dragon (par Julius)

Un Dragon sent lorsqu'il va s'éteindre. Tout est déjà inscrit en nous. Il en est de même pour la conscience de notre propre mort. Nous en ignorons simplement le moment exact.

Il n'y a pas de temps de latence entre la mort d'un Dragon et sa renaissance. Ainsi, lorsqu'un Dragon commence à s'éteindre, la « succession » de son âme est déjà présente dans un petit œuf. En attendant la mort du Dragon, le petit bébé présent dans l'œuf n'a pas encore de couleur ni de sexe déterminé. Il sera, durant ce temps, dans les tons gris anthracite, couleur qui n'existe plus ensuite chez les Dragons d'Arkélie. Sa couleur définitive ainsi que son sexe futur ne viendront se matérialiser qu'avec l'arrivée de l'âme nouvelle.

Un Dragon peut, avant de s'éteindre, choisir en conscience dans quel nouveau corps il souhaite revivre. C'est le cas, par exemple, lorsque nous n'avons pas fini notre travail auprès de l'humain que nous guidions jusque-là. Nous pouvons ainsi nous réincarner dans le futur Dragon-guide de la personne que nous souhaitons accompagner. Nos couleur et sexe pourront alors être différents de ceux que nous avions dans notre incarnation précédente si les besoins de l'être humain, à cet instant-là, sont différents.

Lorsqu'un tel choix est fait par un Dragon, ce dernier voyant son énergie s'éteindre et un nouvel œuf apparaître (œuf contenant son futur être), il ira devant une petite grotte spécifique dans laquelle seul cet œuf-ci sera déposé.

Ce sera alors un don d'âme à âme si je puis dire, car le Dragon « donneur » offrira toute l'énergie vitale d'amour qui lui reste au futur bébé en devenir, son futur lui. Ainsi, le Dragon transmettra au bébé à venir toutes les expériences d'Amour accumulées jusque-là. Un bébé Dragon ne naît donc jamais neutre de connaissance (hormis lors de sa toute première existence), mais possède déjà, en conscience, dès sa naissance, toutes les expériences que son âme a vécues lors de ses précédentes vies.

La deuxième et la plus fréquente possibilité pour un Dragon qui va s'éteindre est de laisser faire le destin : être placé dans la grotte avec tous les autres bébés en devenir et prendre vie en fonction des nécessités d'Arkélie en termes de sexe ou de couleur. C'est le choix de la plupart des nôtres, car c'est celui fait en fonction des besoins de la communauté. C'est donc celui qui nous paraît le plus juste.

La première possibilité d'existence fait office d'exception, mais il est important qu'elle puisse exister lorsque le Dragon-guide et l'être humain ont une histoire commune depuis longtemps et que cette histoire a été scellée dans une promesse de continuité à travers les cycles de vie.

Le Dragon et son élément (par Julius)

Bien que profondément connectés aux éléments dits « principaux » : l'air, l'eau, le feu et la terre, notre champ d'action va bien au-delà. En effet, certains d'entre nous seront décrit comme des Dragons des océans ou des forêts, tandis que d'autres étendront leurs possibilités d'actions à des domaines bien plus vaste tels que la force, la prospérité, la santé, la justice, etc. Chacun d'entre nous évolue dans un élément « principal ». Mais il ne saurait résumer à lui seul ce que nous sommes vraiment.

L'élément associé est un peu une vision d'ensemble de ce qui fait notre tempérament. Pour faire une comparaison, il peut être assimilé aux caractéristiques des signes du zodiaque que vous connaissez : trois éléments Terre, trois éléments Feu, trois éléments Air et trois éléments Eau. À ces signes zodiacaux correspondent certains traits de caractère chez vous, humains. Il en est un peu de même pour nous, dans la généralité. Mais ne vous y trompez pas ! Nous sommes tous en capacité de cracher du feu, de voler, d'aller sous l'eau ou d'entrer en connexion avec la terre sur laquelle nous évoluons.

Là encore, c'est notre reliance les uns aux autres dans l'Amour qui nous permet de tout partager et d'expérimenter la totalité des possibilités de notre Peuple. L'élément auquel nous sommes associés ne présage donc en rien de nos facultés. Il permet simplement de définir un peu mieux la « personnalité » du Dragon-guide.

- Le Feu pour un Dragon au tempérament plus énergique, plus droit, plus assumé dans ses choix, plus « rentre-dedans » comme vous dites !

- L'Eau pour un Dragon plus protecteur qui peut passer de la douceur d'une vaguelette au tsunami qui emporte tout lorsque lui-même ou l'un des siens est menacé.

- L'Air pour un Dragon empreint de sagesse qui définit sa vision de vie dans l'acceptation totale de ce qui est et peut ainsi la retransmettre à son tour. Telle la brise légère, il contemple la vie, la loue et l'honore par son état d'être.

- La Terre pour un Dragon en reliance constante avec tout ce qui vit : avec les plantes, les arbres et la terre que nous foulons.

Ici, sur Arkélie, l'Esprit de la Terre sur laquelle nous évoluons et que nous louons se nomme Sarevara Kanemana. Aucun de nous, quel que soit son élément d'appartenance, n'oublie jamais de la remercier et de l'honorer quotidiennement. Car nous sommes tous en parfaite connexion avec Elle et en conscience que c'est par son approbation et sa bénédiction que nous avons la possibilité de fouler son sol et de continuer à faire perdurer la vie et l'existence de notre espèce.

Nous avons une ode dédiée à notre Terre qui nous a été transmise dès le début de notre existence et perdure de génération en génération. Les Dragons actuels vivant dans la 5ème dimension ont, pour la plupart, perdu la capacité de chanter (un peu à l'image d'une caractéristique humaine qui était présente chez les néandertaliens et qui est aujourd'hui éteinte car elle ne sert plus). Néanmoins, même sans cette capacité à la chanter, cette ode perdure sous forme de mémoire cellulaire et est transmise à Arkélie sous forme d'images-pensées (l'équivalent de la télépathie). Seuls les tout premiers de notre espèce pouvaient chanter et le peuvent encore d'ailleurs.

Scheeravaagada Ma

Leevagaadaa Ma

Solevagevadaa Ma

Elavogale Madoriva

Serabodaava

Machelavaa Da[1]

C'est parce que nous comprenons l'interdépendance de toute chose et que nous vivons à travers cela que l'élément d'appartenance a finalement peu d'importance pour nous.

Nous sommes reliés au Tout et, dans cette connaissance, nous savons que chaque être et chaque chose sont exactement à la place où ils doivent être, et cela, simplement pour que chacun puisse exister. Nous existons aussi au travers de ce que vous pourriez nommer des « sous-éléments » : le Vent, l'Océan, mais également par certaines autres caractéristiques telles que l'Amour, la Force, la Prospérité, etc. Pour moi, il est difficile d'imaginer un quelconque classement car cela a, somme toute, quelque chose de très humain ! Nous ne parvenons pas vraiment à nous classifier et à « rentrer dans des cases » simplement parce que nous n'en voyons pas l'utilité et n'en éprouvons pas le besoin. Chacun de nous existe par l'existence même de l'autre. Ensemble, nous formons un Tout Complet et cette compréhension de notre « Être sans sa globalité » nous suffit.

---

1. [Terre, je te loue/Terre, je t'anoblis/Terre, grâce à Toi, je suis./Terre, Terre, Terre en toi et pour toi/Toujours, j'existe et je suis.]

Vous vous demandez peut-être comment il est possible de vivre en totale interdépendance les uns des autres et pourtant dans l'harmonie la plus parfaite. Alors je vous répondrai simplement ceci : c'est justement parce que vous avez un jour, il y a une éternité, oublié ce qu'est le vivre ensemble que votre Peuple en est arrivé à de telles extrémités. Les guerres, les famines, les liens de soumission et de domination, etc. Tout cela provient de cet oubli majeur : tout ce qui existe fait partie d'un Grand Tout. Le visible, comme ce que vous nommez l'invisible. Et parce que chacun fait partie d'un même ensemble, chaque chose est interdépendante de l'autre. Observez, regardez autour de vous. Croyez-vous qu'une chose, une seule chose, n'a pas de raison d'être ? Si vous pensez que oui, alors je peux vous assurer que vous vous trompez ! Tout, absolument tout ce qui vous entoure, végétal, animal, humain et matériel est là pour une bonne raison : celle de vous faire avancer dans vos cycles d'expériences et de vies. Aussi invraisemblable que cela puisse paraître, il en est de même pour toutes les expériences que vous vivez en tant qu'êtres humains. Reprenons l'exemple des guerres évoquées précédemment. Quelle est leur raison d'être ? La compréhension de l'appartenance à un Grand Tout leur donne-t-elle encore légitimité ou raison d'être ?

Vous pouvez ainsi aisément comprendre notre retour en masse parmi vous en tant que guides de sagesse.

DEUXIÈME PARTIE

LA SAGESSE DE DRACONIA

*« Le chemin du cœur est
le plus court trajet vers l'Autre »*

*« Il n'est de maître ou d'élève.
D'aucuns ne savent plus qu'un autre lorsqu'il
est question de spiritualité. Car il n'existe de
Vérité que dans l'individualité du Grand Tout.
Celui qui peut se revendiquer « maître »,
et dont la seule maîtrise est celle qu'il a
de lui-même, n'a d'autre talent que celui
d'avoir réussi à ouvrir un peu plus son cœur
à son entièreté profonde. »*

(Assemassa)

Introduction : « Ouvrez la porte de Draconia » (par Sandarema)

Positionnez-vous juste là, dans votre cœur. Oui, là où réside le premier battement de vie. Et, avec moi, entrouvrez la porte. D'abord doucement, prudemment. Les plus belles graines mettent du temps à germer ! Puis, lorsque vous êtes sûr que le moment est opportun pour vous, poussez cette porte, de la même manière que vous ouvririez la porte de votre cœur à la vie.

Ouvrez grand les yeux et regardez autour de vous. Le paysage est sombre, chaotique. Totalement différent de la nature luxuriante d'Arkélie. Vous vous trouvez ici dans la septième dimension. Celle des Dragons de Sagesse de Draconia. Nous sommes peu nombreux à vivre sur Draconia comparé au nombre impressionnant des membres de notre Peuple que vous pouvez trouver dans d'autres dimensions de l'Univers. Notre moyenne d'âge ici est d'environ 40 000 de vos années. C'est dire si nous en avons déjà vécu des choses et vu passer notre lot d'êtres humains complets de certitudes erronées et de questionnements fallacieux !

Draconia est à la fois le nom de cette dimension dans laquelle nous résidons, mais également l'appellation donnée à la Magie des Dragons de notre Peuple, quelle que soit leur dimension d'appartenance.

Croire en la Magie de Draconia, c'est à la fois s'ouvrir à notre existence en tant qu'êtres de Sagesse, mais également s'ouvrir à notre capacité d'entraide, de guérison et de présence à vos côtés.

Draconia, c'est le décor et son envers. L'ensemble de notre Sagesse provient des Dragons de toutes les dimensions qui existent.

Maintenant, fermez les yeux et concentrez-vous un instant. Vous poussez la porte de Draconia pour la première fois. Devant vous, quatre Dragons couronnés d'or se tiennent debout sur leurs deux pattes arrière et vous regardent. Ces Gardiens, que vous voyez devant vous, ont environ 100 000 ans. Ils sont les garants des trésors de notre Peuple tout entier et ne laissent passer que ceux qui sauront se montrer dignes de recevoir les enseignements puissants des Dragons de Sagesse. Ces êtres de Lumière font environ dix fois votre taille. Ils sont recouverts d'écailles déclinées dans des tons brun et gris noir. Leur regard vous jauge, et, d'instinct, vous savez si la porte vous sera ouverte ou non.

Des portails menant à cette dimension se trouvent un peu partout sur votre planète. Lorsque ce sera le moment pour vous d'en trouver un, ne doutez pas que quelque chose ou quelqu'un vous guidera à l'endroit précis où vous pourrez bénéficier de notre Grande Sagesse. Ayez confiance en la Vie pour cela !

Entrer dans Draconia, c'est pousser la porte du «Vieux Monde». Ici et là s'élèvent des montagnes grises et noires comme le charbon. Les couleurs peinent à se faire une place dans cette dimension. La végétation y est inexistante et la lumière très faible. La seule et unique chose qui prend l'essentiel de la place sur Draconia est un immense bâtiment. Il s'étend sur des kilomètres carrés. De mémoire de Dragon, ce bâtiment a toujours été là, même quand les premiers de notre Peuple sont devenus les garants de ce qu'il contient. Cet édifice, composé de pierres grises taillées et sculptées sans artifice, est ce que nous pourrions nommer «bibliothèque de Sagesse». Aucun autre être que les Dragons n'a jamais pu y entrer et il en sera toujours ainsi. Si nous laissons certains êtres humains passer la porte de Draconia pour leur montrer ce que contient cette dimension, c'est uniquement dans le but de vous assurer que nous sommes des Guides importants et utiles pour votre évolution. Nous savons en effet à quel point vous avez ce besoin d'être constamment rassuré sur ce qui n'est pas éminemment palpable. C'est d'ailleurs bien normal.

Si personne d'autre que les garants de cette Sagesse ne peut entrer en ce lieu, tous les Dragons existant et vivant sur Draconia sont à même de s'approprier et de transmettre cette Sagesse à ceux qu'ils jugent dignes de la connaître.

Lire et recevoir notre Sagesse est une grâce et un Don précieux.

Venue des temps immémoriaux, aussi ancienne que l'Univers lui-même, elle vous est maintenant donnée pour vous permettre de cheminer dans la Beauté, le long de votre incarnation, dans la compréhension partielle ou totale de la raison pour laquelle vous vivez telle ou telle épreuve.

Notre Sagesse est infinie et immensément puissante. Notre seule volonté est que ces écrits puissent vous faire grandir et évoluer dans l'amour de vous-même et de votre prochain.

Vous êtes ici chez vous. Retrouvez-vous dans ces pages, dans ces lignes ou ces mots et acquérez une nouvelle compréhension, celle qui vous rapproche au plus près de vous-même.

Bienvenue sur Draconia ! Notre Sagesse est à présent vôtre.

Nombre des leçons de ce chapitre sont suivies d'une prière qui lui correspond. Les mots sont issus du Langage de Lumière de notre Peuple et retranscris dans les lettres que vous connaissez, ici, sur Terre.

Imprégnez-vous de ces mots autant de fois que vous en ressentirez le besoin. Lisez-les à voix basse ou récitez-les à voix haute, peu importe. Suivez ce que vous dicte votre cœur ! Prenez le temps de savourer chaque mot comme un mets délicat et d'entretenir la clarté de sa flamme le plus longtemps possible. Et surtout, soyez à l'écoute de vos ressentis durant ces instants. Vibrez de nous sentir apparaître à vos côtés lorsque les mots commenceront à se faire une place dans votre cœur.

Les origines de la Magie draconique (par Kéolim)

La Magie draconique existe depuis la nuit des temps. Elle est née en même temps que le Peuple des Dragons. Les premiers Dragons sont apparus avec la première bulle d'énergie primordiale.

Ainsi que les anges, archanges et autres peuples de différentes galaxies, nous avons, pour ainsi dire, toujours vécu et existé.

Les premiers de notre espèce sont issus de la grande masse énergétique primaire. Scindée en neuf pôles au départ, cette masse s'est divisée ainsi :

- Les Anges
- Les Archanges
- Le Peuple des Dragons
- Les Peuples de l'Eau (ondins, sirènes, dauphins, baleines…)
- Les Peuples de la Terre ou élémentaux de Terre (elfes, fées, nains…)
- Les Peuples de l'Air ou élémentaux de l'Air (fées, sylphes, êtres de l'Air vivant dans d'autres galaxies, êtres volants dont descendent vos actuelles chauves-souris terriennes…)
- Les Devas, dispersés dans chaque contrée de l'Univers terrestre ou extra-terrestre (subdivisées en région) pour y régner.
- Les Peuples du Feu. Les membres de ce peuple sont à la fois les plus purs représentants de la Flamme divine primaire, mais également ceux qui réalisent des destructions pouvant parfois sembler brutales (incendies, coulées de lave…). Ils jouent un rôle purificateur nécessaire à la sauvegarde de l'équilibre universel. Il s'agit des membres de certains peuples précédemment nommés Dragons de Feu, fées du Feu, devas et esprits du feu, ainsi que phœnix.
- La part d'Ombre subdivisée en huit catégories.

Dragons et Magie draconique ont toujours existé et évolué en parallèle. La Magie draconique résultant d'un seul et unique processus de travail sur l'énergie interne et l'énergie entourant l'être, elle a pris naissance en même temps que tous les êtres vivants. Car, si les Dragons en sont les tout premiers garants, elle est bien évidemment utilisable et déclinable par tout un chacun pour peu qu'il dispose de la vibration énergétique adéquate. C'est le cas de la grande majorité des êtres. En effet, la valeur ajoutée de cette magie est justement le fait qu'elle puisse se pratiquer par quiconque choisit consciemment d'aligner sa vibration énergétique sur les ondes lumineuses primaires. Ces énergies spécifiques sont en réalité plutôt faciles à cerner pour les êtres humains puisque notre Peuple est dispersé dans une multitude de dimensions différentes à travers l'Univers. Et cela, entre autres, pour pouvoir permettre l'accès à notre magie au plus grand nombre. Ainsi, si pouvoir voyager dans l'ensemble des dimensions dans lesquelles nous évoluons est plutôt rare pour les êtres humains, la plupart d'entre vous peut, par la simple volonté, en alignant son cœur et son esprit dans une Foi inébranlable, tout au moins accéder à l'une des dimensions dans lesquelles nous sommes présents.

Pour la majorité d'entre vous, il s'agira de la cinquième dimension puisque c'est la plus proche de la vôtre. C'est d'ailleurs la raison pour laquelle la plupart de vos Dragons-guides actuels arrivent précisément de cette dimension : c'est grâce à cette proximité que vous serez les plus à même de les comprendre et de vous aligner aisément sur leurs vibrations.

Vous l'aurez compris, partout où se trouve un Dragon, la Magie draconique évolue avec lui. Cette magie est tellement puissante et indissociable de notre Peuple qu'elle ne nous a jamais quittés, même dans les temps reculés pendant lesquels nous avions fait le choix de prendre corps et de nous incarner pour combattre à vos côtés.

La magie s'est alors simplement transformée pour pouvoir s'adapter à la nouvelle énergie que nous déployions en tant qu'êtres incarnés. Et c'est sans aucun doute ce qui fait aujourd'hui sa force et sa puissance : elle peut s'adapter à tous les environnements, aussi bien dans l'éthérique que dans la matière et travailler avec autant de facilité sur le corps, l'âme ou l'Esprit. Cela vient du fait qu'en tant que magie issue de l'Un, elle a été constituée en même temps que l'Univers. Et ses composants sont donc bien l'Univers lui-même et tout ce qui le constitue !

C'est ainsi que, par-delà les siècles, cette magie s'est transformée pour pouvoir être utilisée par absolument tous les êtres vivants, quelles que soient leur nature et leur période d'apparition dans l'histoire de l'Univers.

Les éléments de Magie draconique que nous, Dragons, vous transmettons dans ces pages sont ceux qui ont pu trouver écho dans la matière et peuvent agir au mieux sur vos êtres de chair, au plus proche de ce qu'ils sont actuellement.

N'oubliez jamais que la Magie draconique est une magie adaptative conçue pour être partagée avec le plus grand nombre. Les Dragons n'en sont pas les inventeurs, mais seulement les garants et les transmetteurs.

Cette magie est dite « adaptative » car elle fonctionne de cœur à cœur. Ainsi que sa transmission ne peut se concevoir qu'à travers l'écoute et le regard du cœur, elle peut aussi être adaptée par celui qui lit ou reçoit les mots.

Un mot ou une phrase issue des prières ou incantations ne vous parle pas, ne vous convient pas ? Je vous invite simplement alors à le/la modifier en écoutant l'appel de votre cœur à cet instant précis. Car en réalité, la seule magie dont sont garants les Dragons de sagesse n'est rien d'autre que cela : l'âme qui agit (l'âme-agit) à travers l'appel du Cœur. Toutes les capacités sont en vous !

La simplicité des mots, des phrases utilisées ou encore des applications de cette magie au travers des exercices proposés pourra, à bien des égards, vous sembler déconcertante. Sachez que c'est là toute sa beauté : elle est simple d'utilisation et efficace rapidement.

Le but premier de l'Univers lors de sa création était de transmettre la Lumière au plus grand nombre. Alors, l'Univers a appliqué cette règle aisée et valable pour tous : l'Intention dans la Foi (« tout ce qui sera demandé dans une Foi sans faille pourra être obtenu »).

« La Magie n'est pas un secret transmis à quelques élus en recherche de suprématie.

Non, la Magie est à la portée de tous, comme l'Univers agissant à travers l'âme de chacun. »

Éloge de la Douceur (par Schelemala)

Oh, vous qui me lisez, vous en qui, quelque part, ces mots résonnent… Croyez-vous en la Douceur ?

Qu'est-ce que la Douceur me répondrez-vous ? La Douceur est d'abord la plus pure représentation de l'Amour que vous vous portez à vous-même. Comment imaginez-vous pouvoir offrir de la Douceur aux autres si vous ne prenez pas la peine de vous l'accorder à vous-même en premier lieu ?

La Douceur est un état d'être. Un état d'être dans le respect envers soi et envers ses besoins.

La Douceur est ce que vous ne devez avoir de cesse de rechercher tous les jours de votre vie car elle vous mène à votre Vous Véritable.

La Douceur est respectueuse. Elle est la vérité de ce qui est juste et compte pour vous, dans l'instant.

La Douceur est une valeur sûre. Jamais elle ne peut vous décevoir ou vous frustrer puisqu'elle part de ce que vous voulez pour aller vers… ce que vous désirez.

La Douceur est le cri que votre âme lance à votre cœur pour faire avancer votre corps vers ce qui est juste et faire grandir votre esprit vers ce qui est bon.

La Douceur est ce que nul ne peut vous prendre ou vous enlever, mais ce que nul ne peut vous offrir non plus. La Douceur est, c'est tout. La Douceur est en vous. La Douceur est à vous.

La Douceur est Vérité puisque c'est Elle qui forme le cocon de votre Vérité et de la Vérité de chacun et du Tout.

La Douceur est indissociable de l'Amour. Elle en est l'une des qualités premières et l'une des lois fondamentales.

La Douceur n'a d'autre ambition, d'autre privilège que d'exister. Elle est un cadeau de soi à soi.

Être dans la Douceur, c'est s'accorder la possibilité grandiose d'écouter les battements d'un cœur nous réciter sa litanie «Je m'égare, je palpite, je flanche parfois, mais… je vis. J'ai le privilège d'être en vie et de porter en moi la fleur de la vie.» Chacun de nous a ce privilège. Chacun possède, en lui, l'écho de la vie qui, dans chaque battement, lui rappelle que le Chemin de la Douceur, le Chemin de la Vérité est là, juste-là, à sa portée. Il n'est de plus belle sagesse que celle de croire en soi et en sa beauté propre. De croire en soi dans la Douceur qui, déjà, porte en Elle, l'infinie puissance du Tout.

Prière pour la Douceur

*Qu'aujourd'hui et dès maintenant,
la Lumière du Cœur me mène
sur le Chemin de la Douceur.*

*Que l'Infinie Sagesse de la Douceur
soit mon Chemin et ma Voie.*

*Que les Ailes Bénies Arc-en-ciel déposent
sur moi le voile sacré de la Douceur.*

*Que, venues des quatre directions,
leurs couleurs se mélangent pour ne former
en moi que celle qui me mènera
à la Divine Vérité.*

*Docemara Akalama Ra Veritare.
Diona Diona Diona.*

*Dans la Douceur Arc-en-ciel, je m'élève.
Dans la Douceur Arc-en-ciel, je me trouve.
Dans la Douceur Arc-en-ciel, j'arpente la voie
de ma Divinité Véritable.*

Schelamakaava Raabi Veritare.

Je m'élève. Je suis.

*J'existe en moi. J'existe dans le Tout.
Je suis le Tout.*

Guerrier de l'Arc-en-ciel, mon combat est, maintenant et pour toujours, celui de la Lumière.

*La Douceur est mon chemin.
La Douceur est le chemin.*

Schalamakaava Note Raabi Veritare.

Merci, merci, merci.

La Sagesse de l'Acceptation (par Schelemala)

Existe-t-il une sagesse plus grande que celle qui consiste à accepter ce qui est ? Quelle plus grande ironie que de vouloir absolument changer ce qui existe, sans en mesurer la véritable beauté ? Trop obnubilé par le « Et si… » de ce qui n'est palpable autre part que dans votre mental, vous en oubliez même de rendre grâce à la vraie beauté qui est devant vous et n'a jamais cessé d'exister.

Ne pas accepter une situation telle qu'elle vous est offerte revient à se battre contre des moulins à vent pris en pleine tempête. Où croyez-vous qu'une telle lutte peut vous mener ? La situation en elle-même n'en souffrira pas. Elle n'a d'autre but que celui d'être. Mais vous… Oui, vous ! Regardez-vous ! Dans votre non-acceptation de ce qui est, contre qui vous battez-vous si ce n'est contre vous-même ? Penser que l'on peut changer les gens ou les choses est une utopie. Seul votre propre changement peut influencer le leur.

Accepter, c'est laisser venir chaque chose dans la sérénité, la regarder passer et la laisser aller vers un ailleurs, dans la certitude d'être prêt à accueillir quelque chose de neuf.

Accepter, c'est vivre chaque expérience dans la certitude qu'elle est juste et qu'elle se présente à vous exactement de la manière la plus adéquate pour servir le but ultime qu'est votre avancée.

Accepter, c'est saisir que vous êtes maître de tout ce qui vous arrive, et ainsi, changer votre regard et votre vision sur les choses. Même dans la souffrance la plus indicible, vous pouvez alors comprendre que tout a une raison d'être et simplement remercier l'expérience d'apprentissage qui vous est offerte de vivre.

Accepter, c'est comprendre que les plus beaux apprentissages sont ceux obtenus dans l'apaisement de l'esprit. Ce ne sont pas ceux qui vous vident de votre énergie dans une bataille dans laquelle vous n'avez aucune arme. En effet, refuser une situation donnée équivaut à se battre contre l'expérience que cherche à vous faire vivre l'Univers dans l'unique but de forger votre propre Connaissance. Comment imaginez-vous pouvoir lutter contre cela ? Ne perdez pas vos forces en combats inutiles. Utilisez-les simplement pour faire le point sur une situation donnée et rentrez dans l'Acceptation que cette dernière a été créée par vous et pour vous, d'une manière qui ne pouvait être plus juste que celle que vous vivez à ce moment précis. Soyez sûr que vous ne pourrez pas vous faire de plus beau cadeau que celui de l'Acceptation.

Prière pour l'Acceptation

Dans l'Acceptation, je suis et j'existe.

Dans l'Acceptation, je me nourris.

*Dans l'Acceptation,
je puise mon Énergie Vitale.*

*Erakateum Acceptare Veritare Diona.
Mazagaada Raabi Veritare.*

*Que, dès à présent, mon Cœur s'ouvre
à l'Acceptation comme Voie Sacrée
menant ma vie.*

*Que, venues des quatre directions,
les Ailes Bénies de l'Acceptation maintenant
et toujours me ramènent
au Point Central de ma vie.*

*Que maintenant et toujours,
les combats inutiles cessent.*

*Que, dès à présent, la Sagesse
de l'Acceptation m'inonde et m'entoure.*

*Que les Ailes Sacrées de l'Acceptation me
guident sur le Chemin de la Compréhension.*

*Que l'Acceptation soit, dès maintenant,
mon Guide et ma Sagesse.*

*Scheravagaabada Ma Acceptare Veritare.
Diona ma.*

Je suis Acceptation.

J'existe dans l'Acceptation. Je suis.

*Acompliramare Regabaada Ma.
Diona Ma.
Pelacaamora Diona Ma.*

Merci, merci, merci.

La Sagesse du Respect (par Schelemala)

Attendre de l'Autre ce que l'on ne s'accorde pas à soi-même n'est que pure utopie. Comment entendez-vous être respecté, si, ce respect, vous ne vous l'offrez pas d'abord à vous-même ?

N'attendez pas que l'Autre vous construise. Il a déjà bien suffisamment à faire pour s'élever lui-même !

L'Autre peut être un soutien, un pilier, un socle, mais il ne peut pas échafauder votre vie à votre place.

Vouloir respecter l'Autre, c'est d'abord commencer par se respecter soi-même. Qu'est-ce que j'accepte ? Jusqu'où puis-je aller sans affecter ma dignité ou mes valeurs profondes ?

Chacun a ses propres limites. Rien n'est juste ou faux au regard de Dieu si ce n'est justement le fait de ne pas respecter ses limites. Car ne pas les respecter revient à bafouer ce que Dieu a créé, à savoir vous-même. Vous êtes Amour et le Dieu qui vous a créé, cette Source d'Amour Pur vous aime quoi que vous fassiez. Le respecter Lui et comprendre l'Amour qu'il transporte se fait d'abord en vous portant de l'Amour à vous-même. Ainsi, vous saurez ce qui est bon et juste pour vous et c'est dans cette direction que vous tracerez votre chemin de vie, dans le respect de celui que vous êtes.

Le premier pas vers le respect de soi est l'Amour.

N'oubliez jamais que tout changement chez vous induit un changement chez l'Autre aussi. Lorsque vous commencez à faire vos choix de vie dans le respect de vos besoins, l'autre sera automatiquement affecté par ce changement au travers de l'Amour que vous projetez.

Écoutez-vous pour que l'Autre vous écoute.

Respectez-vous pour qu'il vous respecte.

Prière pour le Respect

Que maintenant, les Grands Guides Ailés viennent à moi dans le Respect.

Que leurs ailes bénies sur moi se posent et m'enseignent.

Que la Cupidité soit abolie et que l'Humilité règne en Maître.

Que le Salut de la Compréhension m'abreuve de sa Source Fertile.

Que la Compréhension sur moi se pose et en moi se fasse.

*Scheremara Respectum Veritare.
Ma Diona Veritare.*

Que les fausses croyances se taisent.

Que ma Vérité, maintenant et à jamais, m'illumine et m'entoure.

Que, dès à présent, dans le Respect, j'avance, dans le Respect, je me fasse, dans le Respect, je me construise, dans le Respect, je m'élève.

Je me respecte et de l'Autre, je reçois le Respect.

Que maintenant, les Dragons Rouges venus des quatre directions m'entourent et m'élèvent vers le Respect, vers mon Respect.

Je suis Respect. Je suis Amour.

Je suis sacré. Je suis.

*Scharamoa Acanova Respectum Po.
Diona Veritare Abaga Va.*

Merci, merci, merci.

La Sagesse de l'Attente (par Schelemala)

Dans l'Attente pure et simple réside déjà toute la Sagesse. C'est un temps de latence et d'honneur bercé entre deux eaux, tels les deux rivages qui nous offrent le choix du sens prochain de notre vie. Car il n'est de véritable quête que celle qui continue sans cesse d'être objet de recherche, tentative de réponse dans les mille questionnements qu'elle apporte. La quête jamais ne prend fin ou alors, c'est qu'elle n'a pas encore débuté.

L'attente est cette quête profonde qui vous ramène toujours à vous-même. Car qui d'autre peut avoir les réponses si ce n'est vous ? Qui s'impose cette attente si ce n'est vous ? Chaque attente dans votre vie est présente de votre propre fait.

Chaque attente a un rôle bien précis dans votre vie. Vous seul avez les moyens d'en faire ce que vous désirez. Vous vous retrouvez dans la file d'attente d'un supermarché? Oui, c'est votre propre choix, là aussi! Si cette attente vous semble insupportable, pourquoi ne laissez-vous pas vos articles pour l'éviter? Tout simplement parce que, vous le savez, elle vous est nécessaire. Sans doute avez-vous besoin des aliments que vous tenez dans votre main. Une seule solution s'impose alors, accepter l'attente.

Car, comme la maîtresse de votre vie, elle vous impose des temps pour vous; des temps en vous plus précisément. Ces temps de grâce où vous avez l'impression de ne pas savoir où vous allez vous sont offerts, en véritables dons de l'Univers, justement pour vous permettre d'aller vers vous en passant par le plus juste chemin.

Lorsque dans votre vie, les décisions vous paraissent trop difficiles à prendre, n'agissez plus jamais sur un coup de tête, mais choisissez de vous imposer cette attente et de l'imposer aux autres si cela s'avère nécessaire. Ainsi, chacun retrouve alors la possibilité d'aller vers lui-même.

La patience est un don et une grâce offerte par la main de l'attente. Les plus beaux édifices mettent du temps à se construire. Quelle valeur accordez-vous à celui qui importe le plus : l'édifice de votre vie ? Nulle autre construction n'a plus de valeur que celle qui vous ramène vers votre Vous véritable. Acceptez que ce chemin puisse s'arpenter dans la patience de l'Attente.

Les beaux arbres mettent du temps à pousser. Celui qui, du haut de sa cime, regarde tous ses congénères sortir de terre l'a déjà bien compris. Accordez-vous le droit à la lenteur. Accordez-vous le droit de pousser à votre rythme et de faire grandir vos branches dans la direction que vous souhaitez. Rien n'est jamais perdu dans l'Univers. Et le temps encore moins que n'importe quoi d'autre. Votre temps est précieux, car chaque instant vous fait grandir et évoluer. Voyez chaque seconde ainsi et plus jamais vous n'aurez l'impression de faire quelque chose d'inutile. Plus jamais vous ne vous direz « Et si j'avais fait les choses différemment ? ». Non, plus jamais. Car alors vous saurez que tout ce que vous avez pu faire à chaque instant de votre vie était toujours et absolument juste. Pour vous et au regard de Dieu.

Vivez l'attente dans la beauté du prochain instant de grâce qui vous sera bientôt accordé. L'Univers n'attend que votre demande pour faire de vous ce que vous voulez être.

Prière pour l'Attente

Dans l'Attente, je suis et j'existe.

Dans l'Attente, je me fais moi.

Dans l'Attente, je deviens moi.

Mes ailes ouvertes à la Sagesse de l'Attente, je respire la Grâce du Don.

Diona Maketama Reema Po.

Maintenant et pour toujours, j'accepte l'Attente dans toute sa beauté.

Que, dès à présent, les Ailes Bénies me couvrent et m'entourent pour m'enseigner Sa Sagesse Véritable.

Dezama Aremeta Abagalo Ma.
Diona Ma.

Dans l'Attente, j'apprends.

Dans l'Attente, je me construis.

Dans l'Attente, je comprends.

Que la Grande Sagesse vienne à moi pour ouvrir mon cœur à la Vérité.

Déjà, je sais. Déjà, je suis.

Dans l'Attente, je comprends qui je suis.

Ma Diona Rekepata.

Attençia Diona.

Merci, merci, merci.

La Sagesse de la Foi — Qu'est-ce que la Foi ? (par Schelemala)

Oh, vous, qui, dans le doute constant avancez, sachez et comprenez que ce doute n'est qu'une forme de Foi, lui aussi. Existe-t-il de plus grand, de plus pur Croyant que celui qui, sans cesse, doute et remet en question ?

Une quête qui pense avoir trouvé son objet de recherche, qui pense avoir répondu à toutes ses interrogations, n'est plus une quête. Elle n'en a même jamais été une, d'ailleurs.

Celui qui, dans un instant où il soupçonne détenir un éclair de lucidité, soutient avoir trouvé, n'a en réalité jamais commencé à chercher.

N'est de seul véritable Croyant que celui qui, continuellement, avance en emportant avec lui sur le chemin ses interrogations et ses questionnements.

La Lumière de la Grande Sagesse ne s'acquiert que dans l'expérience. Parfois, cette expérimentation est synonyme de souffrance. Ainsi, celui qui a déjà éprouvé la douleur peut comprendre les bienfaits ressentis lorsque celle-ci cesse.

Il en est de même pour la Foi. Comment imaginez-vous pouvoir la connaître et la comprendre si vous ne la vivez pas et ne l'éprouvez pas sous ses multiples facettes.

Vous pensez ne croire en rien ? Alors sachez que vous croyez déjà en quelque chose. Car le Rien n'est autre que l'Essence même du Quelque chose, de ce Quelque chose primaire qui vous guide et guide tous les êtres existants en cet Univers.

Prière pour la Foi

Foi, en toi, je crois.

Foi, ta vision guide mes pas.

*Qu'aujourd'hui et à jamais,
en l'Objet de ma Quête je crois.*

*Qu'aujourd'hui et toujours,
ma Vérité guide mes pas.*

En la Félicité, je crois.

En l'Amour, je crois.

En ma Vérité, je crois.

*Que les Guides Ailés cyan venus
des quatre directions maintenant
et toujours m'accompagnent
et me soutiennent.*

*Qu'ils soient, maintenant et toujours,
les lanternes éclairant la voie
vers ma Destinée.*

En la Foi, je crois. La Foi me guide.

En l'Amour, je crois. L'Amour me guide.

*Malekossi Valenote Veritare.
Raabi Veritare. Malekossi Po.
Alamanote Veritare.*

J'ai foi en moi. J'ai foi en l'Amour.

*Que, dès cet instant et à jamais, en moi,
réside la Suprême Foi.*

Dans la Foi, je suis. Dans la Foi, j'existe.

Je suis.

Malakoleum Valanote Raabi Veritare.

Je suis et j'existe.

Merci, merci, merci.

La Sagesse de la Perte (par Schelemala)

« C'est seulement lorsque tu comprends que rien ne t'appartient qu'alors, enfin, tout commence à t'appartenir. »

Qu'est-ce que la Perte si ce n'est le recommencement d'un cycle nouveau, fécond et constructeur ?

Tant que vous avez des choses à perdre, réjouissez-vous. C'est que tout ne vous a pas encore été enlevé.

Comprenez que la perte en elle-même n'est rien, quelle qu'elle soit. L'objet matériel, l'être aimé, tout ce à quoi vous tenez en cet instant précis peut vous être enlevé. Une seule chose dans votre vie ne peut pas vous être ôtée. C'est la Vie, justement ! Celle que vous portez en vous. Cette reliance au Grand Tout, seule capable de vous faire exister. Car, lorsque vous avez conscience de ce lien, que, quelque part dans vos pensées et votre esprit il est, existe et résiste, alors vous comprenez que plus rien ne peut vous être retiré car vous possédez déjà en vous le Tout.

Les besoins matériels sont des chimères qui, dans la hâte, vous font oublier que la véritable complétude ne se trouvera jamais en eux, même amassés et entassés par milliers, puisque tout réside déjà en vous et à travers vous.

Lorsque l'être aimé choisit un autre chemin, laissez-le aller dans la paix. Les parcelles de vie se font et se défont. Qu'importe de s'y accrocher ? Les solides socles qu'ont créés les expériences de ces passages dans votre vie, déjà, ne devraient vous amener qu'une gratitude infinie. Gratitude envers cet être qui, pour un temps, a arpenté avec vous le chemin. Et gratitude envers la Vie elle-même, qui vous a trouvé digne de vivre cela.

Déni, tristesse, colère, acceptation. Chaque perte, petite ou grande, amène un travail de deuil. C'est de ce travail que découle la connaissance véritable de soi-même.

Écoutez et comprenez. C'est seulement au moment précis où vous croirez être dépouillé de tout que plus rien ne pourra vous être enlevé. Car dans la richesse de votre compréhension d'alors, vous saurez que vous avez déjà le Tout en vous. Alors, il n'y aura plus ni perte, ni gain, ni perdant, ni gagnant car, dans la Lumière d'Amour Pur vous serez. Car Lumière et Amour vous serez.

Prière pour la Perte

Que, dès maintenant, la Grande Compréhension parvienne jusqu'à moi.

Que, dès cet instant, je sache que rien ne peut être perdu puisque Tout, déjà, m'appartient.

Que dès à présent, cette Vérité s'ancre en moi et devienne mienne.

Que les Guides Ailés fuchsia venus des quatre directions maintenant et à jamais m'accompagnent de leur Sagesse.

En Eux je crois pour croire en moi.

*Que maintenant, la Sagesse Ailée
soit mienne.*

*Que maintenant, la Sagesse du Tout
soit mienne.*

*Que maintenant, la Sagesse de l'Amour
soit mienne.*

*Que dans la compréhension de mon
appartenance au Tout, mon chemin
se trace et s'arpente.*

Scharapelova Malakomea Attenda Me.
Schelevaga Attenda Veritare Ma. Diona Ma.

Je suis le Tout. Le Tout est en moi.
J'appartiens au Tout. Le Tout m'appartient.

*Que, dès cet instant, la force
et la puissance infinies de la Compréhension
s'inscrivent en moi.*

Je suis.

Alamoa Veritare Ma.

Dans la Compréhension, je suis et j'existe.

Dans le Don, je suis et j'existe.

Arivatere Diona Ma.

Merci, merci, merci.

La Sagesse de la Douleur (par Schelemala)

L'un peut marcher sur les débris de verre sans ciller, tandis que l'autre, dès le premier pas, s'écroulera sous le poids de la douleur.

N'oubliez jamais cette phrase : «On ne te donne pas de plus lourd fardeau que celui que tu es capable de porter».

Plus le fardeau est lourd, plus l'arrivée est proche et majestueuse.

Pensez à l'arbre qui, dans la douleur et la brisure des derniers gels du mois de mai, perd les fruits qu'il avait mis tant d'énergie à faire grandir. Cet arbre décide-t-il de renoncer à sa vie simplement parce que des parties de lui se sont éteintes ? Non, au contraire, il accepte que cette rigueur le fasse croître et se déployer. Il observe alors avec attention les fruits qui lui restent, premiers éclats de la vie en devenir et s'applique à leur offrir toute l'eau et les rayons de lumière dont ils ont besoin pour s'épanouir. Déjà, dans sa connaissance de sa propre identité, en communion avec la Nature du Tout, il accepte aussi de montrer à ses fruits l'éclat du tonnerre, de leur faire découvrir les affres de la grêle et la chaleur tourmentée des mois brûlants de l'été. Car alors seulement, l'arbre sait que les fruits qui resteront seront les plus juteux et les plus goûtus. Qu'ils seront ceux qui peuvent offrir le meilleur d'eux-mêmes.

Douleur et apaisement ne sont que les deux faces d'une même pièce. L'un ne peut exister sans l'autre ainsi qu'il en est de l'ombre et de la lumière. Ce n'est que parce qu'un jour vous avez eu la grâce de pouvoir descendre au plus profond de vos ténèbres, qu'un matin, vous pourrez vous réveiller en murmurant : « Je suis Lumière. »

Marcher dans l'Espoir (par Sandarema)

L'Espoir que vous vous accordez, que vous accordez à vos pensées, à votre vie et à votre Être en général est l'Espoir que Dieu et l'Univers vous accordent et vous envoient en vous-même.

Demandez et vous obtiendrez. Choisissez de laisser vos problèmes entre les mains de Dieu en vous imaginant déjà en possession de la solution et vous obtiendrez ce que vous souhaitez. Ce n'est pas plus compliqué que cela en réalité. Dans votre cœur réside le cœur de Dieu. Dans le cœur de chaque être vivant réside le cœur de Dieu. Dieu, la Source ou encore l'Univers, quel que soit le nom que vous choisissez de Lui donner, veut le bonheur de tous, uniquement le bonheur. Ayez suffisamment foi en Lui pour lui confier vos malheurs, imaginez-vous dans le bonheur parfait et l'Univers répondra à votre désir.

Les souffrances et les désillusions sont un passage obligatoire dans votre état d'être humain. Elles vous permettent d'avancer plus rapidement dans la compréhension. Même si, bien souvent, vous n'en voyez pas le bout du tunnel. Comprenez et assimilez toujours que, si la souffrance a sa raison d'être en tant que « maître d'apprentissage », la manière dont vous la vivez et percevez dépend uniquement de vous. Choisissez de remettre les instants les plus délicats de votre existence entre les mains de ce en quoi vous avez le plus Foi et vous verrez que les sentiments ou sensations relatifs à ces situations peuvent être totalement amenuisés et apaisés.

Ainsi, parce que vous laissez l'Univers s'occuper de vos doutes, dans toute la confiance que vous lui accordez, alors, vous commencez à avancer dans l'Espoir. La marche vers votre Reconnaissance débute.

Alors, dans la confiance et l'Espoir que vous pouvez avoir en Lui, c'est vers Dieu Lui-même que vous ascensionnez.

Croyez en vous et en votre capacité à obtenir le bonheur véritable. Si vous ne le faites pas, personne ne pourra le faire pour vous. Mais si c'est ce que vous souhaitez vraiment, sincèrement, alors l'Univers n'aura de cesse de vous l'offrir. Vous voulez vous approcher du Cœur de Dieu ? Alors, devenez-le ! Toutes les portes sont devant vous. Il ne tient qu'à vous de choisir laquelle vous souhaitez maintenant ouvrir.

Prière pour l'Espoir

Dans l'Espoir, je vis.

L'Espoir est mien.

*L'Espoir est ma Source de Vie,
celui à travers qui la Vie prend sa Source.*

*Dans la conscience de mon existence,
je prends la mesure de ma valeur véritable.*

Spiriteum Veritare Mazagaada.

Je suis Espoir. Je vis et j'existe à travers lui.

*Dans la beauté de mes valeurs,
je me forme et me transforme.*

*Par la sagesse de mes valeurs,
je me forme et me transforme.*

*Que les Dragons Selebala, fruits de la lave
sacrée, viennent maintenant jusqu'à moi.*

*Que leur Sagesse, maintenant et pour toujours,
me guide et m'enseigne.*

Dans la Connaissance, je suis sacrée.

*Par la lave, je me transforme
et me construis.*

*Dans la vision de l'Espoir, j'avance
sur le chemin de ma Destinée.*

*Que les Ailes Sacrées de la lumière ocre
venues des quatre directions, maintenant,
s'unissent et me bénissent.*

*Schelemalakezeum Aribada Ma. Spiritua Ma.
Skoza Ma Diona.*

Dans l'Espoir, je grandis et me libère.

Dans l'Espoir, je suis Sagesse.

Dans l'Espoir, je suis Vérité.

*Que, dès cet instant, la lave ruisselle sur moi
pour ôter tout ce que je ne suis pas,
tout ce que je ne suis plus,
tout ce que je ne veux plus être.*

*Dès cet instant, dans l'Espoir de ma
Reconnaissance, je suis.*

Arakava Manea Diona Ma.

Dans le Cœur de l'Espoir, je suis et j'existe.

*Dans le Cœur de l'Homme,
je deviens Dieu.*

Scheramapoa Aremeta Va.

Diona Ma.

Merci, merci, merci.

Éloge du Lâcher-prise (par Schelemala)

Lâchez prise quand vous vous sentez acculé de toutes parts. Vous comprendrez alors que si, partout autour de vous, il existe mieux ou pire, rien n'est meilleur pour votre propre évolution que ce que vous êtes vivez à l'instant même.

Lâchez prise lorsque vous vous sentez victime de votre vie. Acceptez simplement ce qui est pour en redevenir l'acteur principal. Nul ne peut tenir les rênes de votre existence si ce n'est vous. Nul ne peut chevaucher vers la beauté de son destin si ce n'est vous.

Ne croyez pas que quiconque autour de vous est responsable de votre état d'être. Vous seul orientez votre vie telle que vous la désirez. Vous êtes le seul gardien de votre Destinée. À chaque instant, tous les choix vous sont offerts. Restez sur place, avancez ou reculez.

Tout, absolument tout ce que vous choisissez en conscience, avec votre cœur pour unique guide, est juste. La seule chose qui pourrait être fausse est celle qui vous ferait devenir victime de votre propre existence. Tous les choix s'offrent toujours à vous. Vous ne devenez victime que si vous croyez l'être. Le seul et ultime but de la Vie est de servir votre évolution et de vous faire grandir. Elle ne peut transformer aucune existence en enfer. Vous seul, dans la conscience que vous choisissez de donner à une situation, le pouvez. En vous accrochant à ce que vous ne pouvez retenir ou changer, vous créez vous-même votre propre enfer ; ce lieu loin dans votre tête qui déjà vous enferme à double tour et jette les clés dans un abîme de souffrance sans fond.

Mais n'oubliez jamais que, quelle que soit la situation que vous rencontrerez dans votre vie, vous pouvez graver sur elle le sceau du Lâcher-prise. Alors il n'y a plus de retenue, plus de souffrances, plus d'interrogations ni de tortures mentales interminables. Plus rien d'autre n'existe que la vie. Car elle seule a encore sa place à se faire dans l'expérience la plus majestueuse qui soit, dans le vécu de l'instant, dans le Lâcher-prise.

Prière pour le Lâcher-prise

Qu'aujourd'hui et dès cet instant, tous mes choix soient orientés vers mon bien-être.

Que dans la pleine conscience de mon existence, le chemin de ma Liberté s'ouvre à moi.

Que dès à présent, le Lâcher-prise soit mon chemin.

Que dès à présent, le Lâcher-prise soit ma voie.

Que dès à présent, le Lâcher-prise soit mon choix.

Acceptare Veritare Negociama. Diona Ma Raabi Veritare. Makalameum Sagessa Ma.

Que dès maintenant, les quatre Dragons turquoise de Sagesse m'entourent et veillent sur moi.

Que maintenant et pour toujours, leur Sagesse soit mienne.

Dans le Lâcher-prise, je m'élève.

Dans le Lâcher-prise, je deviens qui je suis.

Dans le Lâcher-prise, je trouve sens.

Dans le Lâcher-prise, enfin, j'existe.

Raabi Matorema Ramakala.

Diona Ma.

Merci, merci, merci.

La Sagesse de la Conscience (par Schelemala)

Insignifiante petite chose que je regarde sans même la voir. Où est ma conscience de votre existence ?

Et, sans cette conscience, comment puis-je même espérer avoir ne serait-ce qu'un simple écho de la mienne ?

Vous ne pouvez exister sans la conscience de ceux qui vous entourent. Vous ne pouvez nier leur existence, car c'est elle qui sert votre propre évolution. Tout un chacun doit sa croissance à l'Autre. C'est parce que l'Autre existe et vit à vos côtés que vous pouvez recevoir son enseignement. Chaque point de vue a valeur de Vérité Absolue au regard de Dieu. Tout est juste s'il est en capacité de se définir dans ce qu'il est vraiment, réellement. Il n'y a pas de mauvaise façon d'être ou d'agir. Mais seule la conscience véritable est la maîtresse de la bonne action.

Lorsque vous croyez vous tromper, demandez-vous pour quelle raison vous vous trouvez dans cette situation.

Lorsque vous pensez détenir une certitude, demandez-vous quel écho retentit en vous.

Qu'est-ce qui se rejoue encore et encore, tant et si bien, à chaque phase de votre vie ? Ce n'est que la compréhension d'une situation dans un passé révolu qui vous permet de mettre fin au cycle infini des renouvellements. Chaque pas est une avancée. Et chaque pas doit être une évolution. Le surplace, pareil à une anesthésie générale, ne mène à rien, n'aboutit à rien. Il ne sert votre évolution en aucune façon.

Sachez faire chaque choix dans votre vie en conscience. N'en éludez pas les conséquences. Mais surtout, n'éludez pas ce que chacun peut vous apporter sur la connaissance de l'Autre et sur la connaissance de vous-même.

Écoutez avant de répondre. Laissez parler ceux qui ont peur du vide. Protégez-vous de ce qui peut vous sembler fallacieux. Mais lorsque, dans la découverte de vous-même, vous avancez, ne reniez jamais vos valeurs. Ne reniez jamais les apprentissages que vous avez reçus de la Vie. Car la Vie n'est que pure conscience d'elle-même. Dans cette conscience, elle sait qui vous êtes et vers quoi doit vous mener votre chemin.

Ne vous cherchez pas dans le gouffre de l'oubli, vous ne vous y trouverez pas. C'est seulement en acceptant de vous confronter en lucidité au miroir qu'alors vous saurez.

La seule manière d'apprendre vraiment vient de soi-même. Regardez votre façon d'agir et de réagir aux choses de la vie et vous comprendrez que le plus grand Maître est déjà en vous. Savoir qui vous êtes pour pouvoir, en conscience, aller vers la connaissance de l'Autre, voilà votre route.

Soyez dans la conscience toujours et à jamais. Alors seulement, vous serez dans la Vie.

Prière pour la Conscience

Dans la Conscience, je suis et je vis.

Chacun de mes actes définit ma vie.

Chacun de mes gestes définit mon avancée.

Chacune de mes pensées définit mon évolution.

Dès cet instant et pour toujours, j'évolue dans la Conscience.

Je suis dans la Conscience pour entrer dans ma Vérité.

Que, dès cet instant, dans la Conscience, je me trouve et me retrouve.

Schekemava Alebada Raaba Ma.

Consciencia Aremata Va.

Que dès à présent, mes ailes s'ouvrent sur ma propre conscience.

Que dès cet instant, les Ailes Bénies m'entourent pour porter à mon regard la Conscience du Monde.

Que ces ailes, maintenant, reflètent les contours de ma Vérité.

Que mes choix, dans la Conscience, se fassent.

Que mes doutes, dans la Conscience, s'apaisent.

Que mes peurs, dans la Conscience, se taisent.

Que ma joie, dans la Conscience, se vive.

Que ma délivrance, dans la Conscience, me parvienne.

Que dès cet instant et pour toujours, dans la Conscience, le chemin de ma Destinée se dessine et s'arpente.

Rojemagala Aremeta Va.

Cassevada Aremeta Va. Consciencia Diona Ma.

Dans la conscience, je suis.

Je suis Conscience. Je suis.

Merci, merci, merci.

La Sagesse de l'Incertitude (par Schelemala)

Que devenez-vous lorsque toutes vos croyances volent en éclat? Qui êtes-vous lorsque, assailli par le flot de vos pensées et contre-pensées, alors que chacune vient balayer l'autre, il ne reste que vous-même?

Lorsque les doutes vous assaillent et semblent vous ensevelir, alors, mettez-vous devant un miroir et observez-vous. Observez le fond de vos yeux, écoutez l'écho de votre âme qui, doucement, affectueusement, vous redirige vers le chemin qui mène à vous. Aucune certitude ne peut exister tant qu'elle n'a pas été éprouvée par l'épée de l'incertitude. Tant que son tranchant ne vous a pas lacéré de mille manières que ce soit, vous ne pourrez qu'espérer être un jour un vague soupçon de certitude.

Comment imaginer que l'un puisse exister sans l'autre? Ils ne sont que les deux revers d'une même médaille. Ainsi, c'est uniquement grâce au questionnement apporté par le doute que vous êtes en capacité de vous construire.

Celui qui cesse de se questionner n'a d'autre choix que de demeurer dans l'abîme de l'ignorance qui est alors sienne. Jamais il ne pourra prétendre à une quelconque évolution puisque, déjà, il se croit rempli de certitudes.

Celui qui doute et se questionne est celui-là même qui, dans la conscience, grandit et accède à la suprême évolution. Louez et bénissez tous les doutes qui vous assaillent, car ce sont eux qui vous rapprochent le plus de qui vous êtes vraiment. Ils sont votre cheminement et votre quête. Rapprochez-vous au plus près de leur écho et affrontez-les de face, alors, enfin, la première réponse ouvrant la voie à mille autres questions commencera à vous apparaître.

Acceptez les doutes et les incertitudes pour ce qu'ils sont : les premiers pas sur la voie de votre cheminement sacré.

« Celui qui se croit omniscient a depuis longtemps déjà perdu l'objet de sa quête.

Celui qui vit dans le questionnement ouvre la voie sacrée de sa Destinée.

Celui qui devient Questionnement, alors, est l'égal de Dieu. »

Éloge du Bonheur (par Schelemala)

Personne d'autre que vous-même n'est en capacité de construire votre bonheur. Soyez heureux dans la conscience de ce que vous possédez déjà et, jour après jour, le bonheur s'inscrira en vous.

Ne croyez pas l'autre responsable de votre bonheur ou de votre malheur, vous vous fourvoyez! Ici-bas, la seule mission qui vous appartienne vraiment est celle de devenir celui que vous avez envie d'être. Les ambitions sont différentes pour chacun, et les moyens d'arriver à vos fins également !

Chaque « Autre » entre dans votre vie pour vous apporter une nouvelle expérience, de nouvelles connaissances. Mais avancez toujours avec cette unique certitude : le seul qui est présent avec vous pour le reste de votre existence, c'est vous-même ! De ce fait, ce n'est aucunement à l'autre d'être rendu responsable de votre bonheur. Vous pouvez laisser à cet Autre la place que vous voulez auprès de vous, dans votre vie, mais la seule vraie place que vous avez à définir, c'est bien la vôtre. Qui que vous soyez, d'où que vous veniez, où que vous alliez, vous avez votre place. Dans le simple fait même de posséder un cœur qui bat dans l'écho même du rythme de la vie, vous avez votre place. Le Bonheur peut être aussi simple que l'instant fugace du dernier rayon de soleil qui se perd à l'horizon. Aurez-vous pris le temps d'observer sa course folle depuis l'aube ? Tout, absolument tout dans votre vie est mis en place pour vous permettre d'accéder au Bonheur le plus pur. Maintenant, regardez autour de vous et mettez dans la balance votre malheur et votre bonheur. Comprenez bien qu'un kilo de plomb pèse aussi lourd qu'un kilo de plumes. Mais il est de votre propre choix de transformer vos expériences de vie en chape de plomb qui vous paralyse ou en douces plumes blanches qui vous ouvrent la voie de votre envol. Seule votre façon de voir et d'interpréter votre vécu quotidien vous permet d'aller vers votre bonheur.

Le Bonheur peut s'inscrire dans le grain de sable au coloris différent trouvé durant la traversée du désert. Le verrez-vous ?

La Vie nous gratifie tous de cadeaux à parts égales. La seule différence entre ceux qui sont heureux et les autres, c'est que les premiers ont su prendre conscience de la valeur de ces cadeaux. Prenez conscience de la valeur véritable de la vie et vous vous épanouirez dans l'abondance à tout jamais. Car, alors, dans la compréhension du fait que vous avez déjà tout, plus rien ne pourra vous être refusé.

Ce que vous prenez pour des impasses dans votre vie n'est en fait là que pour vous montrer qu'une situation a déjà été totalement explorée et qu'il est temps de vous tourner vers un ailleurs pour continuer d'avancer. Parfois, il s'agit simplement de rebrousser un peu chemin pour écrire l'histoire différemment. D'autre fois, il est préférable de changer totalement de voie. Tout sera toujours juste pour vous à partir du moment où vous faites les choses en accord avec votre recherche du bonheur. Néanmoins, n'oubliez jamais que ce n'est pas dans le malheur de l'Autre que se construira votre propre bonheur. Si votre cœur est pur, le cœur de l'Autre, un peu plus à chaque instant le devient, car, lié au Tout, vous êtes relié à Lui aussi.

Et maintenant, si vous le souhaitez, répétez cette phrase autant de fois que cela sera nécessaire.

*« Je suis heureux.
Je suis Bonheur.
Le Bonheur est en moi.
Mon bonheur m'appartient.
Vivadencia Diona Ma. »*

Dès cet instant, et pour toujours, si vous le désirez, le Bonheur vous appartient. Vous êtes le seul gardien de ce trésor qui vous est offert. Maintenant, choisissez la Voie Sacrée du Bonheur. Tout est déjà en vous. Tout vous appartient.

« La lumière de ton cœur est le phare qui éclaire ta nuit sur le Chemin du Bonheur Eternel. »

Qui suis-je ? (Par Sandarema)

Parce que je suis, je deviens l'Être.

Séparé de moi-même, je me retrouve.

C'est à travers l'incompréhension de l'Autre que je peux palper ma propre compréhension.

Car seul mon droit est ma Loi. Celui qui pense pouvoir me dicter ce qui est juste ne reflète en réalité que ce qui l'est pour lui-même.

Dans l'immensité de mon désir se trouve un lieu où tous les rêves prennent la forme du Possible. Car toujours, ce que je crois possible et ce que j'inscris comme possible, pour autant que cela ne nuise pas à la volonté de l'Autre, l'Univers l'inscrit comme tel.

La Loi d'Attraction n'est autre que ce que vous souhaitez attirer à vous. Se poser quelques secondes, heures ou mois, simplement le temps d'inscrire sa volonté profonde en soi, et déjà, cette volonté deviendra réalité. Tout, absolument tout, peut vous apparaître comme par enchantement pour peu que cela n'aille pas à l'encontre du chemin d'expérimentation choisi par votre âme. Ne vous croyez jamais indigne d'obtenir ce que vous désirez. Vous vous trompez. La Vie, déjà, est un cadeau et Elle peut vous offrir ce que vous désirez être et avoir. Simplement, n'oubliez jamais cette subtile différence : ce n'est pas l'Avoir qui vous mène à l'Être. C'est, au contraire, lorsque vous comprenez que vous n'avez besoin de rien qu'alors, dans l'Être, vous pouvez devenir infiniment riche. C'est lorsque vous comprenez qu'au-delà des biens matériels, il vous manque l'Essentiel, qu'enfin votre vraie quête peut débuter.

« Dans ce que tu cesses de croire que tu es, enfin, tu deviens. »

La matière vous offre mille et une possibilités d'expérimentations en tout genre. Acceptez de les vivre si vous vous en sentez capable. Sinon, vous avez aussi le droit de prendre la tangente. Le marginal est-il plus celui qui est différent ou celui qui, sans réfléchir, suit bêtement la majorité ?

Acceptez vos différences, elles sont vos forces. Dans le monde, ce ne sont pas ceux qui ont suivi le troupeau qui ont changé les choses. Non ! Ce sont bien ceux qui, un jour, ont décidé d'être des bergers. Oh, combien ceux-là ont-ils dû douter, encore et encore. Et pourtant, ce sont bien ces doutes qui leur ont permis de se questionner sur leur Essentiel et de réécrire, chacun à leur manière, une page de l'histoire. Ceux que vous nommez « les Grands Hommes », « les Grandes Femmes », ne sont rien d'autre que des personnes lambda qui, un matin, se sont réveillées en se demandant pourquoi elles étaient là et quel sens elles souhaitaient donner à leur existence. Nous avons tous, à notre niveau, le pouvoir de changer les choses. La seule différence est que certains, dans l'éveil de leur conscience, ont la compréhension de cette capacité. Vous aussi, vous pouvez changer les choses ! Dessinez votre propre chemin, et devenez-le…

Vivre et accepter l'incarnation (par Sanderama)

N'est réellement humain que celui qui, dans la conscience de son Être, sait qu'un jour prochain viendra le temps de son départ. Alors il comprend et accepte que toutes les souffrances, douleurs et difficultés qu'il vit ne sont que le point de départ qui le ramène, dans la compréhension, vers son Arrivée.

Accepter l'incarnation est chose difficile. Souvent, les moments heureux semblent tellement insignifiants au regard des tourments endurés. Et pourtant, ces souffrances ne sont finalement présentes que pour se mettre à l'épreuve de la Perte.

La Perte, quelle qu'elle soit, est l'ultime rouage mis en lumière par les épreuves de la vie.

« À chaque épreuve, je perds quelque chose. » Toujours. Perdre, perdre, perdre, encore et toujours. Être ainsi façonné comme de l'or pur. Car celui qui, dans la compréhension et l'acceptation, concède à tout perdre, enfin devient or, enfin, trouve au fond de lui sa plus précieuse richesse, son plus précieux trésor.

Avancer dans le cycle des vies se mérite. On ne vous donne jamais de plus lourd fardeau que celui que vous pouvez porter. Simplement, plus votre fardeau est lourd et encombrant, plus la fin des cycles est proche. Vous n'êtes pas différent. Vous êtes pareil aux autres dans la chair, mais avec un chemin et une compréhension autre. Acceptez que tous ne puissent pas être identiques à vous. C'est là même ce qui fait votre état d'être humain. Vouloir changer les choses ou les gens est illusoire. Vous changer vous, par contre, fera nécessairement évoluer les autres.

Mais n'attendez pas d'eux qu'ils vous guident sur le chemin ou empruntent le même que vous. Chacun, dans sa compréhension de sa place ici-bas en tant qu'être incarné, a sa propre route.

Accepter l'incarnation n'est pas fuir ou se couper des épreuves et souffrances. C'est au contraire admettre de les vivre dans la conscience qu'elles ne sont que bienfaits pour votre évolution.

Il est bien évidemment plus facile de le dire ainsi plutôt que de l'appliquer au quotidien, me répondrez-vous… Je ne suis pas tout à fait d'accord avec vous !

Inscrivez en vous, dès cet instant, l'Acceptation des souffrances et des difficultés de la vie. Inscrivez-le dans la Foi profonde de cette compréhension nouvelle et répétez-le-vous à chaque difficulté que vous rencontrerez jusqu'à ce que, imprégné dans chaque cellule de votre peau, ce mantra vous permette de voguer sur le fleuve des incarnations telle une barque légère portée par les flots. Une barque qui naviguerait égale à elle-même, qu'elle rencontre devant elle vagues déchaînées ou rivière apaisée…

« J'accepte qui je suis pour comprendre.

J'accepte d'être pour devenir.

J'accepte de perdre l'Avoir pour devenir l'Être.

Dans l'incarnation, je suis.

J'accepte la complétude des incarnations pour, à mon tour, devenir complétude.

Dans l'incarnation, je suis,

Par l'incarnation, je deviens.

Merci. »

La complainte de la Solitude (par Schelemala)

Oh, vous, qui vous plaignez d'être seul… Dans quelle solitude alors vous complaisez-vous ? Regardez autour de vous. Vous n'êtes pas seul, jamais. Puisque, déjà, vous êtes habité par la Vie. Vous n'êtes pas seul puisque tous ceux qui, un jour, sont passés dans votre cœur s'y sont forgé une place. Même s'ils sont aujourd'hui inscrits dans la Perte, parce qu'un jour ils sont passés par vous, ils vous accompagnent dans le lien invisible qui, toujours, vous relie, à travers l'amour que vous vous êtes porté. Et ceux-là ont formé les expériences qui vous ont amené à être ce que vous êtes aujourd'hui. Alors, remerciez-les. Tous autant qu'ils ont été et tous autant qu'ils sont. Chacun des êtres que vous avez connus a laissé en vous une trace indélébile qui vous accompagne partout et vous permet de ne jamais être seul.

Mais solitude et accompagnement ne se résument pas qu'à une présence physique à vos côtés. Écoutez les voix du monde qui vous entoure. De toutes les couleurs et dans tous les langages, elles vous indiquent leur présence auprès de vous.

Le souffle du vent qui vient murmurer sa douce mélopée à votre oreille. L'oiseau qui se pose sur la branche que vous observez au loin. La douceur de la caresse d'un être cher parti trop tôt. La plume blanche qui se dépose devant vous.

Quand croyez-vous être seul alors que le monde entier n'est qu'une ode à des retrouvailles tant attendues avec vous-même, avec l'essence même de votre appartenance au Grand Tout ?

Vous n'êtes jamais vraiment seul, même isolé au fond d'une grotte perdue, méditant dans l'abîme de vos pensées tournoyantes. Être avec vous-même, c'est déjà être avec la plus grande et la plus intense présence que vous puissiez imaginer.

En effet, comme n'importe quel être vivant ici-bas, vous n'êtes que le reflet même de Dieu.

Car en étant sa création, vous n'êtes autre et ne devenez autre que Lui-même.

Croyez en vous et en votre capacité à vous trouver seul, coupé du monde un petit temps. Alors, seulement, vous comprendrez qui vous êtes vraiment.

L'Autre ne vous renvoie que le reflet de la partie de lui-même qu'il voit en vous.

Mais, vous seul, dans votre confrontation avec votre être profond, dans un moment d'acceptation de la solitude avec l'Unité que vous représentez, pouvez alors entrer dans une compréhension plus importante.

Personne ne peut mener ou guider votre vie si ce n'est vous. Personne ne peut savoir ce que vous voulez et qui vous voulez être à cet instant précis de votre vie si ce n'est vous.

Alors, prenez le temps d'éprouver la solitude, quelques minutes, heures ou jours. Dans le brouhaha de vos pensées, chassez tout ce qui n'est pas nécessaire pour vous retrouver au plus profond de vous-même. Écoutez votre cœur battre. Chaque battement vous rapproche de votre âme. Regardez-la bien en face. Écoutez-la enfin. Qu'a-t-elle à vous dire ? Où veut-elle vous emmener ?

« La solitude n'est rien d'autre que le plus court chemin vers toi-même. »

La Sagesse de la Peur (par Schelemala)

« Insondable peur…

*Qui es-tu que le simple reflet
de ce que je n'ose entreprendre ?*

*Dans quelle Vérité te caches-tu
si ce n'est dans celle que je me crée
de toute pièce ?*

*Illusion qui n'est que le vague substrat
de ce que je n'ose envisager
comme étant vrai… »*

La Peur n'est pas ce qui existe réellement, mais ce que vous laissez exister. Le Chemin qui vous fera aboutir n'est pas celui qui vous fait avancer dans la peur, mais celui qui trace la voie de votre propre Liberté.

Être seul avec vous-même pour affronter vos peurs les plus intrinsèques est le premier pas de votre cheminement.

Choisissez l'une de vos plus grandes peurs et regardez-la bien en face. Que vous apprend-elle sur ce que vous êtes, sur qui vous êtes ? Quel écho de qui vous pourriez potentiellement être cette peur fait-elle rejaillir en vous ?

Si vous laissez cette peur être le maillon le plus fort de votre chaîne de vie, il en va bien là de votre choix propre. Sachez simplement qu'elle peut aussi en être le plus faible. Tous les maillons sont nécessaires à faire exister, tenir et grandir la chaîne de la vie. Vos peurs font partie de vous. Elles font aussi ce que vous êtes. Mais tant que vous leur accordez toute la place et les laissez diriger votre vie, alors, vous ne serez plus rien d'autre qu'elles.

Toujours, en conscience, vous pouvez accepter qu'elles existent, mais sans pour autant les laisser être les maîtresses de votre Destinée. Où croyez-vous que la Peur vous mènera ? Et où croyez-vous que le Courage d'entreprendre ce qui compte pour vous vous mènera ? Là encore, il s'agit de l'éternel combat de l'Ombre et de la Lumière. Laissez-vous guider par vos peurs et vous ferez du surplace. Mais, autorisez-vous à entreprendre des choses nouvelles, à franchir de nouveaux seuils, et toutes les portes s'ouvriront devant vous.

Accueillez vos peurs dans la gratitude, car elles vous montrent ce que vous ne voulez pas être. Soyez féroce et rugissez devant elles pour les faire taire. Vous seul avez ce pouvoir.

Choisir d'écouter ses peurs, c'est arpenter le chemin qui mène au néant. Elles ne guident en aucun cas votre avancée. Simplement, la Peur vous rend invisible à vos propres yeux en vous faisant croire que vous ne savez pas exister sans Elle. Sachez que rien n'est plus faux que cela !

Vous n'êtes pas vos peurs ! Vous avez un cœur, une vie, des envies, des besoins, des désirs. Et en aucun cas, la peur n'a sa place dans cet état d'être humain. Soyez grand, généreux, conciliant, à l'écoute, courageux, aimant. Soyez absolument tout ce que vous voulez être dans votre vie. Mais, surtout, ne soyez jamais vos peurs. Et lorsque, encore et encore, elles se mettent à rôder, écoutez votre cœur, car lui seul vous guidera sur le chemin de la sagesse profonde.

Les peurs ont de tout temps dans l'histoire de l'humanité été utilisées comme instruments de prédilection pour la torture. Il est bien souvent inutile de mettre l'«objet-torture» en place. La seule annonce de sa possible existence agit déjà comme un filtre anesthésiant qui paralyse même les plus vaillants. Mais écoutez. Oui, recherchez bien au fond de vous. Où la Peur veut-elle vous emporter si ce n'est dans une quelconque soumission à un pouvoir dont le seul but est de vous faire oublier et cesser de croire en votre propre recherche de Liberté ?

Croyez en vous. Ne vous laissez pas grignoter de toutes parts par ce qui n'existe que dans votre tête. Vous pouvez changer vos croyances et votre état d'être par le simple pouvoir de votre esprit.

Maintenant, regardez la Peur en face. Analysez-la. Que cherche-t-elle à vous empêcher de faire et d'expérimenter ? Rien n'est jamais insoluble dans votre vie, sauf si vous laissez votre Peur l'inscrire comme tel. Laissez-la devenir le maillon le plus faible de votre chaîne de vie.

Prière pour le Courage

Dans le Courage, j'avance.

Dans le Courage, je deviens qui je suis.

*Les peurs se taisent et plus jamais
ne m'empêchent de tracer ma route.*

*Que, dès à présent, les Grands Guides Ailés
bleus, verts, jaunes et noirs venus
des quatre directions m'entourent
et me guident.*

*Que dès cet instant, leur Sagesse,
dans le Courage, soit mienne.*

*Que, auréolé de la couronne d'or
et tenant dans ma main droite l'épée de feu,
dès maintenant, j'avance.*

*Je suis Courage. Ma Destinée
dans le Courage s'inscrit.*

Aremeta Wenga Po. Alebada Maata Po.

Diona Ma Po.

Dans le Courage, j'avance et j'existe.

Toutes mes peurs me quittent.

*Mon existence s'inscrit par ma volonté
et non plus au travers de mes peurs.*

Scheremata Va.

Par le Courage, ma réalité devient mienne.

*Mes peurs se perdent dans l'illusion
de leur existence.*

Soulagée du poids de mes peurs, je peux, dès à présent, avancer vers ma Liberté.

Schakelama Voa. Arekavasa Ma.

Diona Ma.

Merci, merci, merci.

La Sagesse du Cœur (par Sanderama)

L'écho de votre propre voix ne vous parvient que lorsque le silence le plus obstiné résonne en vous. Sachez faire le vide en votre propre demeure afin que celle-ci se remplisse de sublime, de majestueuse Grandeur. Sachez accueillir ce qui est pour devenir l'aimant prédestinant du meilleur à venir. Ce n'est qu'à travers vous que les fondations se construisent. Ce n'est qu'en vous que le mur de votre propre Bâtisse s'intronise. Faites le vide pour vous remplir. Écoutez ce qui, à chaque instant, vous ancre à la Vie : votre respiration, les battements de votre cœur, le murmure de votre âme.

Cessez votre course folle, car ce n'est que dans les retrouvailles avec vous-même que vous pouvez entendre les paroles de votre cœur. Il n'est de plus pur ou de plus précieux message que celui que cet organe peut vous apporter. Votre cœur n'est pas soumis aux lois de votre ego. La seule et unique compréhension qu'il ait est l'Amour qu'il porte en lui et qu'il vous porte à vous, support de sa propre vie.

Le cœur n'est pas changeant ou virevoltant. Il est, c'est tout. Ainsi que l'Amour est, le Cœur, réceptacle de cet amour, est.

Dans la mélopée dramatique de vos peurs et angoisses, nulle place n'existe pour la Sagesse du Cœur. Dès l'instant où vous vous sentez plus fort qu'elles, alors, vraiment, vous n'avez d'autre choix que de le devenir. Au moment où vous dites à vos peurs « Je sais que vous êtes là, je vous reconnais mais je ne vous laisse plus de place dans ma vie. Maintenant et dès à présent, la seule et unique voie qui me tient lieu de guide est celle de mon Cœur. », alors, effectivement, les angoisses s'en vont. Vous en doutez ? Essayez et vous verrez !

Choisir la voie du Cœur, c'est s'essayer à la sagesse la plus sacrée existant dans l'Univers puisque c'est celle-là même qui vous lie à l'Univers tout entier. Votre cœur est votre porte d'entrée et de sortie. Mais surtout, il est l'endroit où loge ce que vous possédez de plus précieux en ce monde, votre âme. Ne vous inquiétez pas de vous trouver trop lent dans la compréhension ou l'apprentissage. Votre cœur et votre âme connaissent la patience. Mais surtout, parce qu'ils sont vous, votre cœur et votre âme vous connaissent vous. Ainsi, ils savent les chemins que vous devez emprunter pour aller au plus près de l'objet de votre quête. Comme eux, soyez patient et compréhensif envers vous-même. Ne vous blâmez pas d'une expérience que vous jugez ratée ou erronée. Aucune ne l'est puisque toutes vous apprennent quelque chose. Même si, souvent, vous ne percevez leur enseignement que bien plus tard dans votre vie. Cela aussi fait partie du jeu. Les leçons, quelles qu'elles soient, ont besoin de temps pour trouver l'oreille attentive, réceptacle de la compréhension. Il en est ainsi même du fonctionnement humain. Ne vous reprochez pas d'être à la fois aussi parfait et imparfait qu'un être humain puisse l'être. Si ce n'était pas le cas, vous n'auriez strictement rien à faire ici-bas ! C'est exactement pour vivre les failles amenées par votre expérimentation que vous vous trouvez ici en ce moment même.

Ne croyez pas qu'un problème puisse être insoluble. C'est totalement faux ! Il s'agit là encore d'une habile manipulation de votre ego pour vous amener vers sa plus fidèle alliée : la peur d'avancer. Le mot « problème » lui-même est déjà une invention de l'ego dans ce seul but.

Croyez-vous que Dieu ait un jour décidé de créer le monde en y insérant ici ou là des « problèmes » ? Vous savez bien que non. Simplement, vous voilà devant l'insoluble dilemme de l'Ombre et de la Lumière. Avec la Lumière s'est créée l'Ombre. Avec la Sagesse du cœur est née l'illusion de l'existence d'un ego plus fort qu'elle. Aboutir à cette compréhension, c'est déjà le faire s'effacer de moitié. Et partout où son emprise s'effrite, il reste plus de place pour la Sagesse du cœur, l'Amour.

L'art de la synchronicité
(par Schelemala)

Oh, vous qui croyez que tout ici-bas n'est que hasard, laissez-moi donc vous parler de la question des synchronicités.

« Si tout était déjà écrit, alors, rien, en vérité, ne le serait ! »

Vous abordez le monde avec votre connaissance de l'instant. Soyez en paix avec cela, ne vous sous-estimez pas. Chacun, dans sa quête de compréhension, avance à son propre rythme. Et chaque rythme, à l'égal d'un métronome égrenant inlassablement le bon tempo, est parfaitement juste. Tout est paramétré et accordé pour qu'à chaque instant de votre existence, vous puissiez vivre l'expérience qui vous permettra de vous frayer un chemin dans l'étendue infinie de votre propre compréhension.

Et rien ne peut être mieux orchestré que ce qui, déjà, réside en votre for intérieur. Tout vécu est une demande implicite de votre âme dans le but de servir votre propre avancée. Ne pas en avoir conscience n'est pas problématique en soi. Un jour viendra de toute manière où votre conscience du monde environnant deviendra pleine et entière.

Vous vous plaisez à dire que le hasard fait bien les choses. Je préfère vous rétorquer :

« Que les synchronicités sont belles eu égard à votre quête de cheminement ! »

Répondre à la question des synchronicités, gardiennes de notre Destinée, c'est avant tout répondre à celle du sens de la vie : pourquoi cela m'arrive-t-il maintenant ? Quelle leçon dois-je en tirer ? Qu'est-ce que je vis ou revis et que je n'avais pas encore compris jusque-là ? Pourquoi suis-je ici, en ce lieu exact, à cet instant précis ? Pourquoi est-ce que je rencontre cette personne maintenant ?

Le monde qui vous entoure, quelle que soit son apparence, est exactement créé à votre image, par votre volonté, dans votre propre reflet car tout n'est que l'illusion même de ce que vous voulez voir et désirez apprendre.

Apprendre à voir les signes
(par Holemaka)

Tous ces signes, ces synchronicités qui guident votre chemin, déjà, quelque part, à chaque instant, sont inscrits. Dans la pyramide du temps, ils sont et évoluent. Ils vous guident vers votre élévation spirituelle. Soyez attentif à ce que la vie vous apporte et sachez reconnaître ce qui, pour vous, fonctionnera comme un phare éclairant votre nuit la plus profonde. Tout, absolument tout dans l'Univers possède une symbolique.

Les nombres qui se répètent sans cesse ont une signification. La plume qui sort dont ne sait où qui vient se poser devant vous a une signification. L'insecte venant freiner sa course folle sur votre bras a une signification. Chacun des actes de votre vie a un sens. Tout est simplement guidé par la main de Dieu dans le but de servir votre propre évolution. Sachez regarder et voir ce qui est là à chaque instant pour comprendre où vous mène votre vie.

Un endroit douloureux dans votre corps n'a rien d'anodin. Il est le reflet de ce qui se joue en vous à des niveaux bien plus élevés, bien souvent indépendants encore de votre propre conscience. Ce qui arrive de manière douloureuse dans votre corps a déjà auparavant traversé votre esprit et votre âme. Ainsi que la volonté consciente du Grand Tout, qui veut, par là, vous amener à une nouvelle compréhension. Tout fait sens puisque tout est dirigé dans le sens de votre volonté la plus intrinsèque.

Chercher à tout comprendre est une utopie. Fatigante et inutile. Mais les signes qui inlassablement se répètent dans votre vie méritent un éclaircissement à conscientiser.

Les synchronicités se présentent de mille et une manières. Cela va de la répétition de certains faits ou éléments de vie (quel en est le sens ?), à la chanson qui vous trotte dans la tête (quelles en sont les paroles ?), de l'acte manqué à la douleur aiguë qui vous transperce.

Tout peut être entendu même si tout ne peut pas, dans l'instant, être compris consciemment. L'âme et l'esprit, eux, savent, comprennent et assimilent. Les choses se jouent bien souvent à un autre niveau que celui de la simple pensée régentée par l'ego. Apprenez simplement à déceler ce qui peut guider votre vie de la manière la plus juste qui soit. Ne vous attachez pas à ce qui est déjà parti. C'est simplement le signe d'un « autrement » à venir. Un autrement qui vous ouvrira la voie d'une expérimentation riche et nouvelle.

Reconnaître les signes de la vie est chose aisée pour celui qui commence à regarder autour de lui. De tous ceux-là, choisissez et prenez ce qui est important pour vous à un instant T de votre existence, ce qui est susceptible de vous faire avancer vraiment.

« Le bleu du ciel ne peut être assombri que par le flot torrentiel des pensées déconstructrices. Le calme amène le calme. La paix amène la paix. »

Vous trouver est le seul et unique but de votre existence. La seule mission que vous avez dans votre vie est de vous rapprocher le plus possible de qui vous êtes, de la Vie elle-même. Le reste n'est alors que poudre aux yeux et enfermement. Chaque situation que vous ressentez comme un blocage, vous pouvez vous en détacher en l'observant sous un autre angle et en la prenant simplement et uniquement pour ce qu'elle est : votre chemin d'expérimentation.

Observez et lâchez prise. La Vie, dans sa grandeur, ne vous demande rien de plus que de vivre et de continuer à arpenter le Chemin. Observez tout ce que vous vivez comme un grand signe de l'Univers, clin d'œil de la Vie à votre égard. Soyez toujours dans l'accompagnement qui vous est prodigué. C'est à l'instant même où vous vous croyez seul et abandonné de tous que vous pouvez constater que la Suprême Présence, depuis toujours, pour toujours et encore à cet instant, ne cesse jamais de vous accompagner. Simplement parce qu'Elle est vous et que vous êtes Elle.

La Sagesse de la Trahison (par Sanderama)

Vous pensez avoir été le seul ? Oh, comme déjà vous cherchez vous-même, par cette unique pensée, à emmener votre cœur sur le chemin de la tromperie ! Qui trompe l'autre ? L'Autre ne reflète que les attentes que vous posez sur lui. L'Autre n'est ni plus ni moins que lui-même. Avec ses propres aspirations, désirs et besoins. Il ne peut pas être ce que vous êtes ni ce que vous voulez qu'il soit. Il ne peut rien vous offrir de plus que lui-même, tout le reste n'est qu'illusion. L'illusion que vous vous êtes créé. L'autre ne peut vous trahir. Il est dans l'incapacité même de le faire. Tout ce que vous jugez comme étant une trahison n'est qu'une perception restreinte de votre propre réalité par rapport à celle, plus évasée, qu'il peut posséder.

Ne condamnez pas l'autre pour quelque chose que vous-même n'êtes pas en capacité de voir et d'imaginer. Il joue avec ses cartes, son jeu. Vous ne pouvez pas lui reprocher de ne pas détenir le même jeu que vous, tout simplement car c'est la Vie elle-même qui distribue à chaque instant les cartes qu'elle juge opportun de donner. Comprenez-le et intégrez-le bien, ces cartes sont absolument différentes et uniques pour chaque être vivant.

Ne jugez pas l'autre s'il ne joue pas selon vos propres règles, chacun ici-bas régente la partie selon les cartes qu'il détient. Ne lui reprochez pas sa trahison ou son incompréhension. Il n'avance simplement pas de la même manière que vous. Aucune n'est bonne ou mauvaise, chacune est totalement juste pour celui qui marche.

Acceptez ce fait et vous entrerez alors dans la grâce de la Grande Compréhension de l'Autre. De cette compréhension qui vous fera cerner que c'est par cette différence, que vous avancer avec l'autre dans le Tout, puisque c'est justement de la somme de toutes ces différences qu'est formé le Tout.

La Sagesse de la Déception (par Schelemala)

Dans quelle condition pouvez-vous attendre de l'Autre ce que vous-même êtes en incapacité de vous donner ? Ne croyez pas que l'Autre puisse, de quelque manière que cela soit, être la porte ouverte à l'offrande que vous refusez de vous accorder. Il ne peut en aucun cas être un symbole de complétude de vous-même. La seule façon pour vous d'être en totale complétude est de devenir votre propre Maître. Alors seulement vous pourrez comprendre que puisqu'à la fois tout et rien ne vous appartient, c'est de votre propre chef que vous vous accomplirez.

L'Autre ne peut être plus que le simple reflet de ce que vous pouvez espérer trouver en vous. Il ne peut pas vous donner ce qui vous manque. Il n'en a pas le pouvoir. Il en va là du plus grand Don que vous puissiez vous accorder : celui qui, dans la confiance que vous avez en vous-même, peut vous aider à concevoir que nul autre que vous-même ne peut être source de déception pour vous.

Attendre le Don de l'Autre est autant folie, qu'utopie. Il ne peut vous donner ce qu'il ne possède pas et ce que vous surtout, ne savez pas encore consciemment posséder.

Chaque Autre que vous rencontrerez dans votre vie n'est que votre propre miroir. Celui qui, dans sa quête, consciente ou inconsciente, fait écho à la vôtre.

Ne le considérez jamais comme une quelconque source de déception. S'il peut, et va, par sa singularité vous aidez à avancer, en aucun cas cependant, il n'est celui qui tient les rênes de votre monture à votre place.

Dans la grande galerie des glaces, chacun apparaît avec ses propres déformations, sa beauté et sa singularité. Mais aussi différent que l'Autre puisse vous apparaître dans le miroir, il reste votre reflet. Il reste vous.

C'est votre interdépendance aux autres qui fait votre lien à eux. Mais c'est votre singularité qui vous rassemble dans le Tout et vous permet, tous ensemble, de former ce Tout.

La déception que l'Autre vous a amenée est ce que vous n'avez pas pu vous offrir à vous-même et que, par sa présence, vous avez cru pouvoir combler.

Comblez-vous vous-même pour remplir le vide qui existe en chacun. Et ne cessez jamais de vous répéter que le vide n'est lui aussi que l'autre face de la complétude.

« Celui qui n'a pas connu le vide ne peut pas imaginer un jour comprendre ce que cela signifie d'être totalement rempli. »

La Sagesse de la Quiétude
(par Schelemala)

Votre respiration, souffle de Vie que vous portez et qui vous transporte, est votre plus belle, plus douce et plus sûre source de quiétude. Tant que, d'une manière ou d'une autre, par elle, vous vous retrouvez relié à vous-même, à la Vie qui existe en vous, alors plus rien ne peut vous atteindre.

Votre souffle, exacte similitude du souffle divin, est celui qui donne et crée la vie.

Prenez le temps de vous relier à lui, et dans votre intimité la plus profonde, devenez ce souffle.

Inspirez la vie. Expirez tout ce qui encombre votre être de négativité.

Inspirez le souffle même de Dieu. Expirez ce que vous ne voulez plus être.

Inspirez la Joie. Expirez ce que vous n'avez jamais été.

Inspirez la Félicité. Expirez tout ce qu'il y a de mauvais en vous.

Votre souffle est votre lieu de recueillement et le point de recul dans lequel vous pouvez et pourrez toujours vous retrancher, quelle que soit la situation, à chaque instant de votre vie.

Lorsque rien et tout vous submerge, n'oubliez jamais qu'en vous existe un lieu de quiétude absolue qui vous appartient et continuera de vous appartenir tant que le flot de la Vie bénira de sa présence chacune de vos cellules.

**La Sagesse de la Confiance
(par Schelemala)**

*« Petite qui dort au fond de moi, oh, toi,
Confiance, où donc es-tu lorsque
le soubresaut du doute, sans cesse capture,
fait jour et noie… ? »*

La purification de toutes les pensées enfouies vous donne la clé. La confiance en vous, en l'autre, en tout, réside dans votre être profond puisque déjà, vous aussi, vous savez. Mais la peur se nourrit de la peur. Elle aime le trouble singulier qu'elle engendre en vous jusqu'à vous faire ciller, plier, puis vous paralyser.

Ayez bien en tête que même la pire des expériences vécues ne sera jamais aussi terrible que celle de cesser de vivre par peur de ce qui pourrait potentiellement se produire.

Laisser ses peurs gouverner, c'est se fermer à tout ce que son monde peut avoir de beau à offrir. Tout ce que vous voyez et vivez n'est que la partie émergée de l'iceberg.

Tant d'autres vous l'ont sans doute déjà dit avant moi : suivez votre cœur !

Il n'y a pas de meilleur chemin pour vous amener vers ce que vous devez être, vers ce qui doit être.

Oh oui, bien sûr parfois il peut vous tromper, mais soyez intimement persuadé de ceci : votre cœur, lui, ne se trompe pas ! Il sait.

Si votre chemin vous a paru jusque-là faussé ou erroné, posez-vous quelques secondes et regardez en arrière : l'était-il vraiment ? Qu'avez-vous appris et expérimenté grâce à ces situations passées ? Qu'avez-vous compris sur vous, sur l'Autre et sur la Vie en général ?

Alors, croyez-vous toujours que vos rencontres passées n'avaient pas de raison d'être, dans l'ici et maintenant ?

Ce que nous jugeons comme les plus grandes trahisons sont en réalité celles qui nous rapprochent le plus de nous-mêmes et de notre vraie nature.

*« Il ne pouvait connaître le Bien sans avoir
d'abord vécu toutes les facettes du Mal.

Il ne pouvait être le Lui Lumineux
sans savoir, à travers l'Autre, de quoi
sa face la plus sombre était capable.

Il ne pouvait accorder pleinement sa confiance
à l'Autre sans comprendre qu'à travers
cet acte, c'est avant tout
à lui-même qu'il faisait confiance.*

*Il ne pouvait savoir que l'Infini réside
dans le plus minuscule atome
tant qu'il ne s'était pas frotté
à l'immensité de la perdition.*

*Alors, enfin et seulement,
dans cette compréhension,
il savait que faire confiance et acquérir
la confiance ne dépendait que de lui.*

*Alors, plus jamais il n'était blessé ou déçu
car il saisissait le plus simplement possible
que ce qu'il vivait-là, qu'elle qu'en soit
la manière, était exactement ce que
son cœur avait choisi pour lui.*

*Alors, il savait que ce qu'il était
à cet instant même était exactement ce qu'il
était destiné à être, ici et maintenant. »*

La grande Vertu du Bien et du Mal (par Sandarema)

*« Dans le Mal, je suis, aussi justement que
dans le Bien je me trouve. »*

Celui qui passe par l'épreuve du mal connaît la Véritable Souffrance, car ce vécu le rapproche un peu plus de lui-même. Celui qui seulement frôle la peine, ne sait rien encore de celle-ci, car les plus beaux enseignements s'acquièrent dans l'expérience de l'ultime source de souffrance : celle de la découverte de son propre miroir reflétant de soi la face la plus sombre.

Ne croyez pas que celui qui ne comprend pas est inculte ou inintelligent. Il perçoit exactement ce qu'il faut, dans la juste mesure de son savoir. Se glorifier pour un acquis revient tout bonnement à le perdre. Car n'est de véritable Savant que celui qui s'ignore et qui, dans la Bonté de son être, sans retour aucun, partage et offre. Celui-là sait le Juste, car dans la découverte de ce qu'il est au travers de l'Autre, alors, il peut, à parts égales, devenir lui-même.

L'Autre n'est que vous. Qui qu'il soit, il n'est que votre simple reflet. Ses aberrations, ses bontés, ses extrémismes, ses voluptés sont vôtres. Tout, absolument tout ce qui le caractérise, en vous, sans commune mesure, existe aussi.

Ne reprochez pas à l'Autre de refléter votre face sombre, comprenez simplement que vous aussi vous êtes l'image de la sienne.

Ne catégorisez pas celui qui reflète la lumière. De son propre rayonnement émerge le vôtre.

Vous êtes comme l'Autre, car l'Autre est vous. Le Bien et le Mal sont les constituants du même Tout.

*« L'âne s'abreuve à la même source
que le crocodile.*

Le dieu boit à la même eau que le mécréant.

La fleur irradiante puise dans la même source que la ronce épineuse. »

Là où vous allez, vous êtes. Là où vous allez, vous vous devez d'aller. Le chemin que vous arpentez est celui qui inscrit votre histoire et l'Histoire de tous. Car chacun, par son expérimentation, change le vécu et la compréhension de tous.

Il n'est pas de solitaire. Le rythme est individuel, mais l'avancée, toujours, est commune.

Sans la Terre, vous n'avez pas d'endroit à arpenter.

Sans l'Eau, vous n'avez pas de source de vie à boire.

Sans l'air, vous n'avez pas d'oxygène dont vous nourrir.

Sans l'invisible, vous ne pouvez pas voir ce qui vous entoure.

Sans la poussière, vous ne pouvez pas savoir ce que vous avez été.

Sans l'Autre, vous ne pouvez pas comprendre qui vous êtes.

Sans le Grand Soleil, vous ne pouvez savoir ce qu'est la chaleur véritable.

Volez, soufflez, entendez, bondissez, jouez, arrimez ou percutez, peu importe la voie, la porte vers vous est toujours grande ouverte.

La force de dire « non » (par Sandarema)

Être ce que je veux être. Refuser ce que je ne veux pas ou plus être. Ce qui passe par moi ou s'installe en moi est tout ce que, consciemment ou non, j'accepte de laisser exister afin de l'expérimenter.

Expérimenter une fois est une chose. Mais à toute chose, la compréhension doit venir et se faire. La bouée de sauvetage ne sert que si l'on accepte de l'enfiler. Sinon, la noyade est inéluctable. Il est parfois bon de penser en priorité à soi. Aider l'autre au détriment de sa propre force n'amène que faiblesse pour soi et fait baisser le feu de sa propre flamme. Il faut d'abord briller de tout son rayonnement avant de pouvoir allumer d'autres feux. Prendre le risque de s'éteindre, c'est prendre le risque de ne jamais pouvoir en allumer d'autres.

Aussi, vous pouvez vous répéter cette phrase aussi souvent que nécessaire :

« La première personne qui doit compter pour moi, c'est d'abord et avant tout, moi ! »

Attention, se répéter cette phrase n'a rien à voir avec le fait d'avoir un ego démesuré. C'est même tout le contraire. Vous aider vous, c'est aider le Tout et les autres. Il ne s'agit pas là d'une quelconque démarche égoïste. Envisagez-la plutôt comme la protection du lien qui vous relie au Grand Tout et à votre être divin.

Oser dire non à une demande d'aide qui vous semble démesurée, c'est bien laisser l'autre expérimenter ce qu'il doit expérimenter, pour sa propre évolution. Tout arrive toujours exactement au bon moment pour chacun. Et si l'Autre, dans son humanité, ne comprend pas votre refus, son âme, plus profondément le comprendra et vous remerciera de la laisser vivre ce qu'elle a à vivre.

Osez dire non à la part d'ombre qui vous happe. Osez cheminer vers ce qui vous est destiné, même si la voie vous semble ardue. Si vous l'avez choisie, au travers de votre âme, c'est qu'elle vous est amplement dédiée. Vous ne faites rien par hasard. Tout ce que vous entreprenez est exactement ce que vous devez faire à cet instant précis.

Ne doutez pas de vos capacités. Jamais. La seule chose qui vous fait douter est votre part d'ombre. La Lumière, elle, ne permet pas le doute. Seul l'avancement existe en son travers.

Être celui que vous devez être, à cet instant précis, tel est le plus pur chemin vers votre reconnaissance.

Soyez qui vous voulez être, quel que soit votre choix, il est bon en cet instant. Ne soyez pas celui qui joue un jeu auquel il ne comprend pas les codes. Vous seul avez le pouvoir de fixer les règles de votre vie. Alors, osez dire oui, osez dire non. C'est votre choix. Votre libre arbitre est ce qui vous définit en tant qu'être humain. Même dans une camisole, vous avez toujours le choix d'être plus fort que ce qui vous entrave. La Force de l'Amour ne connaît que la démesure. Elle n'a pas d'égale dans la part sombre. C'est Elle et seulement Elle qui permet de vaincre ce qu'il y a de plus noir en soi. Rien ne peut lui résister, quoi que l'on puisse en dire.

« Sois toi. Et lorsque tu ne sais plus qui tu es, place-toi dans ton cœur. Car il n'est de plus précieux, de plus puissants guides que la lumière d'amour divine qu'il contient. L'Amour est le seul capable de te faire devenir qui tu dois être. »

Courir avec le temps (par Sandarema)

« Celui qui use son temps pour ce qu'il sait juste en gagnera le double dans l'approche de son Moi Véritable »

Le temps qui passe, celui qui file. Ami, ennemi. Le temps d'un souffle ou celui d'une vie…

L'intégralité de votre temps est ce qui vous définit par ce que vous avez choisi d'être et de vivre.

Le temps ne vous atteint plus que si vous lui laissez la possibilité d'avoir prise sur vous.

Le temps, Don précieux sans cesse gaspillé.

Grappiller les minutes pour perdre ou gagner sa vie…

Le temps n'est que ce qui définit votre cycle de passage ici. Il n'est pas vous ni une version améliorée de ce que vous pourriez être ou devenir. Le temps, simplement, est ce qui vous absout dans la connaissance la plus pure de vous-même.

Ne croyez pas pouvoir courir après lui. Il serait très présomptueux de vouloir être quelque chose qui vous dépasse totalement.

Le temps est ce qui a défini la Vie elle-même. Par ce qu'Elle est et porte, le temps est à la fois inclus en Elle et exclu d'Elle.

Les minutes, les heures, les années passent sur un cadran que vous avez-vous-même construit pour vous rassurer encore un peu plus sur la véracité de vos illusions.

Mais le temps n'est pas l'illusion. Il en fait bien fi d'ailleurs.

Le temps n'a aucune limite, car sa course ne vit que dans le paramètre tronqué de ce que vous croyez être votre propre existence.

Regardez autour de vous. Oui, regardez les saisons qui défilent, le voyage de la lune et du soleil dans le ciel, la luminance sans fin des étoiles au-dessus de votre tête. Pensez-vous qu'elles aient besoin d'un cadran pour exister ? Bien au fond de vous, vous savez qu'il n'en est rien. Chacun, quelle que soit sa taille, existe à l'échelle de l'Univers. Exister simplement. Et Être. Voilà le seul chemin à suivre, celui d'être vous, dans votre existence propre. Avoir besoin des autres est une utopie, car les autres vous appartiennent comme vous leur appartenez puisque, tous, faisons partie du même Tout.

« Je suis la goutte de rosée qui se pose sur l'échelle du temps pour lui faire ralentir un peu sa course en lui disant : je ne dépends pas de toi puisque je suis toi et tu es moi. »

Savoir vous accorder le temps de faire ce qui est juste pour vous est un Don divin. Car l'Illusion cherche toujours à vous en empêcher, à vous montrer ce qui n'est pas vous. Mais ôtez ce voile devant votre regard aveugle et posez-vous cette question :

Et si, finalement, j'étais le temps ?

Que ferais-je alors de ma vie dans la possession immédiate de ce qui est Infini ? Et si mon existence profonde et totale ne se résumait qu'à une suite ininterrompue de temps d'expériences ?

Qui suis-je et qui serais-je si la dépendance au temps, à cet instant, s'arrêtait ? Et si lui et moi ne formions qu'Un dans une immensité pareille à celle de l'Univers entier ?

Il n'existe de temps perdu. Chaque pas fait avancer dans une direction ou une autre. Seul le choix de la direction prise peut vous perdre. Le temps, lui, n'existe que dans la nécessité de vous montrer le juste chemin à suivre.

Faire la paix avec soi (par Schelemala)

« Il n'est de combattant sans guerre à mener… » Le croyez-vous vraiment ? Croyez-vous que chaque bataille nécessite de déclarer un gagnant ? Au plus profond de vous, vous savez qu'il n'en est rien. Au contraire, les plus belles batailles sont celles menées et gagnées… dans la paix.

Quel est votre rôle ? C'est uniquement celui qui vous ramène encore un peu plus profondément à vous. S'éloigner de soi n'a ni sens ni but.

La seule manière d'être est dans le rapprochement d'avec soi. Or, cette proximité ne peut s'acquérir en livrant une bataille constante.

Rien ne peut être plus que ce qu'il est déjà. La parure fait l'apparence, l'intériorité fait la richesse.

« Être riche de soi, là est le plus précieux des trésors. »

Prière pour la Paix intérieure

Arrive Celui Qui Marche,

Comme Celui-ci, j'arrive.

Dans la Paix de mon cœur réside mon plus précieux trésor.

Que la Main posée sur mon âme m'apporte l'apaisement.

Que dans la compréhension, mon esprit puisse me montrer la voie.

Que la brillante armure dorée m'entoure et fasse jaillir les étincelles de Paix en moi.

Car aujourd'hui et dès à présent, j'entre dans l'ère de l'Acceptation.

Le Royaume divin, siège de mon cœur, m'ouvre la porte du repos de mon âme.

Je sais le devenir de celui qui trop livre bataille contre lui-même.

Alors, aujourd'hui, dans la Paix, je dépose mes armes.

La sagesse de Draconia

*Aujourd'hui, dans la Paix,
je m'assois avec moi-même.*

Aujourd'hui, l'onde de Paix parcourant mon corps se fait une place jaillissante et limpide.

Maintenant, je trouve la Paix.

Maintenant, je suis en Paix.

Maintenant, je reste en Paix.

Maintenant, je suis la Paix.

Merci.

Mélakavasévéo Alemoua Vaadé. Métélamo. Diona Ma.

TROISIÈME PARTIE

PETITES LEÇONS POUR
CHANGER SA VIE

Qu'est-ce que la Force ?
(par Turndra)

« La véritable Force, c'est aussi d'être capable de se montrer à l'autre dans ses faiblesses. »

Celui qui prend toutes les précautions pour ne jamais tomber n'est pas plus fort qu'un autre. Est fort celui qui peut se relever malgré les blessures. Est invincible celui qui comprend que c'est la main tendue de l'autre qui l'aidera à panser ses plaies.

La Force véritable réside dans l'acceptation de ce qui est. Dans l'acceptation que toutes les situations ont une raison d'être, car même celle qui peut sembler la plus anodine existe pour une raison.

Comme l'arbre subit le vent, la pluie et le tonnerre dans la connaissance primaire de ce qu'est le cours naturel des choses, il peut alors également ressentir les rayons bienfaiteurs du soleil faisant éclore les bourgeons sur ses branches.

Entrez dans la force tel un arbre et tous les combats seront gagnés.

Devenir plus fort grâce aux Dragons
(par Turndra)

Chacun de nous, de par sa couleur de peau, dispose d'une certaine force vibratoire. La notion de hiérarchie et du « plus ou moins qu'un autre » n'existant pas chez nous, nous ne cherchons pas à comparer nos forces. Nous les utilisons simplement de manière complémentaire les unes des autres. Les Dragons noirs, dont je fais partie, sont ceux qui ont la puissance vibratoire la plus élevée dans la cinquième dimension. Nous sommes également ceux qui, énergétiquement parlant, peuvent le plus facilement être ressentis et perçus par les humains, lorsque nous nous trouvons près d'eux. Mais, dans notre dimension, cette force a peu d'importance, pas dans le sens de la force physique humaine. Cette force vibratoire plus puissante nous est donnée uniquement afin de pouvoir la partager et apporter, par exemple, un peu d'énergie supplémentaire à un Dragon qui n'aurait pas encore intégralement rempli sa mission de vie et serait, tout doucement, en train de commencer à s'éteindre.

C'est uniquement dans l'Amour et l'entraide les uns envers les autres que nous pouvons grandir, nous construire et évoluer.

Et c'est exactement ce que nous venons vous enseigner : c'est seulement grâce à l'Amour que vous pouvez éprouver pour vous-même, mais c'est avant tout pour, et à travers les autres que vous pourrez vous renforcer.

Même dans la matière, un corps physique rempli d'amour ne peut plus rien laisser entrer de mauvais. Il n'y a alors en lui que la Force de l'Amour. Et cet Amour peut déplacer des montagnes. Dans la compréhension de cet Amour vers lequel nous vous guidons, vous devenez plus fort, un peu pour vous-mêmes, mais surtout pour le groupe. Et, en cela, vous suivez exactement le chemin d'avancée collective choisi par vos âmes en tant que membre du même groupe « Humanité ».

La Véritable Force, la force suprême, n'est autre que celle de l'Amour vécu par et pour tous.

Celui qui comprend cela, même s'il ne pèse pas plus lourd qu'une souris, pourra vaincre tous les éléphants qui tenteront de le piétiner. Car le bâton qui frappe le plus fort n'est pas celui de la haine, mais bien celui de l'Amour.

Prière pour la Force

Dans la force, la volonté et la puissance, je m'éveille.

Dans l'équilibre, je m'éveille.

Les ailes bénies de la Force et de la Puissance m'entourent et me protègent.

La force m'habite. Je suis Force.

La volonté m'habite. Je suis Volonté.

La puissance m'habite. Je suis Puissance.

Le feu sacré de Dieu m'habite, me couvre et me protège.

Je suis sacré.

Par la Force des Dragons, je suis et j'existe.

Par la Puissance des Dragons, je suis et j'existe.

Les Dragons noirs m'entourent et m'élèvent.

Je suis Force. Je suis Volonté. Je suis Puissance.

Je suis Amour. Je suis.

Relamaleum Arivaleum Mecataleum

Reema Po.

Merci, merci, merci.

Accepter le changement (par Turndra)

La vie est impermanence. Il ne tient qu'à vous de définir ce qui est juste ou non. Vous seul êtes en mesure d'écrire votre propre chemin. Un changement dans votre façon de voir la vie ne sera pas forcément compris et accepté. Mais rappelez-vous toujours que vous avancez pour vous et uniquement pour vous. Ce qui est juste pour vous l'est également pour l'Univers.

Comprenez que, dans votre cheminement, vous aurez nécessairement besoin des autres. Car aucune avancée ne peut se faire sans l'Autre. Ne doutez jamais de la Vie. Ici ou là, elle mettra à vos côtés des personnes qui vous permettront de vous reposer un peu ou de prendre un nouvel élan.

Renoncer à certaines choses, personnes ou relations qui faisaient avant partie de votre vie et qui, aujourd'hui, vous paraissent toxiques, n'est pas faillir. Au contraire, c'est trouver en vous la force et la capacité de dire :

« Je suis et j'existe. J'accepte les changements. J'accepte que ce qui pouvait être juste et bon pour moi à un moment donné ne le soit plus forcément aujourd'hui. Je prends en conscience la décision de me débarrasser de ce qui m'encombre. J'ouvre la porte à ce qui peut me faire cheminer vers ce qui est juste pour moi. »

L'acceptation est la clé du changement. C'est la clé ouvrant la porte de la Destinée.

Devenir soi-même ou le Pouvoir de l'Amour (par Julius)

Le Pouvoir de l'Amour… Une notion un peu désuète venue d'un autre âge ? Vous m'en direz tant !

Oh, je ne vous parle pas ici de l'amour que vous pouvez porter à un objet quelconque (l'objet d'amour), mais plutôt de l'Amour avec un grand A. De cet Amour qui vous nourrit et vous fait vivre ici-bas. Car cet Amour n'est autre que la Vie elle-même.

Vous le savez maintenant, nous, Dragons d'Arkélie, nous nourrissons presque exclusivement de cet Amour pour vivre. Ce que vous ignorez peut-être, c'est que vous, en tant qu'être humain pouvez aussi vous nourrir de cet Amour bienfaiteur, capable de pallier tous vos manques, quels qu'ils soient. Car, Source de Vie, il peut dans sa grande beauté, vous relier à la Vie et sa Grande Puissance, vous relier à la part divine de votre être.

Votre existence et tout ce qui se trouve autour de vous, à portée de main, de vue ou de pensée sont votre propre création.

Aujourd'hui, vous devenez le sculpteur de votre vie. Je vous imagine déjà lever les yeux au ciel en me répondant : « Impossible ! »

Croyez-vous vraiment cela ? Alors je vous répondrais que « Impossible n'est pas Dragon, mon ami ! »

Suivez-moi un instant sur cette route et fermez les yeux.

Maintenant, connectez-vous à votre souffle. Inspiration… Expiration… Faites-le lentement, plusieurs fois jusqu'à sentir une profonde détente s'installer en vous.

Vous êtes ici, simplement ici, en train de vous faire un précieux cadeau. Peut-être le plus précieux que vous ne vous soyez jamais fait d'ailleurs…

Ensuite, il vous suffit de répéter ces mots :

« Dès à présent, je décide de façonner l'entièreté de ma vie à mon image.

Moi… [votre prénom] décide maintenant que le cours de ma vie se dessinera de la manière suivante… [listez maintenant la manière dont vous voyez votre futur proche, ou plus lointain, dans quelques semaines, mois ou années.]

Si cela est compatible avec la volonté de mon âme dans mon cheminement d'Amour et de Lumière, que cela s'inscrive en Elle maintenant.

Je suis mon propre chemin. Je suis Le Chemin. Merci. »

Tout changement dans une vie part d'une volonté. Chacune de vos pensées peut prendre acte dès l'instant où vous la notifiez suffisamment fortement.

En effet, chacune d'elle émet une vibration énergétique assez puissante pour être instantanément entendue par la partie la plus divine de votre être, à savoir votre âme. Cette dernière, directement reliée à la Source d'Amour Pur relaie et transmet l'information pour vous permettre de façonner votre vie selon vos désirs. Eh oui, ce n'est pas plus compliqué que cela !

Les vibrations de la Terre augmentent très rapidement ces dernières années. Ainsi, les souhaits se matérialisent et prennent forme de plus en plus vite à mesure qu'ils sont formulés. Vous, êtres humains, avez la grande chance de pouvoir détenir en vos mains les clés de votre avenir et surtout, celles de tout votre Peuple. Car n'oubliez jamais que tout petit changement, aussi subtil soit-il chez l'un d'entre vous, a une influence sur l'ensemble du cosmos.

Quelle est ma voie ? Comment la connaître et l'aborder ? (par Julius)

Ombre ou Lumière ? Éternel questionnement, éternel combat. Quel est le vôtre ? Sans doute pouvez-vous imaginer que le simple fait de tenir ces pages entre vos mains vous donne un bel élément de réponse. Que vous en ayez conscience ou non, le fait même de lire ces lignes fait augmenter votre vibration de façon infinitésimale ou beaucoup plus prononcée, en fonction de votre volonté intrinsèque.

Il est une différence substantielle entre croire en une chose et être intimement persuadé de sa véracité au plus profond de son être.

Alors que vous comprenez bien que la Lumière ne peut se passer de l'Ombre, vous savez également que chacun a, à l'intérieur de soi, une dominante très prononcée. Et ainsi, même si cette dominante peut un peu s'amenuiser ou être bousculée au cours d'une vie, elle ne peut fondamentalement changer. Vous êtes déjà ce que vous devez être, même sans en avoir pleinement conscience.

Les rencontres vous font basculer d'un côté, puis de l'autre, mais vous seul appelez ce qui arrive dans votre vie.

Il n'y a pas, à vrai dire, de bon ou de mauvais côté. Seul ce que vous décidez d'être dans l'instant présent compte. Tout ce qui sera alors en accord avec votre âme sera juste. Néanmoins, entendez bien ceci : si expérimenter le côté sombre est juste pour vous (et pour l'Univers) à cet instant-ci, cela fait bien entendu baisser votre vibration et celle de l'ensemble du groupe. Bien sûr, il n'est nullement question ici de récompense ou de punition. Ce qui doit être est, c'est aussi simple que cela. Mais il est nécessaire de toujours garder en tête que chaque acte a ses conséquences, tant pour vous que pour l'Ensemble du groupe.

Vous existez. Ainsi, tout ce que vous faites s'inscrit et porte à conséquences. Tout ce que vous faites en cet instant définit ce que sera votre avenir dans un an, dans dix ans, ou même dans votre prochaine vie.

Être dans une compréhension et un lâcher-prise total concernant cet état de fait est essentiel. Ainsi, vous pouvez simplement vivre pleinement ce que vous avez à vivre, en plein accord avec vous-même.

Mais ne soyez jamais trop strict dans la volonté de parvenir à vos fins, quelles qu'elles soient. Dans une voie comme dans l'autre, tout est absolument toujours question d'équilibre dans l'Univers. Tout le défi de la vie consiste justement à trouver le bon équilibre. Celui qui vous permet de cheminer vers ce qui est le meilleur pour vous. Soyez toujours certain d'une chose :

Vous ne pourriez pas être à un meilleur endroit que celui dans lequel vous vous trouvez à cet instant.

Vous ne pourriez pas faire une chose plus juste pour vous que celle que vous faites à cet instant précis.

Vous ne pourriez pas vivre les situations d'une autre manière que celle qui vous est offerte à vivre en cet instant.

Tout dans votre vie est absolument parfait pour vous et rien ne pourrait être différent de ce que c'est en ce moment même.

Être l'auteur de sa vie (par Julius)

Être l'auteur de sa vie, c'est acquérir la certitude que le pouvoir d'écrire chaque chapitre vient de la partie la plus intime de son être et dépend entièrement de soi. L'Autre n'est que le figurant dans le tableau dans lequel vous êtes le personnage principal, au centre de l'image.

Si, comme nous l'avons évoqué précédemment, les choses et les personnes sont intimement liées, c'est vous le tisseur des liens qui vous unissent à vos proches et à tout ce qui existe dans votre vie. Choses, lieux, personnes, objets : tout est entièrement dépendant de votre volonté. Ainsi, si la pensée crée l'énergie qui modèle la matière, vous pouvez aisément comprendre que le maître d'œuvre, c'est bien vous et uniquement vous !

Croire en son propre pouvoir de création, c'est prendre ou reprendre le contrôle sur absolument tout ce qui vous entoure, c'est explorer les mystères de la Loi de Cause à Effet de manière très probante et spectaculairement rapide. Comprenez et assimilez que tout dans votre vie est voué à la réussite. Ce que vous interprétez comme un échec est en fait la réussite d'un processus de pensée que vous avez clairement notifié comme étant voué à l'échec. C'est aussi simple que cela : ce que vous voulez, l'Univers vous le donne.

Alors, orientez toutes vos pensées sur la réussite de votre projet et vous ne pourrez que remarquer que, tôt ou tard, cela marchera. La notion de temps est essentielle dans ce cas-là. N'oubliez jamais que le temps ne se calcule pas de la même manière partout dans l'Univers. Ainsi, lorsque vous imaginez que les choses mettent du temps à se matérialiser de façon probante dans votre vie, vous pouvez peut-être alors plutôt vous dire qu'il vous fallait d'abord expérimenter d'autres choses avant d'obtenir le résultat de vos espérances.

Mais cette attente ne doit néanmoins jamais vous faire perdre de vue vos objectifs ou vous faire penser de façon négative. Sinon, vous l'aurez bien évidemment compris, tout le travail que vous aurez pu exécuter en un sens se matérialisera, à l'image de vos nouvelles pensées, dans le sens inverse.

C'est d'ailleurs là sans aucun doute un des effets négatifs les plus prégnants d'une mauvaise compréhension de cette notion de lâcher-prise dans la patience chez vous, humains. Essayez simplement, maintenant que vous avez pris conscience de ce fait, d'orienter les choses légèrement différemment.

1. Je pense positivement et suffisamment fortement à ce que je veux voir se matérialiser dans ma vie.

2. Je le confie à l'Univers et continue d'avancer dans la confiance et la patience sans jamais renoncer à cet objectif fixé.

Les étapes sont, au final, très peu nombreuses pour devenir le maître d'œuvre de sa vie. Maintenant, il ne vous reste plus qu'à commencer à sculpter…

Ce que vous voulez être définit ce que vous êtes (par Julius)

Pourquoi chercher la complexité là où il n'y a rien de plus simple ?

Être ce que vous êtes est le rôle de votre vie. Ni plus, ni moins.

Un jour, vous comprenez que le chemin de l'Être est bien différent de celui de l'Avoir.

Le lendemain, vous commencez votre long périple.

Le troisième jour, vous hésitez à vous relever.

Le quatrième, vous vous dites que vous n'êtes pas fait pour ramper alors que vous possédez des ailes.

Le cinquième, vous remettez votre pied au sol.

Le sixième jour, vous tournez votre tête et regardez tout le chemin déjà accompli, ainsi que celui restant à arpenter.

Le septième jour, vous songez que de revenir sur vos pas serait bien plus douloureux que de continuer à cheminer malgré les obstacles.

Et le huitième jour, enfin, vers l'infini de ce qu'il vous reste encore à parcourir, vous déployez vos ailes et prenez votre envol.

Vous parcourez un chemin sur lequel seule l'avancée est permise. Le retour en arrière serait douloureux et difficile. Ne lui accordez pas la moindre importance.

Rappelez-vous toujours : là où vous décidez d'avancer, le chemin se dessine à votre image.

Comprenez alors que chaque obstacle qu'il contiendra ne sera que la conséquence de votre coup de pinceau sur la toile. Être votre propre maître d'œuvre est votre seul devoir. Rendre les choses compliquées, semées d'échecs, de difficultés ou d'épreuves insurmontables est votre choix, votre fait, votre volonté.

Maintenant, si vous le souhaitez, vous pouvez lister toutes les difficultés que vous voyez poindre dans votre vie. Prenez le temps d'y réfléchir en conscience et de mettre des mots dessus. Lorsque ce sera fait, il ne vous restera qu'à dire ces mots :

« Dès cet instant, je décide de reprendre le contrôle entier et complet de ma vie.

Je confie l'ensemble de mes problèmes à ma Grande Puissance afin qu'Elle transforme tout le négatif en positif.

Ainsi, dès maintenant, je laisse aller ce que j'étais pour devenir ce que je suis.

Merci aux forces en puissance et en action pour ce travail. »

Sachez que toute demande formulée ainsi est entendue où que vous l'envoyiez, quel que soit le guide à qui vous choisissez de la confier. Prenez ensuite naturellement la mesure du lâcher-prise complet et de l'attente bienveillante tant à votre égard qu'à celui du ou des problème(s) exposé(s). Ce n'est qu'au moment où vous acceptez de lâcher-prise quant à la multitude de vos attentes et que, dans la simplicité la plus évidente, vous laissez faire Celui qui est en mesure de régler chaque conflit régnant encore en votre for intérieur, que toutes les solutions pourront alors surgir dans ce que vous aimez tant nommer « Miracle ».

Trouver le sens véritable (par Julius)

« Vide de sens ? Qui trouvera un sens à ma vie si ce n'est moi ? »

« Qui cherche, trouve », dit l'adage… Encore faut-il savoir ce que vous cherchez réellement.

Voilà la grande question : qu'est-ce qui vous fait avancer ? Tôt ou tard viendra le moment où vous devrez vous positionner. Alors, ce qui doit advenir sera, pour vous permettre d'accomplir votre grand dessein. Mais tout cela demande choix et réflexion.

Se tromper de voie encore et encore en n'explorant que le connu peut être salutaire d'une certaine manière, dans le sens où cela vous rassure sur un état d'être que vous pensez pouvoir contrôler. Mais, vous le savez, la vie n'est qu'impermanence. Vous accrocher à l'impalpable, c'est le laisser vous filer entre les doigts un peu plus rapidement. Et une vie aux doigts crochus, ne cessant inlassablement de retenir ce qui ne peut l'être, n'est plus une vie. Vide de sens, elle se démunit de ce qu'elle possède de plus précieux jusqu'à flétrir.

Trouver le sens, c'est accepter d'avoir le contrôle sur sa propre existence sans pour autant s'accaparer celle de l'autre.

Prendre le pouvoir sur soi-même et sur sa destinée est un choix et un chemin. Mais il ne fera sens que pour un seul être dans l'unité sacrée : vous-même.

Vivre au travers de l'autre ne fait que cacher la vraie destination : celle acquise dans la connaissance de son être propre / de son essence propre.

Est fougueux celui qui fuit sa propre responsabilité pour aller l'enterrer dans le regard inquisiteur et empli de jugement de l'autre. Mais le vrai courage appartient à celui qui, faisant bien fi du regard du voisin a trouvé au fond du sien ce qui donne sens à son existence et choisit d'arpenter le chemin malgré les multiples obstacles qu'il voit poindre devant lui.

Croire en soi et en ses capacités, c'est donner du sens à ce que vous recherchez dans votre vie. C'est offrir aux autres le meilleur que vous puissiez leur donner, à savoir, les faire briller à travers votre propre éclat. Lorsque la Vie prend sens dans ce que vous désirez vraiment, votre monde s'éclaire, et tout autour de vous devient lumière, car plus rien d'autre que la clarté de votre propre reflet n'a de place pour exister.

N'oubliez jamais, vous changer vous, c'est changer les autres et le monde, car ce que l'on désire obtenir se réalise toujours.

Reprendre le contrôle sur sa vie (par Julius)

Chacun arrive à un moment donné de sa vie à ce questionnement si important : où en suis-je vraiment à cet instant même de mon existence ?

Certains préféreront éluder la question qui dérange et continuer d'avancer tête baissée sur un chemin qui n'est plus vraiment le leur, alors que d'autres, au contraire, accueilleront le doute avec une grande bienveillance. Simplement dans l'acceptation de ce qui est, et de ce qui ne peut plus être.

Vous êtes-vous déjà senti à l'aube de cette période difficile ? Ou peut-être y êtes-vous déjà en ce moment ?

Ne vous formalisez pas ! Tout est exactement comme cela doit être. Mais accepter que quelque chose dans votre vie ne vous convient pas ou plus est un pas important. Sans aucun doute la première prise de conscience nécessaire qui peut vous amener vers un changement profond. Il n'est aucunement question d'attendre ici que votre entourage change pour vous rendre la vie plus douce, car ce n'est pas leur travail.

Le changement ne pourra venir que de vous. Au fond de vous, vous savez ce qui est bon et ce que vous voulez réellement. Alors, regardez, observez et acceptez. C'est à vous, rien qu'à vous, de reprendre le contrôle de votre vie. Les autres pourront sans cesse vous emporter dans le flot de leur propre volonté, vers leurs propres idéaux. Mais n'oubliez jamais que leur voie n'est pas la vôtre.

La vôtre est unique. C'est absolument celle qui vous convient à vous seulement. Quels que soient vos choix, laissez les incompréhensions de côté. Le seul qui peut et doit être dans la compréhension de son propre cheminement, c'est vous-même. Laissez les jugements et les conditionnements stéréotypés. Impulser la transformation n'est jamais simple. Mais c'est pourtant ce que tous les «Grands» de votre Peuple, dont les noms sont si souvent portés à vos lèvres, ont fait.

Vous pouvez rêver de changer le monde, mais vous pouvez aussi transformer le rêve en réalité et le faire ! Oui, vous pouvez changer votre monde sous tous ses aspects ! Et pour cela, seules la volonté et l'acceptation comptent.

La volonté de reprendre le contrôle.

L'acceptation que vous êtes seul maître à bord et que personne ne peut mener votre vie à votre place. Croire le contraire, c'est laisser l'Autre reprendre le plein pouvoir. Est-ce ce que vous désirez réellement pour vous ?

Vous êtes le seul à savoir ce qui est bon pour vous. Les perspectives de vie sont propres à chacun. Personne en revanche ne peut avancer pour vous, quelle que soit la similarité des expériences qu'il aura vécues. Une autre vie ne peut que faire écho à la vôtre. Ce n'est qu'une illusion. Seul ce que vous ressentez au fond de vous quant à une situation compte vraiment. Le reste n'a pas d'importance, ou si peu…

Mettez-vous face à un problème que vous rencontrez actuellement. Racontez-le exactement de la même manière à mille personnes différentes. Combien pensez-vous avoir de conseils dissemblables ? Eh oui, vous avez déjà la réponse : mille !

Chacun ne peut vous répondre que par rapport à sa propre expérience. Mais aucune expérience, si poussée soit-elle, n'est votre vie !

Alors, acceptez que le seul qui puisse savoir pour vous, c'est vous-même. Reprendre le contrôle entier et complet n'est rien de plus que cela en vérité : se placer en soi et écouter le chant du cœur…

Lorsque vous vous sentez perdre le contrôle, quel que soit l'aspect de votre vie, pensez à cela :

Fermez les yeux, entendez les vagues apaisantes de votre respiration qui vont et viennent inlassablement et placez-vous dans votre cœur. Imaginez-vous être ce cœur.

Vous serez alors relié à cette partie de vous qui ne meurt jamais et continue d'exister bien après que la chair ait disparu. Connecté à votre divinité profonde, enfin, vous verrez et vous saurez. Car oui, ne doutez jamais. Ce ne sont pas les autres qui ont les réponses. Dans ce savoir, vous obtenez le contrôle entier et complet.

La reliance à Soi par l'intermédiaire de l'Arbre Sacré (par Julius)

Non, il ne s'agit pas de l'arbre poussant dans la forêt ou le champ voisin. Mais plutôt de celui que vous portez à l'intérieur de vous telle la vie irrigant chacune de vos cellules. Il n'est d'arbre plus grand, plus précieux, plus majestueux que celui qui vit en vous. Cet Arbre Sacré de la Connaissance, c'est en votre sein que vous le portez.

Vous connecter à cet Arbre, c'est redécouvrir qui vous êtes et d'où vous venez, jusqu'au plus profond de vos racines.

Vous pouvez alors l'entendre vous murmurer :

« Savoir d'où tu viens et où tu vas est sagesse, mais comprendre dans quel terreau tu grandis est Vérité. »

Car celui qui sait d'où il vient est automatiquement amené à ressentir où il va. Celui-là même doit avant tout comprendre et intégrer ce qui le relie à son instant présent. Qui est-il, lui, isolé, au milieu du Grand Tout auquel il appartient ? Que veut-il ? Où le mènent ses choix ? Est-ce bien là Sa Vérité, son envie de cheminer ?

Aujourd'hui, les choses existent sous une forme, demain elles seront différentes. Comprenez que la forme dépend toujours de vous. Et pour savoir comment dessiner les choses, il n'est rien de plus précieux que la reconnexion à vous-même à travers la reliance à votre « Moi Sacré ». Or, cette partie de vous peut aisément prendre vie et se former au travers de l'arbre vivant que votre corps symbolise. Comme lui, votre sève, source de vie, coule en vous.

Et comme lui, votre Connaissance, source de Sagesse, vit en vous. Vous êtes cet arbre. Reliez-vous à Lui pour vous relier à vous.

L'exercice est simple en réalité. Il s'agit de vous mettre debout et d'imaginer votre corps semblable à un arbre ; un arbre millénaire et immortel dont la Connaissance est sans nulle autre pareille.

Les phrases suivantes peuvent être enregistrées puis ré-écoutées sous forme de méditation, lues ou simplement visualisées, peu importe. Tous les choix vivent en vous.

« Aujourd'hui, tous les choix vivent en moi.

Aujourd'hui, je choisis, en conscience, de me relier à mon Arbre Sacré de Connaissance.

Dans cet arbre, symbole vivant de mon existence terrestre, je me retrouve totalement.

Ses racines partent de la plante de mes pieds et s'inscrivent profondément dans la Terre qui me porte.

Relié à l'essence même de la Vie, je me souviens de qui je suis.

Cette reliance me rappelle l'infini cycle des renouveaux.

Ainsi, de là où je pars, est là où je serai amené à retourner encore et encore dans l'infinité du cercle m'unissant à la Grande Vie.

Maintenant s'inscrit en moi la Connaissance de qui j'ai été.

Le Grand Chemin m'ouvre sa voie.

Dans mon tronc puissant s'élève ma force de vie, celle dont le Flot Sacré toujours me porte et me transporte, sans faillir, malgré les aléas de mon existence.

Je suis la Vie et sa Connaissance. Je suis l'Aube dorée du jour nouveau.

Dans ma Force, ma Puissance et mon Courage résident ce que je sais et ce que j'ai envie de découvrir. En eux résident ce que je connais et ce que je sais savoir. Car relié à moi, je suis maintenant relié à la puissance de ma Connaissance.

Dans la naissance de mes branches se dessine ce que, nouvellement, je suis amené à redevenir. Dans cet état d'être se trouve mon Être profond.

Les bras levés vers le Ciel, mon corps et ma conscience, ensemble, deviennent.

Je suis la valse lente du Savoir prise dans le tourbillon de ma Vie.

Ma voix s'élève, pareille à la cime offerte du ciel étoilé, porte ouverte vers mon ultime savoir.

Dès à présent, relié à mon arbre intérieur, je sais. Merci. »

Être dans la pleine conscience de son existence unique au milieu d'une étendue beaucoup plus vaste et infinie est la première voie de la Sagesse.

Connaître votre existence pour comprendre où elle vous mène, voilà votre ultime reconnaissance à votre Essence Sacrée.

Le travail de deuil : laisser partir l'Autre pour faire place au Moi (par Julius)

Chaque Autre qui traverse votre vie, quel qu'il soit, est un jour destiné à la quitter également. Certaines relations sont aussi éphémères que le vol d'un papillon devant le soleil au zénith. Tandis que d'autres, plus profondes, plus ancrées en vous, vous accompagnent toujours, comme autant de petites lucioles au bord du chemin.

Qui que soit cet Autre, quelle que soit votre relation à lui, le trouver et vous trouver implique la compréhension qu'il n'est pas vous et ne pourra jamais l'être, même faisant intimement et complètement partie de vous. Accepter son existence, tant dans la différenciation que dans l'appartenance, c'est déjà un peu aussi accepter de le laisser partir.

Et ce départ revêt mille facettes : il peut s'agir de laisser aller celui dont la vie a pris fin à travers la mort physique du corps. C'est parfois aussi laisser aller celui dont la voie et les aspirations deviennent trop différentes des vôtres à un moment donné. Ou peut-être est-ce d'aller lancer un ultime salut à cet Autre qui aura croisé votre vie l'espace de quelques heures dans la reconnaissance de ce que vous aviez en commun à cet instant-ci.

Chaque deuil est spécifique, chaque « Au Revoir » l'est tout autant.

Arrêtez le temps, l'espace de ce moment qui, juste un peu, vous ramène à ce que vous êtes à cet instant précis. Il n'est pas question de l'Autre dans ce qu'il est ou a pu être pour vous. Mais simplement de Vous, juste Vous dans toute l'entièreté de ce que vous représentez : Vous avec vos vides, vos failles, vos blessures et vos peurs. Et cet autre Vous existant tout autant dans ses forces, ses recherches de sens, ses buts à atteindre et ses mystères.

Vous l'aurez compris, laisser partir l'Autre signifie revenir à vous.

Car celui qui vous manque en l'autre n'est que le trou béant qui s'ouvre à nouveau sur ce que vous n'avez pas encore complètement réussi à trouver en vous. Là où l'Autre revient, c'est un peu finalement là où vous, vous partez. Ainsi, la perte de l'Autre, dans toute la douleur et le désarroi qu'elle peut vous amener, ne vous met que face à cette partie de vous que vous pensiez pouvoir remplir à travers lui, mais que, dans la douleur qui vous assaille, vous ne réalisez pas être le seul à pouvoir combler. Car là où l'Autre toujours sera amené à s'en aller, le seul qui restera toujours avec vous, c'est bien vous-même !

Ainsi, vous ne pouvez plus envisager l'Autre comme celui qui, d'une quelconque manière, par son absence, vous délaisse. Tout simplement car il ne pourra jamais combler, en votre for intérieur, ce que vous ne pouvez pas combler par vous-même.

Alors, accepter l'Autre pour ce qu'il est, c'est simplement le laisser exister en vous comme vous pouvez exister en lui sans lui donner pour autant l'impossible « mission » de remplir votre vide et de pallier vos manques.

Lorsque vous savez cela, l'absence devient plus supportable, mais surtout, toute relative. Car alors vous comprenez que l'Autre, où qu'il soit, fait toujours partie de vous.

Et quand enfin vous concevez que vous ne pouvez remplir l'absence par votre propre présence, vous pouvez atteindre la Complétude de l'Être.

Alors, il n'y a plus ni deuil, ni manque ni absence, simplement l'Autre qui, où qu'il soit, par – delà les vies et les morts, continue d'exister à travers vous. Et parce qu'il est toujours présent, son absence physique ne peut plus jamais être synonyme de douleur, car vous savez que le lien résiste, quel que soit le temps ou l'espace.

Et quand le manque de l'Autre n'est plus, vous comprenez que le seul manque réellement palpable est celui qui vous fait vivre dans la recherche d'un « toujours plus » constant, n'est en fait que le manque de votre Moi Véritable Divin.

Accepter de vous ouvrir à Lui, à ce Messager du Cœur, c'est entrer dans la certitude que, déjà, tout vous appartient.

Le temps de vivre, le temps d'un souffle (par Julius)

« … Que le temps peut être vécu à l'infini lorsque dans l'utile il se complaît. »

Le manque de temps n'est pas un état d'être en soi, il est un état imposé par vous et vous seul.

Le manque de temps est inexistant. Le temps est le même, les journées égales les unes aux autres dans leurs vingt-quatre heures tournantes.

La question à vous poser est celle-ci : à quoi est-ce que j'utilise mon temps ? Ces minutes servent-elles à faire quelque chose qui importe vraiment pour moi ? Servent-elles à ma propre évolution, à quelque chose qui est totalement juste pour moi ? Ou revêtent-elles l'apparat du futile et de l'inutile ?

Trouver le temps de faire ce qui compte et importe pour vous est, en toutes mesures, possible. Il suffit pour cela de générer moins d'actions chronophages et superflues dans votre journée.

Vous pouvez commencer par les lister pour vous en rendre compte et prendre conscience de l'impact délétère qu'elles peuvent avoir sur votre vie et la manière dont vous souhaitez lui donner sens. Ici, rien n'est juste ou faux. La quête de sens ne sera pas la même d'une personne à une autre et les moyens de parvenir à ses fins non plus. Il en est là d'une action tout à fait personnelle. Là où l'un trouvera un sens à méditer pendant une heure tous les jours, l'autre n'y verra que futilités.

C'est à chacun alors, en conscience, de faire ses choix et de donner la priorité à ce qui importe réellement.

Prioriser ce que vous voulez être et ce qui fait sens est une étape primordiale pour votre développement et par là, pour celui de tous. Car, vous le savez maintenant, de votre changement dépend celui de tous. Le contact avec votre propre vibration fait changer la leur. Il s'agit simplement d'un effet de balancier : pour pouvoir communiquer, vos vibrations doivent s'aligner. Sinon, quelque part, la communication se coupe et l'incompréhension se fait jour.

Alors, le temps que vous vous accordez utilement, c'est bien évidemment aussi sur les autres qu'il rejaillit. Et le plus beau et grand travail que vous puissiez faire est sans aucun doute celui de partir à la quête de ce qui donne sens à votre voie d'évolution.

QUATRIÈME PARTIE

LA GUÉRISON DU SOI

Ces rituels de Guérison du Soi m'ont été transmis par des Dragons dont la visée principale est l'accompagnement à la guérison des êtres. Lorsque vous émettrez la volonté et l'intention de pratiquer les exercices proposés ci-après, les énergies de Guérison du Peuple des Dragons vous accompagneront durant tout votre cheminement. Il est probable que, pour vous y aider, un ou plusieurs Dragons vous apparaissent et/ou vous transmettent des messages ou informations. Ils vous apparaîtront de multiples manières, que cela soit par de petits signes dans le monde matériel ou par des clins d'œil dans le monde dit « invisible ».

Quoi qu'il en soit, lors de la réalisation des rituels suivants, leur énergie vous escortera pas à pas pour vous aider, vous guider et vous amener à ressentir et à comprendre. Le ou les Dragons qui vous accompagneront alors seront bien souvent des Dragons dits « secondaires ». Il ne s'agira pas de votre Dragon-Guide principal, qui, lui, sera présent dans une grande majorité des cas pendant toute la durée de votre incarnation, mais plutôt des Dragons « supplémentaires ». Ceux-ci seront là pour un temps pouvant varier de quelques minutes à plusieurs années pour vous guider dans vos besoins présents.

Je vous invite à laisser votre Cœur choisir parmi les exercices et rituels proposés ceux qui vous seront les plus bénéfiques à ce moment donné de votre existence. Il est possible que certains vous appellent fortement et que vous ressentiez même le besoin de les réitérer à plusieurs reprises, tandis que d'autres pourront couler sur vous sans que vous ne ressentiez l'utilité de leur ouvrir la porte. Vous serez peut-être appelés à y revenir plus tard ou peut-être jamais. Ne vous en formalisez pas, tout est absolument juste ainsi !

Ces rituels sont puissants et peuvent impliquer des effets sur vos émotions (yoyo émotionnel, pleurs, sensation de grande tristesse ou de joie soudaine, etc.) ainsi qu'au niveau de votre corps physique (diarrhées, maux de tête, sensations de lourdeur ou d'allègement à certains endroits du corps, picotements, etc.) et de vos divers corps énergétiques pendant quelques heures après leur mise en pratique. Il s'agit de l'énergie qui continue à travailler pendant un certain temps et cherche à se rapprocher de son point d'équilibre en tenant compte des nouvelles données et informations transmises lors du rituel.

Avant de débuter un rituel, prenez le temps de le lire en entier une première fois, afin de ressentir s'il correspond parfaitement à vos besoins de l'instant. Assurez-vous d'avoir toujours suffisamment de temps devant vous pour le mener à terme et de pouvoir ensuite vous focaliser sur vos sensations afin de percevoir les modifications qu'il impulse dans vos différents corps. Finissez toujours un rituel commencé.

La guérison du Soi (par Kéolim)

Entrez en vous.

Écoutez chaque battement qui résonne, chaque cellule qui frétille, chaque souffle de vent qui vient caresser votre peau comme autant de symboles de l'impermanence des choses.

La Loi est la même pour tous : le temps guérit les blessures, toutes les blessures. Mais il est des maux qui, de génération en génération, se transmettent et fusionnent inlassablement avec ce que l'on a été et ce que l'on sera si quelqu'un ne décide pas de panser les plaies. Choisir la voie de la guérison, c'est reprendre le pouvoir sur sa vie et soigner un peu tout ce qui a été et tout ce qui sera amené à être.

La Sagesse du Tout inspire les plus grands guérisseurs. Se guérir soi-même pour guérir tout l'ensemble, voilà la clé.

Accepter de reconnaître ses maux

Reconnaître ses maux, c'est pointer ce qui dérange, ce qui est douloureux ou instable en soi. C'est montrer du doigt ce qui fait peur et que l'on préférerait souvent ne pas voir plutôt que de devoir l'affronter.

Accepter ses maux et les soigner, c'est entrer dans une autre dimension de l'acceptation de soi et accepter ce que l'on est : un être parfait avec des failles, des faiblesses et des difficultés.

« Plus je me concentre sur ce qui est inaccessible et plus j'oublie de faire ce qui est totalement possible : reprendre le contrôle et le pouvoir sur moi-même, loin de tout dogme ou idéal imposé. »

Entrer dans l'acceptation de la reconnaissance de ses failles est le premier pas vers la guérison du Soi.

Voici quelques phrases que vous pouvez dire et répéter autant que cela est nécessaire.

« J'accepte ce que je suis, dans toutes les dimensions de mon être. Je pose de la bienveillance à mon égard, dans mon regard.

J'accepte que les maux, les imperfections et les défaillances suivantes [listez ce qui est source de souffrance ou de difficultés chez vous actuellement] fassent partie de moi.

De ce que je pense être des défaillances, je décide dès maintenant de les transmuter en forces qui me permettent de cheminer vers ma propre guérison.

Que cela se fasse dès à présent. Merci. »

Accepter tout ce qui fait partie de vous vous permet de reprendre le contrôle de ce que vous êtes et de ce que vous voulez être. En conscience, cela vous amène ainsi à la seconde étape de votre guérison profonde : reprendre le pouvoir sur vous.

Prendre le pouvoir sur Soi-même

Tous les pouvoirs sont en vous. Absolument tous. La seule limite qui peut vous être imposée est celle que vous choisissez délibérément. Votre guérison ne dépend ainsi que de vous, car, ne l'oubliez jamais, du plus savant au plus ignorant, vous êtes à l'image de tous.

Ne croyez jamais que vos connaissances sont insuffisantes pour faire ce que vous avez à faire dans votre vie. C'est totalement faux. Vous avez les pleins pouvoirs pour faire apparaître tout ce qui doit advenir pour vous et pour votre avancée. Il suffit pour cela d'en avoir pleine conscience et d'accepter de vous ouvrir à ce pouvoir : celui qui vous est donné de reprendre le contrôle sur ce que vous êtes.

Comprenez bien : il ne vous arrive que ce que vous laissez vous arriver dans votre vie. Vous avez ce pouvoir fabuleux de créer tout ce qui vous entoure, à votre image, et dans la volonté qui est la vôtre. Une fois cette information acquise, il ne vous reste alors qu'à prendre le pinceau pour devenir l'artiste de la toile qu'est votre vie. Rien n'est trop difficile ou inatteignable. Ce que vous souhaitez avec suffisamment de force, vous pouvez l'inscrire et le dessiner.

Il ne s'agit pas ici de réussir à interférer dans la vie d'autrui par cette action. Chacun reste maître de lui-même et dispose de son libre arbitre. C'est toujours votre vie et votre cheminement qui entrent en ligne de compte, et celui de nul autre que vous !

Par les mots suivants, si vous le souhaitez, vous vous donnez la possibilité de reprendre le pouvoir. Cela ne se fera certainement pas en une seule fois. Et ce que vous demandez nécessitera sans doute d'être remanié à de nombreuses reprises. Mais vous pouvez vous offrir le plus beau des cadeaux : celui de devenir le maître d'œuvre de votre destinée.

« Par ces mots, je reprends en conscience, le pouvoir sur l'ensemble de ma vie.

Que ce qui n'a jamais été moi ne le soit plus.

Que ce que je ne veux plus être [listez toutes les choses que vous ne voulez plus dans votre vie, toutes les choses sur lesquelles, auparavant, vous pensiez ne pas pouvoir avoir prise] soit maintenant intégralement et définitivement rejeté de moi.

Que, par ces mots, la paix se fasse en moi. Et que mon propre Pouvoir me soit restitué.

Merci. »

Répétez ces phrases aussi souvent que nécessaire, à chaque fois que quelque chose semble vous échapper dans votre vie. Gardez toujours à l'esprit que votre plus grand maître, c'est vous !

Une fois cette étape acquise, vous pouvez aller vers la dernière phase de votre guérison : le lâcher-prise.

Lâcher-prise, confiance et aboutissement

Reprendre son propre pouvoir est une phase essentielle du processus de guérison. Une fois le contrôle repris sur ce qui posait auparavant problème dans votre vie, lâchez prise et laissez l'Univers agir au mieux pour vous. La demande est formulée dans la Foi ; il ne vous reste maintenant qu'à cheminer tout en laissant la baguette magique de la Vie secouer pour vous les filaments dorés de votre destinée.

Ainsi, laissez partir ce qui vous préoccupe, confiez-le, en pleine conscience à l'Univers et vous verrez la solution s'inscrire en vous très rapidement. Et alors, enfin, dans la guérison de tout ce qui a pu vous faire douter de vous et de vos propres capacités, vous reprendrez le contrôle, vous deviendrez votre propre maître.

Renforcement

Reprendre son propre pouvoir demande force et discipline. Les choses arrivent à qui les demande, mais leur mise en place se fait toujours par paliers. Un pas suit l'autre. Aussi est-il nécessaire de renforcer constamment ses demandes en les répétant et les ajustant au besoin. Chaque fois que le doute vient s'immiscer en vous, refusez de lui céder du terrain, reprenez votre pouvoir et gardez votre cap.

Et pour que les doutes, les peurs et tout le négatif qui tentent de vous déstabiliser ne trouvent plus de place en votre être, il est important de vous renforcer. Renforcer son esprit à chaque pas franchi, renforcer sa certitude en son juste cheminement de vie, renforcer aussi ce qui menace de s'éteindre lorsque les bourrasques sont trop fortes, en dehors comme au-dedans.

« Avance sur le sentier de la confiance et tu deviendras Confiance. »

Prière pour le renforcement

Je suis ce que tu es. Mais tu n'es pas moi.

Mon chemin est le mien.
Ma voie, ma route, mon refuge.

Dès maintenant, je ne laisse sur ma route que ce que je choisis en conscience être bon pour moi.

Que tout le mauvais qui essaie de m'atteindre ou m'a déjà atteint de quelque manière que ce soit, soit maintenant débité dans le carré de l'Equinoxe Sainte et renvoyé à son ou ses commanditaires sous forme d'Amour et de Lumière.

Que tout ce qui n'est pas sous mon autorité propre et consciente maintenant s'en aille de mon périmètre d'existence, où que je me trouve.

Que ce qui n'est pas moi sorte de moi et n'ait plus la possibilité d'y entrer.

Que la lumière de la grande Oraison m'atteigne pour me montrer le bout du chemin.

Que la volonté de mon âme soit et devienne ma volonté propre.

Que ce qui ne doit pas être ne soit plus.

Que ce qui devrait être advienne.

Dans le rayonnement du Tout Divin brille ce que je suis réellement et que, dès cet instant, je souhaite redevenir.

Par la Grâce, Merci.

Par le Salut, Merci.

Par la Flamme Divine, Merci.

Par l'éclosion nouvelle du Moi dans sa volonté propre, Merci.

Pour ma Force, mon Courage et mon Pouvoir fraîchement repris, Merci.

*Alamalakeleo Malevada Pa.
Regezava Ruomi Da.*

Se guérir pour guérir le monde (par Kéolim)

Ce chapitre ne remplace pas l'avis d'un médecin spécialisé. Il se présente toutefois comme un complément indéniable.

La guérison vraie et profonde ne passe pas par les autres, quels qu'ils soient. La seule personne dont dépend votre guérison, c'est vous, et uniquement vous ! C'est dans la prise de conscience de l'existence d'un trouble que le premier bouclier de guérison commence déjà à se lever.

L'Autre ne peut rien être de plus que le canal qui vous emmènera petit à petit sur le chemin du mieux-être. Car, en votre for intérieur, toutes les réponses sont inscrites.

Aller mieux, c'est d'abord se confronter pleinement et entièrement à ce qui ne va pas.

« Tel trouble/telle maladie existe en cet instant en moi. Que vient-il/elle me dire sur mon mode de fonctionnement, sur ma façon d'être et de vivre ma vie actuellement ? Vient-elle anesthésier quelque chose que je ne veux ou ne peux plus ressentir ? Vient-elle me demander de ralentir mon rythme ? Vient-elle m'intimer de changer la manière d'aborder ma vie ? »

Un trouble physique ou mental de quelque nature qu'il soit n'est jamais anodin. Chacun soulève un fonctionnement intrinsèque bien plus profond que le corps. À défaut de pouvoir le dire en mots, il se traduit bien souvent en maux…

Chaque trouble ou maladie qui vous atteint a déjà traversé l'ensemble de votre corps holistique avant de venir se faire jour à travers votre chair. Tous, sans exception, sont une manière pour votre âme de vous faire prendre conscience que certains changements ou réajustements sont nécessaires.

Être dans l'Être Véritable et Invincible demande d'abord de pouvoir regarder bien en face ce qui transparaît de son état d'être actuel pour pouvoir en modifier certaines données.

Je ne dis pas là qu'il s'agit d'un travail évident. C'est bien souvent le fruit de plusieurs années de labeur. La Connaissance de Soi ne s'acquiert qu'au prix de certains efforts.

la Loi revient toujours : ce qui n'est pas compris et intégré dans toute sa conscience comme une leçon de l'âme à la matière sera voué à être répété encore et encore. Vous pouvez alors aisément comprendre pourquoi, confrontées à une même maladie, certaines personnes feront rechute après rechute, tandis que d'autres en guériront rapidement et sans mal. La rechute n'intervient que lorsque la cause profonde du trouble n'est pas comprise et soignée.

Guérir les symptômes peut faire disparaître les troubles pendant un temps. Mais les résidus subsistent toujours, prêts à se réveiller dès que la garde est un tant soit peu baissée.

Être dans la conscience de former un grand tout est indispensable à une guérison durable. Il ne s'agit pas là du Tout formé par l'Univers en tant qu'appartenance à un groupe vivant beaucoup plus important, mais de la conscience de son entièreté en tant que multiples corps énergétiques formant, pour chacun, dépendamment l'un de l'autre, l'ensemble de ce que vous êtes.

Vous guérir de tout trouble, qu'il soit physique, psychique ou émotionnel, c'est avant tout prendre en considération ce fait et l'accepter pour ce qu'il est. Vous êtes constitué d'un ensemble bien plus vaste que le simple corps physique que vous voyez dans un miroir. Lorsque le corps physique est malade, c'est l'ensemble qui est malade. Il convient donc de soigner cet ensemble avant tout.

Si vous comprenez que votre corps physique n'est rien de plus qu'un amas énergétique plus densifié que ce qui est invisible à vos yeux, vous pouvez alors imaginer que ce qui vous entoure et est invisible, car moins dense, mérite également toute votre attention. Car c'est cela, et uniquement tout cela dans son ensemble, qui fait l'intégralité de votre constitution.

Ainsi, vous guérir ne relève plus seulement de votre corps de chair tel qu'il vous apparaît, mais de tout ce qui vous constitue. Cette acceptation est le premier pas du chemin curatif.

« J'accepte et comprends que ce qui me constitue est formé d'une quantité

d'éléments bien plus vaste que ce que mes yeux physiques peuvent me donner à voir. »

Ressentir la synergie de ses corps

« Ton Être est vraiment là où tes yeux cessent de voir ce qu'il est et où ton cœur commence à ressentir qu'elles peuvent être tes potentialités véritables. »

Apprendre à se connaître, c'est saisir que l'on est pas uniquement la somme des organes qui nous définissent dans la matière, mais un ensemble bien plus vaste qui nous anime dans le Tout.

Marcher sur la lune est possible pour le terrien qui s'en donne les moyens. Vos limites se posent à l'endroit même où vous choisissez de les asseoir. Si vous envisagez un instant que vous n'êtes pas constitué du simple amas de chair que vous voyez en vous observant dans un miroir, mais plutôt de multiples corps disséminés ici et là qui vous donnent accès à une infinité de possibilités, vous comprenez alors que vous pouvez repousser toutes vos limites bien au-delà de ce que vous vous imaginez capable de concevoir aujourd'hui.

Être à l'endroit précis où vous vous trouvez à cet instant même implique justement la possibilité pour vous de vous retrouver partout où bon vous semble, dans chaque parcelle de l'Univers. Et cela vous est justement donné grâce à la synergie de vos corps : c'est l'imbrication intrinsèque de l'ensemble de vos corps couplée à votre âme et votre esprit qui peut vous ouvrir au paradigme des possibles.

Entrer dans la conscience que seule une infime partie de vos capacités cérébrales est actuellement en « fonctionnement » vous permet d'appréhender la modification de votre État d'Être actuel pour vous rapprocher de votre État d'Être Véritable.

La possibilité d'entrer dans un état modifié de conscience (EMC) vous permettant d'accéder à la multiplicité des potentialités offertes par votre incarnation terrestre vous est donnée.

Ces EMC ont été recherchés et appréhendés de tout temps depuis que le monde est monde, et cela de différentes manières.

Les disciplines les plus connues et pratiquées sont, par exemple, la méditation, la récitation de mantras et toutes cel ayant un lien avec le travail de l'énergie (par exemple le yoga ou le tai-chi, mais également les transes individuelles ou collectives obtenues grâce, entre autres, aux chants sacrés, musiques ou instruments spécifiques).

Contrairement à des idées parfois encore bien ancrées, se mettre dans de tels états ne requiert nullement l'utilisation de substances opiacées ou autres drogues. Il s'agit plutôt de se mettre en lien avec son Soi Profond Véritable sans autre aide que sa propre volonté. C'est, en quelque sorte, se laisser aller à la suprématie de son esprit, le laisser prendre le pas sur toutes les idées erronées qui sont amenées par un mental en quête de contrôle.

Entrer dans un état modifié de conscience

J'aimerais tout d'abord attirer votre attention sur un élément primordial : de tout temps et depuis toujours, l'Ombre a tenté de se faire passer pour la Lumière. Aussi, souvenez-vous bien de cette phrase : « tout ce qui brille n'est pas d'or. »

Quelles que soient les choses que vous vous sentez prêt à expérimenter dans votre vie, rappelez-vous, là où votre cœur se sent frileux à avancer, ne vous y aventurez pas ! La synergie de vos corps, esprit et âme existe justement aussi pour vous rappeler cela : lorsque vous vous rendez à un endroit qui vous fait « froid dans le dos », ne vous y risquez pas ! Et lorsque vous rencontrez un être, visible ou invisible, qui vous renvoie quelque chose de négatif pour vous, fuyez-le en vitesse !

Tout ce qui a été fait peut toujours être défait, mais certaines marques laissent des cicatrices indélébiles.

Aussi, quoi que vous entrepreniez ou expérimentiez dans votre vie, je vous propose de dire cette phrase :

« Je demande à n'expérimenter ici que ce qui peut être un apport de Lumière Pure et d'Amour pour moi.

Que tout ce qui est impur ou négatif pour moi n'ait aucunement la possibilité de m'approcher ni de me nuire. Merci. »

Cette phrase est donnée à titre d'exemple. Il conviendra à chacun de trouver celle qui lui correspond le mieux, au fond de son cœur et de se l'approprier pleinement.

Entrer en EMC, c'est simplement accepter que ses perceptions puissent être différentes de ce que vous avez peut-être connu jusqu'alors.

Il existe de nombreuses manières de modifier sa conscience pour en augmenter les perceptions. Vous trouverez celles qui vous correspondent le mieux au fur et à mesure de votre avancée.

Mais celle dont je veux vous parler est sans doute la plus simple à expérimenter par le plus grand nombre. Elle vous permettra de centrer votre attention sur votre être conscient et d'entrer en communication avec vos guides, dont nous, Peuple des Dragons, faisons partie.

1. Installez-vous confortablement dans un endroit calme, dans une position qui vous permet de respirer amplement.

2. Inspirez et expirez plusieurs fois de suite, lentement, à votre rythme.

3. Maintenant, choisissez un organe de votre corps physique. Cela peut être le cœur bien entendu, mais également, les poumons, les reins, le foie ou tout autre de votre choix. Émettez la volonté de placer toute votre conscience dans cet organe. Concentrez-vous dessus fortement jusqu'à devenir cet organe. Dès que vos pensées vagabondent, ramenez-les dans la bienveillance vers cette partie de vous.

Vous voilà dans un état modifié de conscience, en connexion parfaite avec une partie de votre être.

4. Expérimentez les sensations et les émotions ressenties. Intégrez-les pleinement. Puis, quand vous vous sentez prêt, vous pouvez revenir à votre état de conscience habituel en demandant à replacer votre conscience dans son état d'être ordinaire.

Vous remarquerez que, souvent, l'organe n'est pas choisi au hasard. Il s'agit généralement d'une partie de vous en souffrance qu'inconsciemment, vous pouvez chercher à mieux écouter et à entendre par cette démarche. Et cela en est d'ailleurs tout l'intérêt : cet état précis vous permet d'entendre vos cellules, vos tissus, vos liquides vous parler. Cela peut parfaitement amener jusqu'à votre conscience la réponse à l'existence de certains troubles qui se manifestent physiquement.

Cette expérience est déclinable à l'envi avec d'autres parties de vous-même : vos membres, votre visage, vos cheveux ou une cellule en particulier, pourquoi pas ! Votre corps vous appartient pleinement.

Se connecter à son cœur

L'intérêt de l'expérience évoquée précédemment prend tout son sens lors de la connexion avec son cœur. Il s'agit alors de quelque chose de bien plus grand que la préhension de son propre corps de chair. Il en va là de la connexion complète avec l'ensemble de l'univers qui vous entoure, de la possibilité de communication avec le Tout, visible comme invisible, qu'il soit minéral, animal, végétal, angélique, élémental, etc.

Si vous le souhaitez, vous pouvez maintenant refaire l'exercice précédent en entrant dans votre cœur cette fois-ci. Devenez votre cœur dans chaque cellule, dans chaque battement. Dans votre vie terrestre, c'est cette connexion qui vous permet de tout vivre et de tout obtenir. Car, dans ce lien unique, c'est avec la Source elle-même que vous êtes relié. Ce lien une fois expérimenté, rien qu'une seule fois, sera établi à jamais et vous pourrez y revenir et le retrouver quand bon vous semble. Acquérir ce savoir vous permet d'entrer en communication avec absolument tout ce qui vous entoure, le visible comme l'invisible, qu'il se trouve à un mètre ou à des années-lumière de vous. Car ainsi, vous devenez le Tout subliminal et pouvez communiquer avec absolument tout ce qui le constitue.

Dans cet instant de grâce totale, écoutez les informations ou pensées qui peuvent transparaître en vous. Que sont-elles ? Que vous disent-elles ?

Il est subtil de pratiquer la communication dans les premiers temps par télépathie, mais cela s'acquiert rapidement, croyez-moi !

Au bout de quelques fois, vous percevrez nettement que l'Arbre, l'Ange ou le Dragon avec qui vous tentez de communiquer ont leur caractère propre et leur manière de s'exprimer. C'est d'ailleurs ainsi que propre pourrez commencer à différencier vos propres pensées des éclairages des guides ou des pairs qui propre entourent. Faites pleinement confiance à vos capacités à ce niveau-là ! Entendre et communiquer avec la multitude des possibles qu'offre son environnement n'est pas réservé à quelques-uns, mais c'est bien une capacité qui existe en chaque être vivant dès le moment où il prend conscience de sa reliance au Tout.

Cette connexion fait alors tomber toutes les barrières, toutes les notions de hiérarchie purement humaines et montre que chacun a son rôle et sa place et que, sans la place occupée par chacun, l'Univers lui-même ne peut plus être ce qu'il est.

Le Pardon qui guérit (par Kéolim)

« Être dans l'Être pour entrer dans celui qui sait que l'Être n'est rien sans le Savoir… »

Je suis qui vous avez été. Vous êtes qui j'ai été. Dès cet instant, nous devenons Nous.

Vous voilà enfin prêt à entrer dans le processus complexe du cheminement vers le Pardon. Sachez que nul pardon ne peut être accordé à l'autre s'il ne l'a pas d'abord été à soi-même.

Être dans le Pardon, c'est s'autoriser à penser en termes d'expériences et non plus de fautes ou d'erreurs.

Entrer dans le Pardon, c'est comprendre que tout ce que vous vivez ne vise qu'à être formateur, et cela, même dans l'expérience la plus douloureuse qui soit, toujours en vue de servir votre propre but.

Dans ce que vous êtes réside la foi, l'absolue Foi, mais aussi la conscience d'un Ailleurs traçant, en quelque sorte, la trame guidant votre vie tout en vous laissant en tenir les rênes.

Car, si le but est déjà bien dessiné, le chemin, lui, est toujours indépendant de ce qui fait de vous ce que vous êtes, dans votre incarnation présente : votre libre arbitre. Ainsi, chacun de vos actes et chacune de vos décisions modifient un peu l'aspect de la route, non seulement pour vous, mais également pour toutes les personnes présentes à cet instant sur celle-ci. Car, si le cheminement est toujours individuel, il ne peut exister qu'en étant partiellement ou totalement imbriqué dans celui de chaque Autre présent de près ou de loin dans votre vie. Ainsi, chaque changement sur votre chemin ne peut que modifier, un peu, celui qu'il côtoie.

Vous pourrez donc aisément comprendre la grande leçon du Pardon : vous pardonner à vous-même est en cela, un peu, modifier la trajectoire de celui que vous avez blessé ou qui vous a blessé.

Vous accorder le Pardon Libératoire, c'est aussi et surtout couper les liens énergétiques à connotation négative ou douloureuse qui peuvent encore perdurer entre l'Autre et vous. Alors, enfin, les chemins peuvent se dissocier et aller s'imbriquer dans d'autres. Il n'est rien de plus évident en réalité : en vous pardonnant, vous pardonnez à l'autre. Chacun de vous est libéré du lien qui l'entravait jusqu'alors et capable, enfin, de continuer sa vie et son cheminement dans les meilleures conditions.

Se pardonner revient à suivre ces quelques étapes simples et à les refaire tant que la pensée d'une personne amène encore un quelconque sentiment de rancœur, de dégoût, de peur, de mal-être ou toute autre émotion négative en vous.

Ce travail peut s'effectuer face à la personne (il est souvent bien plus difficile à pratiquer dans ce cas-là) ou par visualisation, c'est-à-dire, simplement en imaginant la personne face à vous. Il s'agit en effet d'une action uniquement énergétique qui n'implique aucunement la matière (le corps de chair).

Le corps holistique et les cellules gardent une trace, une mémoire indélébile de chaque rencontre et expérience sauf dans le cas où celle-ci est, à un moment donné, nettoyée par un procédé puissant tel que celui du Pardon.

Nettoyage par le Pardon à l'Autre

1. Dites la phrase suivante :

« Aujourd'hui et dès cet instant, j'accepte de me pardonner et de pardonner à [nom de la personne] pour tout ce qu'il y a pu y avoir de négatif entre nous. »

2. Visualisez ensuite la personne comme si elle vous faisait face ou regardez-la dans les yeux si tel est le cas.

3. Tendez vos mains ouvertes devant vous en formant une petite coupe. À l'intérieur de cette coupe, déposez tous les sentiments néga-

tifs que la personne qui vous fait face évoque (douleur, tristesse, colère, frustration, dégoût, abus, etc.).

Ces sentiments n'ont pas nécessairement besoin d'être mis en mots si vous n'en ressentez pas le besoin. Ils peuvent prendre différentes apparences ou couleurs.

4. Émettez ensuite la volonté d'être libéré des chaînes qui vous entravent encore, de quelque manière que ce soit, à cette personne.

5. Concentrez-vous sur vos mains et la sensation de lourdeur qui s'accompagne à mesure qu'elles se remplissent d'énergies négatives et que votre corps, lui, s'en déleste.

6. Lorsque vous sentez que tout ce qui vous relie de négatif à cette personne est parti (cela peut prendre plusieurs secondes ou minutes), vous pouvez alors tendre vos mains vers elle en disant :

« Cela ne m'appartient pas. Je n'en veux plus. Je te rends ce qui t'appartient sous forme d'Amour et de Lumière. Je te remercie pour l'expérience acquise et, en cela, je me pardonne et je te pardonne. Merci. »

Ce processus va grandement contribuer à vous nettoyer de nombreuses mémoires et entraves inscrites en vous et vous permettre d'acquérir de plus en plus de liberté et d'autonomie puisque vos actions seront alors de moins en moins parasitées par des schémas et expériences induits par d'autres. Ils ne peuvent ainsi plus interférer dans votre vie.

Réalisez ce nettoyage lentement, sur plusieurs jours, semaines ou mois. En fonction des liens qui vous attachaient à une personne, cela peut vous bouleverser plus ou moins profondément. Vous serez sans doute amené alors à inscrire en vous de nouveaux schémas, qui vous correspondent plus à cet instant de votre existence. Cela peut être pour vous un travail de remise en question de nombreuses croyances, pour certaines ancrées depuis toujours. Prenez le temps qu'il vous faut, rien ne presse. Tout ce qui est encore présent à raison d'être.

Il est important de préciser aussi que ce travail peut être effectué avec des personnes décédées qui ont déjà ou non croisé votre vie (ancêtres plus lointains par exemple).

Faites-vous intimement confiance. Tous les liens que vous jugez utile de nettoyer le sont sans aucun doute.

Pour adapter le rituel à soi-même, il s'agira de se positionner à nouveau en posture de demandeur et d'appeler face à vous, votre âme.

Nettoyage par le Pardon à soi-même

1. « Je demande à ce que mon âme apparaisse face à moi maintenant ».

2. Une fois cela fait, délestez-vous de la situation. Ouvrez vos mains en coupe devant vous,

et déposez tout ce qui demande à être déposé. Prenez le temps nécessaire à cela.

3. Lorsque vous aurez terminé, dites :

« J'accepte que tout ce que j'ai vécu, réalisé, ressenti face à cette situation ne pouvait être vécu, réalisé, ressenti autrement que de la manière dont je l'ai appréhendé à cet instant-là. Pour cela, je m'autorise à me pardonner totalement et transforme tous les sentiments et émotions négatives présentes en mes mains en Amour et en Lumière. »

4. Visualisez la transformation et l'allègement du poids dans vos mains.

« Je rends maintenant cette expérience transformée en Amour et en Lumière à mon âme afin qu'elle puisse en tirer les leçons et le bénéfice nécessaire. Je remercie infiniment mon âme d'accepter en son sein cette nouvelle expérience et de l'intégrer pleinement pour son plus haut bien. Merci, merci, merci. »

5. Demandez à votre âme de réintégrer sa place habituelle en la remerciant.

La voie de la guérison du Soi : faire disparaître la colère en soi (par Kéolim)

Il n'est de pire punition que celle que vous pouvez vous infliger par la colère.

La colère contre autrui n'existe pas en tant que telle. La seule que vous ressentez et appréhendez dans votre incarnation terrestre est la vôtre. Votre propre colère reflétée par le miroir qu'est l'Autre face à vous.

La colère est une émotion complexe. Avec la joie et la tristesse, la colère est sans aucun doute l'une des émotions les plus élaborées que les êtres humains sont en capacité de ressentir. C'est également l'une des trois émotions qui, par sa présence, vous offre la plus grande capacité d'évolution puisqu'elle est directement reliée à l'âme (de même que les deux autres émotions précédemment citées). Toutes les autres émotions que vous pouvez ressentir (dégoût, peur, excitation, etc.) sont uniquement liées à votre condition d'être humain.

La colère vous donne une capacité d'évolution car elle est directement reliée à votre âme et à son Chemin de Vie. Ainsi, la colère se reflétant dans le corps physique (cris, explosions verbales, mâchoire serrée, muscles tendus, boule au ventre, etc.) est avant tout le signe de l'inconfort de l'âme dans une situation donnée.

Cela peut sous-entendre que l'âme ne suit pas le bon chemin de vie pour elle. Ou encore que l'expérience physique actuelle dans la matière réouvre des blessures qu'elle n'avait pas encore été en capacité de refermer ou d'intégrer dans les précédentes incarnations. Blessures qui lui sont, dans cette vie, à nouveau demandé d'expérimenter.

Parfois, à certains égards, la colère est bénéfique. Elle permet de rétablir un équilibre nécessaire entre Ordre et Chaos dans toutes les strates universelles.

Le problème commence à se poser lorsque la colère devient fréquente, démesurée, voire constante dans certains cas, et amène à des troubles physiques ou mentaux récurrents. Il devient alors nécessaire d'en comprendre la teneur, toujours dans l'objectif premier de ramener un certain équilibre en soi entre ordre et chaos. En effet, une balance penchant trop d'un côté ou de l'autre amènera inévitablement certaines répercussions gênantes, voire invivables, dans la vie terrestre de l'individu.

Si vous ressentez en vous cette forme de colère ingérable, difficilement assimilable et contrôlable et qu'elle prend trop de place dans votre vie quotidienne, il est nécessaire d'en comprendre le sens afin de pouvoir la laisser aller. Voici un exercice pour vous y aider :

1. Installez-vous dans un endroit paisible. Fermez les yeux. Faites le calme en vous. Laissez-vous bercer par le va-et-vient de votre respiration.

2. Pensez à votre colère et laissez-la se dessiner devant vos yeux clos. Observez l'apparence qu'elle revêt, sa forme, sa couleur, son intensité, sa taille.

3. Une fois l'apparence de cette colère bien définie, placez votre conscience à l'intérieur de votre corps physique et observez à quel endroit cette colère se manifeste (cela peut être par une tension, une gêne, une douleur vive, des picotements ou des fourmillements).

La colère qui perdure, même faisant partie intégrante de l'âme et de son histoire, vient toujours se loger dans une partie du corps physique. Il est important de détecter cet endroit car les colères successives ont toujours leur lieu de prédilection et reviendront souvent se loger au même endroit, jour après jour. Chaque colère correspondra à une partie du corps.

4. Une fois l'endroit détecté, visualisez votre colère comme réalisé précédemment et venez la placer dans la partie du corps correspondante. La douleur, les picotements ou les fourmillements peuvent alors s'intensifier un court moment. C'est tout à fait normal.

Concentrez-vous sur cette colère et visualisez sa couleur se modifier jusqu'à devenir totalement d'un blanc lumineux. Emplissez l'entièreté de la forme créée par la colère jusqu'à ce qu'elle irradie de cette lumière et disparaisse sous elle.

5. Mettez-vous en connexion avec votre âme et faites la demande suivante :

« Si mon âme a un message à me transmettre concernant la provenance de cette colère maintenant disparue, je suis à son entière écoute. Si cela est bon pour moi de le savoir et de le comprendre, que cela soit fait. Merci.»

6. Puis dites ensuite la phrase suivante :

«La colère qui m'a acculé jusque-là a maintenant été totalement transmutée. Mon corps, mon âme et mon esprit sont dès à présent entièrement libérés de cette colère. Toutes les failles qu'elle a pu créer en moi quel que soit son lieu d'intervention dans ma vie se referment dès à présent. Je ne suis plus cette colère. Cette colère ne m'appartient plus. Merci, merci, merci.»

Guérir de sa colère ne peut s'effectuer totalement sans passer par l'étape du Pardon. Se pardonner à soi-même est absolument essentiel pour guérir les blessures de l'âme au sein même de la matérialité.

Trouver le guérisseur en soi (par Kéolim)

«La Guérison, ne peut jamais venir de l'Autre puisque elle réside toujours en toi. Elle est déjà en toi et ce, depuis toujours.»

Les épreuves de la vie, maintes et maintes fois répétées jusqu'à la Compréhension, existent uniquement pour vous amener à trouver au fond de vous votre propre Pouvoir Guérisseur.

Vous êtes l'Artisan de votre vie, celui qui crée, façonne, brique après brique le mur qui vous enferme ou le pont qui vous fait traverser les épreuves avec la capacité de jeter sur elles un œil nouveau. Ce regard, que vous portez sur les situations, bien campé en haut de votre pont vous signifie alors : «Oui, en changeant ma perspective, je me rends compte que je ne suis pas victime de ma vie, mais, au contraire, je suis celui qui la façonne.»

Alors, vous pouvez maintenant observer le tas de briques qui vous entoure d'un œil neuf. Prenez-en une dans votre main et commencez à façonner…

Le pont guérisseur du Soi

Les briques sont là. Elles sont présentes chez tous depuis la naissance. Leur quantité ne fait qu'augmenter avec le nombre d'expériences de vie. Elles sont les parents, les amis, les conjoints, les années de labeur, les moments joyeux et les plus tristes. Elles sont les regards, les sourires, les pleurs, les peines et les joies.

Chacun dispose d'un tas de briques à ses côtés. Mais surtout, chacun dispose de la capacité de concevoir l'édifice qu'il souhaite avec ces pierres.

Dans une grande majorité des cas, les expériences vécues et intégrées comme joyeuses permettent d'avancer positivement dans la vie, de «relancer la machine» dans un état d'esprit heureux. Cependant, certaines briques sont plus lourdes à porter. Il peut s'agir de briques contenant colère, déception, amertume, querelles ou encore maladies et tristesse.

La grande question est celle-ci : ces briques existent chez tout un chacun en plus ou moins grand nombre. Que désirez-vous, dans l'instant présent, faire des vôtres ?

Préférez-vous maçonner ces lourdes briques comme un mur tout autour de vous qui vous entoure de négativité et finira par vous enfermer dans une personne triste et sombre ? Cette possibilité existe. Peut-être est-ce ce que vous désirez vivre, et, dans ce cas, tout est juste et à sa place.

Mais laissez-moi vous parler de la possibilité d'arpenter un autre chemin.

Le tas de briques et là. Présent. Il est le même qu'avant. Avec des briques légères de joie et d'autres, plus lourdes, de tristesse, de peine, de rejet et de trahison.

Et si, justement, ces briques servaient à devenir les fondations solides d'un pont vous permettant d'avancer plutôt que de vous enfermer derrière un mur qui ne vous laisserait plus la possibilité d'apercevoir le soleil ?

Construire le pont de la guérison du Soi

Cet exercice fait appel à votre capacité de visualisation. Il peut être long et sembler laborieux à réaliser au premier abord. Aussi, n'oubliez jamais que, quel que soit le rituel ou l'exercice réalisé à l'aide de ce livre, l'énergie des Dragons et certains Dragons spécifiques à vos besoins vous accompagnent à chaque pas pour vous assurer guidance, bienveillance et réassurance à chaque instant.

Je vous invite à vous assurer d'avoir le temps nécessaire pour mener cet exercice à son terme avant de commencer.

1. Imaginez-vous debout, avec, à vos côtés, un tas de briques. Il peut y en avoir autant que vous le souhaitez. Laissez venir à vous l'image mentale de ce tas. La première qui vous parvient est la bonne.

2. Visualisez-vous entrain de ramasser chaque brique, l'une après l'autre. Dès qu'une brique est dans votre main, associez-lui un élément de votre vie passée ou présente. Énumérez mentalement ce que chaque brique représente : cela peut être des moments joyeux ou plus difficiles, des personnes qui ont traversé votre vie, qui en ont fait ou en font toujours partie, des évènements marquants ou même de petits détails qui vous reviennent en mémoire à cet instant.

Je précise qu'il n'existe pas d'élément insignifiant, même s'il peut le paraître au premier abord. S'il vous parvient à ce moment, c'est qu'il a une importance particulière dans votre histoire de vie. Aussi, tenez-en compte.

3. Une fois la première brique prise en main et associée à un élément de vie choisi, émettez l'intention suivante :

« Je souhaite que cette brique soit la première du pont qui me permet d'avancer dans ma vie. »

4. Continuez le travail, brique après brique. Ramassez-les l'une après l'autre, associez-les à un élément marquant puis posez-les chacune à leur tour pour en faire un pont reliant les rives et surplombant un ravin.

5. Imaginez le pont se construisant petit à petit grâce à toutes les briques qui ont façonné votre vie jusqu'à l'instant présent. Une fois le travail achevé, le pont doit relier un côté à l'autre du ravin.

6. Placez-vous sur la première brique posée du pont et observez l'édifice de votre vie qui vous a amené à l'instant présent. En conscience, répétez cette phrase :

« Toutes ces briques, qu'elles aient été lourdes ou légères, ont façonné ma vie et m'ont permis d'être la personne que je suis présentement. »

7. Avancez maintenant sur le pont, en confiance. N'ayez pas de crainte, il est très solide !

8. Arrivé au milieu du pont, émettez l'intention suivante :

« Je me décharge maintenant de tout ce qui est trop lourd à porter pour moi et le rejette dans le néant où il pourra être transformé en Amour et en Lumière. »

9. Faites symboliquement le geste de jeter cette trop lourde charge dans le ravin puis dites :

« Je décide maintenant de continuer mon chemin dans l'Abondance et la Félicité. Chaque brique que la Vie m'offrira sera désormais pour moi une occasion d'embellir ce pont pour en rendre la traversée plus merveilleuse et luxuriante. »

10. Terminez ensuite symboliquement de traverser le pont, dans la joie et l'allégresse. Arrivé de l'autre côté, retournez-vous et observez avec plaisir et émerveillement votre magnifique avancée.

Ce pont représente votre chemin de vie. Faire de sa vie une prison ou un pont guérisseur est un choix. Vous savez maintenant comment façonner votre vie de la manière dont vous le souhaitez. Vous êtes le maçon. Le seul en mesure d'envisager même les briques les plus lourdes comme les bases du plus beau des édifices.

Trouver et suivre son Chemin de Lumière (par Kéolim)

La Lumière est indissociable de l'Ombre depuis des temps immémoriaux, chacune étant la face d'une même pièce. La Lumière Pure, née de la Source Primaire d'Amour a, Elle aussi, le temps passant, créé et fabriqué des parts d'Ombre. Cette action est totalement interdépendante de l'évolution de l'Univers Lui-même.

En tant qu'humain aux incarnations successives, il vous est arrivé de suivre tantôt l'Ombre, tantôt la Lumière. De vous rapprocher au plus près de l'un ou de l'autre dans le seul but de l'expérimenter et de vous façonner.

Rejeter les parts d'Ombre en soi équivaudrait à rejeter la Source Elle-même puisque l'Ombre aussi a été créée d'Elle et en fait donc partie intégrante.

Choisir de suivre le Chemin de Lumière, c'est avant tout accepter qu'en vous coexistent deux pôles. Cette dualité présente en tout est indéniable de la condition d'être humain et indéniable de la vie au sein même de l'Univers. Car, souvenez-vous, la lumière la plus vive ne pourrait briller et se refléter au monde si elle n'était entourée d'Ombre.

En tant qu'humain vous disposez toujours de votre libre arbitre. Ainsi, vous pouvez tantôt expérimenter le sombre, tantôt le lumineux, mais sachez que la finalité de votre Chemin, à l'égale de celle de chaque Chemin dans l'Univers, sera toujours la Lumière Pure.

Dans l'instant présent, il est temps pour vous de faire un choix. De voir où votre regard se pose.

Si cela doit être vers l'Ombre, qu'il en soit ainsi. Le jugement n'existe pas et n'a jamais existé.

Mais si, aujourd'hui, votre cœur vous intime de revenir au plus près de votre Source, de suivre le Chemin de Lumière et d'Amour Pur, alors, je vous conjure et vous implore de le suivre. Écoutez son battement frémissant à tout rompre lorsqu'il entraperçoit la présence divine au travers d'une fleur, d'une goutte de pluie, d'un Dragon, d'un Ange ou encore d'une Fée. Il n'est là rien d'autre que votre âme ouvrant la porte de sa propre Demeure. Cet appel peut difficilement être nié ou rester sourd. Une fois reçu, il n'est plus de place pour le mental. Seule l'âme aspirant à suivre son Chemin de lumière peut prendre la place dans le véhicule vers Dieu.

Expérimenter son Chemin de Lumière

1. Installez-vous dans un endroit paisible. Laissez le calme se faire en vous. Prenez le temps dont vous avez besoin. Cela peut parfois nécessiter plusieurs minutes.

2. Inscrivez la demande suivante dans l'Univers :

« Dès à présent, je souhaite connaître, explorer et visualiser mon Chemin de Lumière. Je demande à être protégé par la suprême Divinité durant tout le temps de ma traversée. Je demande à voir et entendre tout ce qu'il est important pour moi de voir et entendre, pour ma compréhension et mon évolution.

Si cela doit se faire, que cela se fasse maintenant. Merci, merci, merci. »

3. Après avoir récité la phrase précédente, laissez les images et les paroles venir à vous. Elles arrivent parfois en flot, en masse. C'est normal. Laissez faire et lâchez totalement prise, l'Amour divin vous protège durant votre traversée.

Certaines données resteront inscrites dans votre inconscient tandis que d'autres traverseront le voile de votre conscient. Toutes sont importantes et nécessaires, elles vous aideront grandement à trouver le Sens.

Je vous conseille, au sortir de cette transe semi-méditative de noter ce qu'il vous semble utile de conserver en mémoire. Cela peut être des images vues, des personnages rencontrés, des paroles, des paysages ou tout ce que votre cœur vous dictera à ce moment-là. Ne vous mettez absolument aucune limite dans ce que vous écrirez, même si certaines données ne font pas sens immédiatement.

À partir de cet instant, ce chemin est votre Chemin.

Trouver la confiance en son Être Pur : la guérison par le renforcement du sentiment de confiance en soi (par Kéolim)

La confiance en soi n'est pas nécessairement une faculté donnée à chaque être humain. Bien souvent, elle est manquante, défaillante en début de vie, puis s'acquiert avec les aléas et expérimentations successives.

La confiance en soi ne se trouve pas à travers le regard de l'Autre. Elle vous parvient à travers votre propre regard posé sur vous-même. En vérité, ce n'est pas le sentiment de confiance en soi qui se trouve défaillant chez certains êtres, mais plutôt la manière dont ils appréhendent leur propre vision d'eux-mêmes. Vous n'êtes ni mieux, ni moins bien que quelqu'un d'autre. Vous êtes une création de la Source d'Amour Pur. Vous êtes façonné exactement à son image. Ainsi, à l'exacte similarité avec elle, vous êtes un être absolument et totalement parfait, empli des mêmes capacités que Dieu lui-même. Oui ! Vous êtes omniscient et omnipotent ! Dieu, la Source d'Amour Infinie est en vous et, à son image, vous êtes capable de réaliser absolument tout ce que vous souhaitez dans votre vie. Vous êtes le Créateur !

Le manque de confiance en soi ne provient que de la perte de connexion avec sa propre divinité et de la croyance erronée que c'est au travers du regard-juge de l'Autre que vous pourrez la trouver. Mais, comprenez bien que tout, absolument tout, se trouve déjà en vous. Ce que vous recherchez ne pourra vous être amené par personne d'autre que par vous-même.

Chercher des réponses dans les paroles, les regards ou les gestes des autres à votre égard ne revient qu'à les laisser être les créateurs de votre monde, de votre vie, de votre destinée. Est-ce vraiment ce que vous souhaitez ?

Voici un exercice de visualisation pour réintégrer sa propre divinité et reprendre confiance en ses véritables potentialités.

1. Installez-vous dans un endroit calme. Prenez le temps d'explorer la sérénité vivant en vous. Connectez-vous à votre souffle, aux battements de votre cœur. Fermez les yeux.

2. Imaginez à quoi peut ressembler votre confiance en vous, telle qu'elle est en ce moment. Donnez-lui une apparence, une forme, une couleur, voire même un visage.

3. Une fois son apparence bien définie, connectez-vous à votre chakra du cœur (point situé au centre de votre poitrine, entre vos seins). Puis faites la demande suivante :

« Je demande maintenant à ce que mon chakra du cœur s'ouvre pleinement et totalement à toutes ses potentialités. »

Explorez votre ressenti physique à cet instant précis (picotements, battements du cœur plus intense, respiration plus ample, etc.). Prenez quelques instants pour vivre et ressentir ce véritable « appel du cœur ».

4. À présent, recentrez-vous à nouveau sur l'image que vous vous étiez faite de votre confiance en vous lors de la seconde étape. Puis exprimez la demande suivante :

« Je souhaite maintenant qu'à l'image de mon cœur, ma confiance en moi se décuple et s'ouvre à sa pleine et totale capacité. Par cette action, je me relie maintenant au flot divin coulant en moi et emplissant chacune de mes cellules. Relié à ma divinité profonde, je retrouve maintenant ma pleine capacité et la possibilité d'avancer sereinement dans ma vie avec pour seul guide, l'écho de mon cœur. Merci, merci, merci. »

5. Observez à quoi ressemble votre confiance en vous maintenant. Ce que vous ressentez à présent, de quelle manière elle s'est modifiée.

Réitérez cet exercice à chaque fois que vous le jugez nécessaire, chaque fois que le regard des autres importe plus que celui que vous posez sur vous-même et prenez conscience des possibilités infinies qui s'ouvrent à vous.

Ces étapes vous permettent de vous réapproprier pleinement votre divinité et de ne plus jamais douter de vos capacités à réussir tout ce que vous entreprenez dans votre vie. Tout vous est donné et tout vous est possible, car, ne l'oubliez jamais, vous êtes le Créateur.

Le Chant qui guérit (par Kéolim)

Entrouvrez vos lèvres, connectez-vous à votre cœur, à votre Être Suprême, et commencez à fredonner. Pas un air connu, non ! Mais plutôt un air connu de vous seul. Un son venu de la profondeur des âges, de vos propres profondeurs. Laissez-vous aller…

Il n'est pas nécessaire d'en comprendre le sens ou les paroles s'il y en a. Soyez simplement conscient que vous venez de vous reconnecter à votre Chant Sacré. À Celui qui est là depuis que le monde est monde et depuis que… vous êtes le monde !

De nombreuses traditions évoquent, chacune à leur manière, les chants sacrés. Mais trop peu nombreuses sont celles qui mettent en lumière le Chant Sacré individuel.

Retrouver ce chant est hautement symbolique : le jour où votre conscience est prête, votre cœur vous enverra ces notes qui, de tout temps, qui que vous ayez été et où que vous ayez existé, ont bercé vos vies. Ce chant traversera alors à nouveau les âges pour venir jusqu'à vous. Il est là quelque chose d'extrêmement intime puisqu'il vous appartient pour ainsi dire depuis la nuit des temps.

Vous réapproprier ce chant, c'est vous reconnecter pleinement à la divinité qui réside en vous. C'est reconnaître votre fragrance divine au milieu de tous et vous réapproprier votre état d'être parmi le Tout.

Entrer dans la mémoire de votre Chant Sacré, c'est entrer non seulement dans votre propre mémoire, mais aussi, plus généralement, dans Les Mémoires.

Avant de vous expliquer comment vous reconnecter à votre Chant Sacré et de quelle manière il peut être un formidable outil de guérison, je tiens à effacer certaines craintes qui pourraient poindre en vous :

- Une fois les notes retrouvées, vous ne pourrez plus jamais les oublier, aussi longtemps que durera votre vie. Même si elles n'étaient pas chantées pendant de longs mois ensuite, elles seront à nouveau inscrites et accessibles dès que nécessaire. Il n'est donc pas utile d'en noter les paroles. Ce qui est là est là !

- Lorsque votre chant vous parviendra, dans les premiers temps, vous ressentirez sans doute le besoin de le fredonner souvent. C'est totalement normal. C'est comme un retour aux sources, des retrouvailles avec votre Vous Divin. N'hésitez pas, chantez-le à l'envi ! Il vous appartient depuis toujours et pour toujours. Il est la partie la plus pure de vous-même mise en son.

- Ce Chant peut être long ou court, dans une langue que quelque part au fond de vous vous comprenez, ou pas. Il existe autant de chants sacrés que d'êtres vivants dans l'Univers. Aucun n'est semblable à l'autre de par sa mélodie ou sa tonalité.

Voici les étapes de reconnexion à son Chant Sacré

1. Pour commencer, placez-vous dans votre cœur.

2. Consciemment, demandez à être connecté à votre part divine.

3. Respirez profondément, à plusieurs reprises, jusqu'à sentir la détente s'installer dans tous vos muscles et dans l'ensemble de votre corps.

4. Écoutez le silence se faire place en vous puis entrouvrez les lèvres. Lorsque vous vous sentirez prêt, commencez à fredonner. Coupez-vous totalement de toute mentalisation ou besoin de chanter quelque chose qui fait sens ou qui vous est connu. Ce que vous retouvrez, c'est le Chant de votre Âme. Un chant si pur, si beau, qu'il vous transpercera par l'Amour qui transparaît de Lui.

Se reconnecter à son Chant Sacré se fait rarement en une seule fois. Cela peut demander patience et persévérance. Mais, n'ayez aucun doute, la beauté du cadeau vaut tous les efforts du monde ! Vous ne retrouvez pas là une simple chansonnette. Non ! C'est une partie de vous que vous vous réappropriez pleinement, cette partie d'Amour divin qui vous reconnecte totalement à votre Grande Puissance.

Quoi qu'il en soit, avancez dans la patience et la foi, même si vous n'obtenez que quelques notes ou un début de tonalité dans un premier temps.

« Tout ce qui commence dans la Patience et la Confiance trouve sa fin. »

Une fois votre Chant retrouvé, demandez à ce qu'il s'inscrive à nouveau profondément en vous. Laissez-vous absorber par sa puissance et par la magnificence de ce qu'il provoque en vous. Le divin en vous est là, juste au bord de vos lèvres, relié par ces quelques notes.

Votre Chant, un peu à l'image d'une relique sacrée, vous appartient pleinement. Il peut être chanté devant d'autres personnes, mais vous vous rendrez rapidement compte que nul autre que vous n'aura envie de le répéter ou de s'en approprier le sens ou les paroles. Simplement parce que même s'ils n'ont pas conscience en tant qu'êtres de chair de l'importance que revêt cet air, leur âme, leur part divine, sait et respecte cette reliance au Tout divin qui est à vous depuis l'aube des Temps.

Se guérir grâce à son Chant sacré

Agissant à la manière d'un mantra, le Chant Sacré est guérisseur.

De rassurant, il se fait cocon pour vous emporter dans ses douces mesures.

De retrouvailles avec sa part la plus lumineuse, il devient compagnon au long cours dans votre trame de vie.

Le Chant Sacré est une ode à la Vie, mais surtout, une ode à Sa Vie et à Ses Vies.

C'est Soi reconnecté à Soi à travers la primitivité d'un son de Vie. Il n'y a véritablement pas de « mode d'emploi » pour se servir de ce son. Une fois reconnecté à Lui, il viendra simplement se faufiler à vos lèvres dès que la nécessité, consciente ou inconsciente s'en fera sentir. N'hésitez pas à le chanter, le murmurer, le fredonner ou même le crier. C'est par son existence pure et simple dans la certitude qu'il est un lien à votre part suprême qu'il se fait Guérison.

La guérison du sentiment d'Abandon (par Julius)

Vous croire abandonné par l'Autre est une pure irréalité. Dans son individualité et sa liberté, les choix de l'Autre sont simplement différents des vôtres à un instant donné. Ce n'est alors pas vous en tant que personne et qu'être à part entière qu'il laisse, mais seulement votre représentation, telle qu'elle apparaît dans votre réalité à ce moment-ci.

Prendre le refus de l'autre à faire un choix identique au vôtre comme un affront ou l'assimiler à un sentiment d'abandon est une image biaisée de votre réalité, amenée par votre mental. Cela permet encore une fois à votre ego de reprendre toute la place en vous assenant des phrases du type « Il ne peut même pas faire ça pour moi, c'est qu'il ne m'aime pas assez. » ou encore « Si elle tenait vraiment à moi, elle partagerait mon avis. » Combien de fois vous êtes-vous déjà répété ce genre de phrases ? Et pourtant, comprenez-vous qu'il n'en va pas de cela ?

L'Autre utilise simplement son libre arbitre pour affiner ses choix et tracer sa propre route. Cela n'a absolument rien à voir avec l'amour, l'amitié, l'affection ou peu importe le nom que vous lui donnerez, qu'il vous porte. Il en va là de l'Autre en tant qu'être unifié à part entière qui suit son cheminement unique exactement ainsi que vous souhaitez suivre le vôtre.

Néanmoins, il est intéressant et sans doute nécessaire de comprendre ce sentiment d'abandon que vous pouvez ressentir eu égard à l'autre.

Mettez-vous devant un miroir. Regardez vos mains, vos pieds, votre visage, votre corps. Et réfléchissez quelques instants. Est-ce l'Autre qui vous a réellement abandonné ? Comment pouvez-vous encore une fois exiger de lui ce que vous ne pouvez vous donner ?

L'Autre ne pourra jamais vous abandonner puisque vous ne lui appartenez pas. De même qu'il ne vous appartient pas.

Ainsi, dans ce sentiment qui naît en vous, la question à vous poser est celle-ci : à quel moment de ma vie me suis-je abandonné ?

Guérir la Blessure d'Abandon

Pour se faire, il s'agira d'aller chercher au plus profond de votre mémoire, de vos mémoires, et de remonter à un moment précis se rapportant à un sentiment d'abandon pour vous. Les souvenirs peuvent refaire surface de manière consciente ou inconsciente. Cela dépendra entièrement de votre capacité de l'instant à y faire face.

Dès qu'un souvenir vous revient consciemment ou que vous ressentez son énergie s'inscrire dans votre inconscient, mettez-vous en position d'observateur de la situation et posez-vous la question suivante :

« Si j'étais extérieur à cette scène, à quel moment ressentirais-je un sentiment flagrant d'abandon ? »

Lorsque les réponses vous seront parvenues, vous pourrez alors laisser partir ce souvenir ainsi que tous les sentiments ou émotions négatifs s'y rapportant à l'aide de ces phrases :

« J'accepte que ce souvenir ait fait partie de ma vie et de mon histoire. Ce jour-là, ce n'est pas l'Autre qui m'a abandonné. Mais c'est moi-même qui, par une mauvaise compréhension de la situation, me suis abandonné à ma propre illusion.

Dès à présent, ce souvenir est nettoyé de tous les sentiments et impressions négatifs qui peuvent encore y être reliés. Car aujourd'hui je sais que puisque je m'appartiens, dans mon unité avec le Tout, jamais plus je ne pourrai me sentir abandonné. Merci. »

Vous pouvez ainsi utiliser ce mode de fonctionnement à chaque fois qu'un sentiment douloureux d'abandon poindra dans votre vie. L'idée est de venir chercher à quoi cet instant T présent se rapporte dans votre histoire et quelle affliction il fait ressurgir du passé afin d'en nettoyer les mémoires reliées.

« Ta propre guérison ne dépend que de toi. »

La guérison de ses blessures (par Schelemala)

Il n'est de blessure plus douloureuse que celle que l'on s'inflige en ouvrant à nouveau, par la pensée, la cicatrice encore béante.

Guérir ne signifie pas oublier ce qui a causé le mal. Guérir signifie observer sa douleur, qu'elle soit physique, mentale ou psychologique et en accepter la provenance et les conséquences.

Placez-vous dans votre cœur et demandez-vous : « D'où vient ce qui me blesse actuellement ? De moi ? De mon histoire ? De mes ancêtres ? Ce que je porte m'appartient-il ? ».

Comprendre la provenance du mal est la première étape pour le laisser aller. Cette compréhension n'est pas toujours aisée. Parfois, il n'est pas possible pour la conscience d'en affronter directement les raisons. Alors, chaque blessure encore ouverte sera une occasion pour apprendre et comprendre.

Mais lorsqu'une réponse s'impose à vous, dites-vous bien que, si elle est là en cet instant même, c'est que vous avez la capacité de vous défaire de cette blessure.

Être dans la guérison, c'est d'abord accepter de ne plus être défini par une blessure ou une maladie.

En regardant autour de vous, vous observerez que la majorité des gens définissent leur état d'être actuel par des blessures passées ou présentes : «j'ai été abusée», «j'ai eu un père alcoolique», «je suis manipulé», «j'ai une maladie grave», etc.

Arrêtez-vous un instant et réfléchissez à ces phrases. Cela définit ce qui a construit votre vie jusque-là. Cela ne représente en aucun cas ce que vous êtes réellement. Vous n'êtes pas une somme de traumas, maladies et blessures. Vous êtes vous ! Entièrement vous, même sans cela. Ainsi, vous comprenez que vous pouvez laisser aller toutes ces blessures les unes après les autres, et que vous resterez vous-même.

Lorsque vous sentirez le moment opportun, vous pourrez répéter ces quelques phrases jusqu'à atteindre un état d'être que vous jugerez optimal :

«Moi [votre prénom], accepte dès cet instant de laisser aller toutes mes maladies, tous mes traumas, toutes mes blessures, car je sais, en conscience, que ce ne sont pas eux qui me définissent et dictent mon état d'être.

Je suis [votre prénom]. Pleinement et entièrement, je me retrouve en moi-même. Merci.»

Gardez toujours en mémoire que la guérison ne peut en aucun cas venir des autres. Elle résulte toujours de vous et de votre propre capacité et volonté à vous débarrasser de vieux schémas de pensées qui vous emprisonnent dans un reliquat d'être qui, en aucun cas, n'est votre Être Profond.

Voilà ce que vous êtes au plus profond de vous : un corps, un esprit et une âme en expérimentation.

Voilà ce qui vous définit réellement. Ni plus ni moins que cela. Se connecter à l'un d'eux (corps, âme ou esprit) en conscience, c'est se relier à la plus grande puissance de guérison imaginable sur un plan terrestre comme extra-terrestre.

Car accepter de les écouter dans ce qu'ils sont et représentent, c'est se mettre en contact rapproché avec la Lumière divine.

Quelle que soit la manière (sport, méditation, transe, repos total, etc.), accordez-vous ces moments de connexion à vous-même. De multiples manières existent pour faire l'expérience de la guérison. Il ne s'agit aucunement de se renfermer sur soi dans une quelconque démarche égocentrée, mais, bien au contraire, de s'ouvrir à soi pour s'ouvrir à l'Ensemble. Et ainsi que vous vous guérissez, c'est l'Ensemble qui est soigné.

L'Esprit, l'âme et le corps : la sacralisation de la Triade

Amener le Triangle formant votre Être Infini vers la sacralisation, c'est tout d'abord lui reconnaître ce caractère sacré dans sa connexion au Tout divin. C'est amener votre entièreté vers ce qui reflète le Pur Amour. Et être à l'écoute de ce que cet Amour transmet de Lui à travers vous.

Se reconnecter à cette Triade Sacrée, c'est d'abord comprendre ce qu'elle est.

- Votre corps : celui qui vous porte dans la matière. Réceptacle de la vie et fondement de celle-ci. Il est l'organisme vivant de reliance à l'infini des possibilités terrestres et vous permet la connexion au Tout au travers des ressentis, des émotions et de la capacité d'explorer tout ce qui vit (minéral, végétal) et prend chair (animal, humain). Il est « Celui qui expérimente ».

- Votre âme : objet insondable, au cœur de tous les mythes, elle est celle qui engrange les expériences et apprend d'elles. Elle est celle qui décide du tracé général du chemin de vie et de ce qu'elle souhaite y trouver. Elle est le « Cœur du fruit de l'Amour » inscrite dans la pensée de « Celle qui sait et apprend pour le Tout ».

- Votre Esprit : fondement de la Pensée Sacrée en chacun. Il est l'Absolue Vérité trouvée et éprouvée sous toutes ses facettes. Il est ce qui reste lorsque plus rien d'autre n'existe car il est pure divinité. De sa fréquence dépendent toutes les autres fréquences (celles de l'âme et du corps). De son Savoir transmis, tout donne et prend vie. Dans sa coloration, il n'est jamais ni blanc ni noir, il est simplement pureté essentielle et éternelle dans tout ce qu'elle a de plus primaire et palpable. L'Esprit est l'essence même du Tout. Il est ce qui a existé, existe et existera sans jamais pouvoir s'éteindre, car il est ce qui est. Il est ce qui vit. Et rien ne peut contrer la vie si ce n'est la Vie Elle-même. Car Elle seule connaît ses propres « projets ». La Vie est « Celle qui sait ». L'Esprit en tant que présence divine en chacun est « Celui qui sait et crée ».

La Sainte Trinité ou Trinité Sacrée : le corps, l'âme et l'Esprit

« Être dans le non-être de toute chose, voilà ce qui te fait devenir. »

Chaque parcelle de vous est Un. Des siècles d'égarement vous ont amené vers la croyance en une profonde dualité : vous et les autres, vous et le monde, vous et la Vie/Dieu.

Or, c'est justement de cette croyance que provient la majorité de vos souffrances.

Il ne peut exister d'Infini sans une multitude de finitudes. Il en est là même du fonctionnement de la Vie. L'accepter est déjà soulager nombre de souffrances et de leurs causes. L'Esprit vous accompagne en cela : en faisant grandir votre âme dans une sagesse de plus en plus élevée, il soulage votre corps des maux bloquant son avancée.

Ne vous croyez inférieur ou supérieur en rien. Vous êtes né pour être. Ni plus ni moins. Vous possédez, ainsi que tout un chacun, la possibilité de reconnaître votre vraie place et votre rôle véritable ici-bas. Il vous suffit pour cela de sortir du cycle des croyances erronées et infertiles qui baissent sur vous le voile des illusions. L'illusion vous enferme dans le mutisme, dans la non-volonté de progression et dans l'abnégation de vous-même, de votre vous Véritable.

La portée de telles illusions peut être extrêmement puissante puisque, actuellement, elle en est arrivée à régenter l'existence de la majorité des êtres humains vivants sur cette planète.

L'animal, le végétal et le minéral se savent mortels. Même venus de très loin, ils en ont gardé cette conscience et vivent avec au quotidien dans la conservation d'un instinct primaire nécessaire à leur survie. L'être humain, bien évidemment a aussi conscience de sa mort prochaine, mais une majorité d'entre vous a préféré reléguer cette idée au plus profond de son être pour venir se bercer dans l'illusion d'une provisoire immortalité.

Alors, plutôt que de vivre dans un but d'évolution qui, inscrite dans la matrice de ses existences, est un véritable cadeau pour son devenir, il préfère se lover dans des plaisirs provisoires, généralement matériels, qui, au final, ne lui donnent jamais entièrement satisfaction. Et pour cause ! Si votre mental vous incite à croire que c'est le matériel que vous recherchez, votre Triade Sacrée (corps, âme, Esprit) sait pertinemment que ce n'est pas de cela que dépend votre cheminement et vous le rappelle de toutes les manières possibles, au travers des messages envoyés par votre cœur. Recevez ces messages avec le même égard que vous recevriez un cadeau de Dieu car, en réalité, il ne s'agit de rien de moins que de cela.

Votre âme, siège du cœur ; votre cœur, siège de l'âme

« Là où le bonheur est recherché et apprécié, toujours le malheur est vain, car plus jamais il ne trouvera sa place où que ce soit. »

Là où le cœur est, l'âme parle. Lorsque le cœur indique le chemin, c'est l'âme qui donne la direction qu'elle souhaite prendre. L'un et l'autre sont imbriqués, totalement impliqués dans la conscience du cheminement de l'être dans sa globalité.

Croire en la réincarnation, c'est savoir subjectivement que, ni le cœur, ni l'âme ne peuvent mourir, mais que, toujours, qui qu'ils soient, ils continuent à suivre un chemin. Ce chemin, quoi que l'on puisse croire, est ininterrompu. Il continue d'exister, dans la vie, comme dans la mort.

Il n'y a réellement ni début, ni fin dans la naissance et la mort au sens où l'on peut les concevoir habituellement. Mais simplement des suites d'action ininterrompues qui ramènent l'Être Complet vers son point d'arrivée, le même que son point de départ : Sa Source Primaire. Ainsi, vous êtes ce que vous avez été et ce que vous êtes amené à être.

Dans le cycle infini des existences, l'âme reste toujours. Elle est la permanence résultant de l'impermanence des choses. Changeante par ses expérimentations successives, elle est inchangée dans son état d'être. Elle est le lien au Tout qui crée le Tout. En elle, vous pouvez créer le monde qui vous entoure, et, par elle, transparaissant à travers l'écho de votre cœur, vous pouvez entendre que tout n'est que votre création, votre construction.

Mise en connexion avec son âme : voir et comprendre la volonté de son âme — le chemin de vie

L'âme est vous. Vous dans votre seule permanence. Chose demeurant immuable dans l'impermanence de toute chose.

Se mettre en connexion avec elle est, somme toute, plutôt aisé… Je dirai même qu'il suffit de le vouloir et surtout d'être à l'écoute. Si vous êtes entrain de lire ces mots, c'est que le moment est arrivé. Vous êtes prêt à comprendre le sens de votre état d'être ici-bas ainsi que de la mission que votre âme vous a accordée pour cette vie-ci.

Il est intéressant de prendre de quoi noter tout ce qui sera entendu, car il en va là de votre chemin de vie. Il serait dommage de s'y égarer en en oubliant quelques étapes !

1. Faites silence en vous. Prenez le temps nécessaire pour cela.

2. Vous le savez maintenant, tout passe par le cœur. Alors, placez-vous en lui. Plongez au plus profond de lui, jusqu'à devenir lui.

3. Ressentez les sensations qu'il vous renvoie : chaleur, picotement, froid, etc.

4. Faites la demande suivante (à voix haute ou voix basse)

« Je demande maintenant à être mis en connexion directe et totale avec mon âme et à ce que cette connexion soit protégée par la Lumière divine. »

N'ayez pas de crainte, la réponse sera toujours « oui » puisque vous ne faites ici que vous mettre profondément en connexion avec vous-même (de vous à Vous).

5. La reliance se manifeste souvent par une sensation agréable de déploiement du cœur.

Comme si celui-ci grossissait pour laisser tout l'écho de l'âme s'exprimer.

Lorsque vous ressentez le calme complet en vous et une sensation de plénitude vous envahir, demandez simplement à votre âme :

« Indique-moi mon chemin/ ma mission de vie, s'il te plaît. » Et écoutez…

6. N'oubliez pas de remercier pour les réponses apportées.

La vie de l'âme

*« L'âme est, c'est tout.
Son seul et unique rôle est d'être. »*

L'âme, en tant qu'entité propre et autonome, possède une vie à part entière.

- Qu'en est-il de l'âme qui veut se matérialiser ? Est-ce elle qui le décide ?

Oui, elle décide, à un moment T, d'expérimenter certains aspects d'une vie. L'âme peut se matérialiser dans pratiquement toutes les dimensions et peut changer de dimension entre chaque vie dans presque tous les cas. La seule exception reste celle de l'incarnation humaine (peut-être parce que la durée d'une vie humaine est significativement plus courte que la plupart des autres vies dans l'Univers).

Ainsi, l'âme faisant le choix de l'incarnation humaine a pleinement conscience qu'elle le fait dans un cheminement laborieux qui s'inscrira dans de nombreuses expériences, mais sera également source d'apprentissages multiples qu'aucune autre matérialisation, dans quelque dimension que ce soit, ne pourrait lui apporter.

- L'âme sait-elle quand elle va se matérialiser ?

Dans un premier temps, elle ne connaît pas la date exacte, évidemment, mais elle sait approximativement à quelle échelle de temps cela se déroulera.

Rien n'est jamais perdu et le temps de latence et d'attente est aussi un temps d'apprentissage pour l'âme.

Pendant le temps de « descente » vers les futurs parents, l'âme peut observer quelle sera sa vie future (au moins en partie car un seul changement peut modifier toute la donne !).

Elle observe ses futurs parents, frères et sœurs, ainsi que leur vie et commence, par ce biais, à s'inscrire dans sa vie future et à l'expérimenter de cette manière-ci. À ce moment-là, pour l'âme qui a commencé sa descente, il n'y a plus de retour en arrière possible. Elle se matérialisera dans l'œuf, quoi qu'il arrive.

- D'où l'âme vient-elle avant sa descente ?

Elle vient d'un lieu que l'on pourrait nommer « entre-monde ». C'est un espace de transit baigné de lumière blanche dans lequel les âmes sont en attente. Là, elles font les choix concernant leur vie future (humaine ou non) et patientent jusqu'à ce que toutes les conditions réunissant l'ensemble de ce qu'elles souhaitent expérimenter soient parfaitement alignées.

Lorsque tel est le cas, elles commencent leur descente vers leur dimension d'expérimentation. Cette descente peut se faire rapidement (quelques jours), ou beaucoup plus lentement (plusieurs années), jusqu'à ce que tout soit parfaitement en place pour les recevoir dans les meilleures conditions possibles.

- Les futurs parents humains ont-ils conscience de la présence de l'âme en matérialisation ?

La grande majorité n'en a pas conscience, néanmoins, la proximité de l'âme influe sur leurs envies (envie d'avoir un bébé, bouleversements hormonaux chez la femme comme chez l'homme, manifestations empathiques exacerbées). Les choses commencent à se poser bien avant la conception.

- Est-il possible pour les futurs parents de refuser la venue d'une âme ?

Oui, c'est toujours possible. Chacun possède son libre arbitre. Cela donnera souvent lieu à des fausses couches (le plus souvent, précoces, qui passeront inaperçues. Dans de rares cas, plus tardives si la femme, l'homme et l'âme en descente ont choisi ou besoin d'expérimenter quelque chose de la vie sous d'autres aspects.)

Il est nécessaire de comprendre qu'un bébé qui vient au monde et naît a forcément auparavant obtenu l'« approbation » de ses deux parents pour le faire.

Tout résulte toujours d'un choix de chacune des âmes concernées et de chemins de vie et d'expérimentation choisis à une autre période, dans un autre espace-temps, mais pourtant bien présent.

- Qu'en est-il de la notion de karma, eu égard à la matérialisation d'une âme ?

Si l'âme est libre de faire le choix d'expérimenter ce qu'elle souhaite dans son incarnation à venir, elle n'est néanmoins pas exempte des Lois de l'Univers. L'une des plus importantes est sans doute la Loi du Karma. Nous, Dragons, aimons la traduire par « Ce que tu sèmes, un jour ou l'autre, pousse dans ton jardin. »

Si, pour notre Peuple, cette Loi est expérimentée dans l'immédiateté (la conséquence de nos actes nous revient quasiment instantanément, sans temps de latence), pour vous, humains, cette conséquence peut parfois advenir plusieurs vies plus tard. Mais, dans cette loi inaltérable, tout est toujours amené à un retour. Ainsi, et plus encore dans le cas d'incarnations humaines dans lesquelles les âmes emmagasinent les expériences de multiples vies ainsi que leurs retours, il sera impossible, pour une âme en volonté de matérialisation, de se défaire de son karma. Au mieux pourra-t-elle repousser certains « retours de manivelle » à des incarnations suivantes si l'expérimentation ne correspond pas à son chemin de vie d'alors, mais elle restera tout de même totalement tributaire de chacun de ses actes passés pour en expérimenter de nouveaux.

- L'âme connaît-elle son chemin de vie avant de s'incarner ?

Oui, toutes les âmes connaissent les grandes lignes de leur chemin de vie. La particularité des âmes ayant choisi l'incarnation humaine relève dans la difficulté à se relier au corps de chair. D'où les nombreuses incertitudes des êtres humains quant au devenir de leur vie. En effet, vous pouvez très souvent observer chez une grande majorité d'entre vous des phrases telles que « je ne sais pas quoi faire de ma vie », « je ne comprends pas ce que je fais ici ». Ce sentiment d'être un peu perdu dans votre incarnation relève justement du fait que vous avez, pour la plupart d'entre vous, oublié ce que vous vouliez expérimenter. L'un des grands défis de l'incarnation humaine est justement de retrouver cette capacité de reconnexion à son âme pour en saisir la volonté et pouvoir avancer par choix conscients et non plus, « à défaut d'autre chose ».

Devenir l'Esprit

« Être ce que tu es, dans l'instant même,
c'est déjà entrer dans l'Esprit.
C'est la partie de toi reliée au cœur,
reliée à l'âme, reliée au corps.
Relié au tout, tu n'as d'autre possibilité que
de devenir toi-même le Tout.
Être dans l'aube de la rose en éveil
est le premier pas vers ton cheminement
profond. Sois-toi, simplement toi,
et tu seras… »

Devenir l'Esprit est une notion à la fois d'une extrême simplicité et d'une absurde complexité. Il s'agit d'accepter d'être Soi mais également se permettre de devenir ce qu'il existe de plus grandiose, de plus phénoménal, de plus merveilleux et de plus introspectif, à savoir, la Vie elle-même.

Vous êtes actuellement ce que vous avez toujours voulu et désiré être. Rien de plus, rien de moins que cela. En acceptant votre situation d'être telle qu'elle vous est proposée aujourd'hui, vous vous permettez d'entrer dans votre Trinité Sacrée, mais, plus encore, de la devenir et de l'habiter.

Il n'est jamais là question d'ego. L'ego n'a plus la place d'exister dans le Triangle Sacré. Habiter de plus en plus cette Trinité équivaut à se libérer petit à petit de son ego. En cela se dénote l'extrême importance d'apprendre à connaître tous les aspects de cette triangulation.

Expérimentation pour devenir l'Esprit

Devenir l'Esprit, c'est avant tout entrer dans la capacité de s'observer d'un autre point de vue, du point de vue de Celui qui sait tout, voit tout, entend tout.

Être l'Esprit, c'est ne plus être limité à ce que votre corps physique, porté par les véhicules ordinaires que vous pouvez saisir dans votre chair, vous permet d'appréhender, mais pouvoir aller vers tous les lieux terrestres ou multidimensionnels que vous souhaitez visiter.

Il est nécessaire de préciser une chose essentielle : cet exercice est uniquement destiné à vous faire grandir dans la Connaissance. En aucun cas, il ne peut être utilisé à mauvais escient (inutile de songer à aller espionner votre voisin sous la douche, cela ne fonctionnera pas !)

Une phrase de protection est donnée avant de commencer l'exercice et doit obligatoirement être récitée à chaque fois, ou, tout au moins, être inscrite consciemment en vous afin de vous éviter de vous retrouver en des lieux nuisibles pour vous. N'oubliez jamais : vous expérimentez ce que vous souhaitez expérimenter. Demandez la Lumière et vous recevrez la Lumière. Il en va bien entendu de même pour l'Ombre…

1. Recentrez-vous sur vous-même. Faites silence en vous. Trouvez la paix dans votre corps et vos pensées. Centrez-vous totalement sur le va-et-vient de votre respiration.

2. Répétez cette phrase ou toute autre phrase de votre préférence impliquant la même intention :

« En connexion avec mon Esprit, je demande maintenant à n'expérimenter que ce qui est bon, juste et lumineux pour moi. Que seul ce qui est Amour et Lumière Pure ait la possibilité de m'approcher dès cet instant. Merci. »

3. Laissez-vous bercer par votre respiration et entrez en elle jusqu'à devenir votre souffle. Vous pourrez ressentir vos poumons, votre trachée, votre gorge se gonfler un peu plus intensément.

4. Demandez maintenant à établir la connexion avec votre Esprit. La réponse sera toujours « oui ».

5. Une fois cette étape réalisée, il ne vous reste plus qu'à lâcher totalement prise et à observer. Écoutez les sons/voix qui peuvent être amenés à la conscience, observez les paysages/lieux connus ou inconnus qui se dessinent devant vous.

Devenez l'observateur de vous-même, dans votre possibilité infinie de voir l'absolue entièreté de tout ce qui vous entoure sur Terre et dans l'Univers. Laissez-vous voguer dans la confiance totale à l'Esprit. N'oubliez pas qu'Il est vous. Ainsi, il vous emmène vers ce que vous avez la nécessité de voir en cet instant.

Avant de débuter cette expérience, vous pouvez aussi demander à l'Esprit de vous envoyer vers un lieu ou une dimension que vous souhaitez visiter, découvrir. Si cela est juste pour vous à ce moment-là, vous aurez la possibilité d'y accéder.

6. La dernière étape est d'une importance capitale et doit être totalement exécutée. Il s'agit de l'étape du retour. Une fois que vous sentez votre voyage se terminer et son énergie-ci s'amenuiser, remettez-vous dans votre conscience, recentrez-vous sur votre respiration et demandez à revenir totalement et intégralement dans votre état d'être dans la matière.

Pour cela, vous pouvez par exemple répéter trois fois (ou plus si nécessaire) « Reviens, reviens, reviens ». Assurez-vous d'avoir bien réintégré votre corps en totalité. Vous pourrez par exemple ressentir des petits picotements ou frissons qui viendront vous indiquer que vous êtes bien de retour. Vous pouvez tapoter toutes les parties de votre corps, répéter votre prénom ou vous ancrer dans le sol en imaginant des racines puissantes partir de votre chakra de base et s'inscrire profondément jusqu'au cœur de la Terre pour bien vous en assurer.

Cette étape est, je le répète, essentielle, et ne doit pas être négligée. Il ne fait jamais bon de se perdre dans les méandres de l'Univers…

Réalisez toujours cet exercice dans le calme, à un moment où vous êtes certain de ne pas être dérangé et de pouvoir le mener à son terme.

Cette expérience est celle qui peut le plus facilement vous mettre en contact avec les possibilités infinies de la Vie et donc avec l'infinité de vos propres possibilités.

Procédure pour lever un sort (par Schelemala)

Un sort est une entité invisible et nuisible déposée sur une personne, un groupe de personnes ou parfois même une famille et pouvant être présente depuis plusieurs générations. D'ailleurs, les sorts traversent généralement les générations et ne s'arrêtent pas d'être actifs à la mort de leur dépositaire. Beaucoup de gens portent en eux des sorts plus ou moins actifs qui peuvent avoir une incidence sur leur vie actuelle. Pour certains, ces sorts se traduisent par des addictions, pour d'autres, par des traits de personnalité particulièrement exacerbés, des scènes ou rencontres qui se rejouent sans cesse.

Certains sorts jetés sont si puissants que, plusieurs générations après, ils empêchent encore les personnes touchées d'agir selon leur véritable vouloir et de vivre pleinement dans la paix et la sérénité.

Couper un sort n'agit pas uniquement sur la personne actrice de la procédure, mais également sur toutes les personnes pouvant encore actuellement être touchées par ce sort. Si celles-ci sont vivantes et que leur âme est en accord avec la procédure, cela influera sur leur état d'être global et leur permettra d'être plus elles-mêmes. Si les personnes sont décédées, cela influera sur leur âme et représentera une expérience de plus engrangée par cette dernière.

Couper un sort a également une incidence sur son commanditaire, de la même manière que cité précédemment, que celui-ci soit vivant ou mort.

Quelques précisions utiles :

- Il n'est pas nécessaire de connaître le commanditaire d'un sort pour s'en débarrasser.

- Cette procédure requiert une forte demande d'énergie apportée par l'Univers, mais qui transite néanmoins par le récepteur (vous). Cela peut donc provoquer quelques effets dérangeants à court terme pour les plus sensibles (légers maux de tête ou fatigue), mais qui s'estompent après quelques dizaines de minutes.

- La procédure doit s'effectuer dans son intégralité dans un endroit calme où vous ne risquez pas d'être dérangé.

- C'est une démarche puissante dont l'efficacité n'est pas à prendre à la légère. Ne la réalisez que si vous sentez au fond de vous que votre problème actuel, qui vous semble insoluble, peut avoir été causé par ce genre de maléfices. Généralement, lorsque tel est le cas, certains signes vous parviendront pour vous amener sur cette voie précise de compréhension du trouble en question (lectures sur le sujet, personnes rencontrées qui pourront, par leurs mots ou actes, vous évoquer cette possibilité, etc.)

- Cette procédure, bien qu'extrêmement puissante et efficace, restera simplement inoffensive si vous vous en servez alors que vous n'êtes victime d'aucun sort. Il ne se passera alors rien du tout ! Je tiens tout de même à souligner l'importance de l'utiliser à bon escient car l'énergie déployée pour sa mise en place est phénoménale. Il est donc inutile de la réveiller si cela ne requiert pas d'une absolue nécessité.

- Le temps d'action de cette procédure peut être plus ou moins long (jusqu'à quelques heures lorsqu'elle agit sur plusieurs générations, ce qui est souvent le cas). En effet, ce processus implique une réécriture et un remaniement énergétique de l'ensemble des mémoires des différentes personnes concernées par ledit sort.

1. Installez-vous dans un endroit calme et silencieux. Recentrez-vous profondément en vous.

2. Demandez à faire venir à vous la puissance du Grand Dragon Guérisseur :

« Avec tout mon respect, dans l'entièreté de ma Foi, je demande maintenant au Grand Dragon Guérisseur de s'avancer vers moi.

Grand Dragon, je t'invoque aujourd'hui afin que tu me viennes en aide.

(Tendez vos mains ouvertes devant vous)

Je te demande maintenant de te connecter à moi, de te relier à mon Essence Suprême pour couper tous les liens impurs et néfastes qui sont actuellement présents en moi, quelles que soient leur origine ou leur intensité.

Ô, Grand Dragon, que tous les sorts jetés à mon encontre ou à l'encontre d'un groupement auquel j'ai appartenu ou appartiens toujours soient maintenant définitivement coupés et détruits.

Je demande maintenant que l'ensemble de ma vie ainsi que des vies concernées qui le souhaitent puissent se reconstruire sans l'influence directe ou indirecte de ce ou ces sorts.

Je demande que tout ce qui a été détruit puisse être retransformé en Amour Pur et renvoyé en direction de sa source.

Je demande à ce que cette action persiste aussi longtemps que nécessaire jusqu'à ce que l'ensemble des sorts qui me perturbent de quelque manière que ce soit soient totalement défaits et détruits.

Que les sorts maintenant détruits ne puissent plus jamais me nuire de quelque manière que ce soit au cours de ma vie. Qu'ils retournent maintenant au néant auquel ils appartiennent.

Je remercie l'ensemble de forces en puissance et en action pour leur aide.

Merci, merci, merci. »

3. Installez-vous au calme et laissez l'action se dérouler aussi longtemps que nécessaire. Ne faites pas de demande spécifique concernant un aspect de votre vie que vous aimeriez solutionner. Il se peut que cette incantation n'agisse pas du tout sur ce à quoi vous songiez au départ. Sachez que l'Univers intervient toujours dans votre intérêt et fait ce qui est bon pour vous pour que tout aille toujours vers le mieux.

4. Une fois que vous sentirez le travail s'achever, relevez-vous et allez boire un grand verre d'eau. Vous aurez besoin de vous nettoyer pour faire partir tout ce qui demande encore à partir dans les prochaines heures. Aussi, n'hésitez pas à vous hydrater et à demander en conscience à faire sortir de vous tout ce qui demande à l'être lorsque vous irez uriner.

Écoutez-vous, prenez soin de vous et faites ce qui vous semble juste.

Revenir sur les traces de son passé : effacer le superflu pour illuminer son futur (par Schelemala)

À quoi bon se battre contre ce qui ne reviendra plus, me demanderez-vous ? Et je vous répondrai : « vous avez entièrement et totalement raison ! »

Le passé est passé. Inchangeable et insondable, il est exactement ce qu'il a dû être pour que vous en arriviez là aujourd'hui.

Seulement, parfois, le passé est source de mille souffrances, mille incohérences provenant de cette vie-ci ou des précédentes et dont vous voudriez peut-être parvenir à être libéré, tout au moins en partie. Comprenez que l'on ne peut se défaire totalement de l'ensemble de ce que l'on a été puisque c'est exactement la totalité de ces expériences qui nous permet de vivre dans l'immédiateté de ce que l'on expérimente dans l'instant. C'est là une loi fondamentale valable pour tous les êtres vivants dans l'Univers.

Si vous vous retrouvez dans les situations que vous vivez présentement, c'est parce que vous avez fait certaines actions dans votre passé ou votre vie présente qui vous ont amené à cela. C'est l'un des grands principes du karma : « Ce que tu sèmes finit tôt ou tard par pousser dans ton jardin. »

Il n'y a pas de causes plus justes que d'autres. Tout est exactement comme cela doit être et il ne pourrait en être autrement.

Aujourd'hui, vous ressentez peut-être dans votre vie certains manquements, certaines difficultés qui peuvent vous sembler insurmontables malgré vos efforts ou encore certaines incohérences qui se rejouent encore et encore malgré tout ce que vous pouvez faire pour les éviter.

Souvent, ces difficultés peuvent provenir de vœux (conscientisés ou non) prononcés dans de précédentes existences. Chaque vœu énoncé s'inscrit dans les mémoires akashiques et dans l'âme de la personne concernée. Ainsi, il continue d'être vrai et actif à travers les vies et est notifié comme relevant d'une vérité absolue pour la personne, même s'il a été prononcé plusieurs siècles auparavant.

Ces vœux peuvent être de différents ordres : vœu de chasteté, d'abstinence, de pauvreté, de déshonneur, vœu d'abnégation de soi ou d'érudition totale, vœu de « qui vive-meure », et bien d'autres encore.

Les phrases suivantes se proposent d'enrayer d'un seul coup l'ensemble des vœux à connotations négatives prononcés par le passé et qui peuvent influer de manière néfaste sur votre présent.

De même que l'incantation précédente consistant à lever les sorts, celle-ci pourra impacter votre vie car renoncer à certains vœux demande une réorganisation totale de l'ensemble des mémoires et du/des chemin(s) de vie y étant reliés.

Il peut parfois être difficile de se défaire de certains de ces vœux car nombreux sont ceux qui ont pu partiellement ou totalement créer la vie qui est la vôtre aujourd'hui.

Il est important de ne pas dire ces phrases sous contraintes, mais seulement si vous les ressentez comme étant un appel du cœur à un certain moment. N'oubliez jamais que chaque moment est le bon et que ce qui n'est pas encore juste aujourd'hui le sera peut-être demain, dans un an ou jamais !

Cette incantation regroupe l'ensemble des vœux, mais sachez que vous pouvez parfaitement l'adapter en n'en choisissant qu'un (celui qui vous appelle tout particulièrement) et en modifier les phrases en conséquence. Rien n'est jamais figé et au fond de vous, vous savez. Quoi qu'il se passe, vous restez le seul et l'unique maître absolu de vous-même.

Procédure de renonciation aux vœux

Énoncez les phrases lentement pour leur laisser le temps de s'inscrire.

« Par la présente, j'amène maintenant à ma conscience l'ensemble des vœux que j'ai pu prononcer dans de précédentes incarnations.

Je demande à ce que tous les vœux à connotation négative qui influent sur ma vie de manière néfaste ou délétère soient maintenant rompus, quelle que soit leur nature.

Je demande à ne garder actifs que les vœux tournés vers la Lumière et l'Amour Pur.

Par la présente, je renonce ainsi à tout vœu d'Ombre de quelque nature que ce soit.

Je renonce à tout vœu de pauvreté, de déshonneur, de chasteté ou d'abstinence.

Je renonce également à tous les vœux non évoqués précédemment pouvant encore être source de nuisance pour moi actuellement.

Je demande à ce qu'un balayage de l'ensemble des vœux émis soit effectué et que ceux qui ne sont pas source de Lumière et d'Abondance pour moi soient définitivement rompus et détruits.

Je demande à ce que les vœux détruits ne puissent plus s'inscrire dans mon chemin de vie actuel, quelle qu'en soit la manière.

Merci, merci, merci. »

Le combat de l'Esprit et du mental (par Kéolim)

Esprit contre Ego, éternel combat ! Vous qui, sans cesse, ressassez le passé et imaginez le futur, sachez que rien n'est là, si ce n'est le présent. Seul compte et importe l'instant que vous vivez actuellement, fugace et éphémère. Car finalement, rien d'autre n'existe vraiment à part lui. Cet instant est ce qui dessine tout car il est la seule base créant votre réalité. Le présent est la seule chose qui existe. Le temps ne s'inscrit pas réellement comme une suite linéaire d'actions qui définissent votre existence. Il s'agit plutôt de couches superposées, un peu à la manière d'une mille-feuille, qui ne cessent d'interagir ensemble, sur des fréquences différentes, dans des dimensions différentes, mais qui, toutes sans exception, vous ramènent à un seul et unique instant : l'instant présent. Car toutes se jouent dans cet instant-ci.

Le passé au sens où vous vous l'imaginez n'existe pas. Par exemple, lorsque vous dites « quand j'avais cinq ans… », sachez qu'il n'y a pas et il n'y a jamais eu de temps où vous aviez cinq ans. Il ne s'agit pas de ce que vous pourriez nommer « souvenir », mais plutôt d'un déroulé présent se déployant sur d'autres fréquences vibratoires pouvant vous donner à penser qu'un passé existe. Déroutant, n'est-ce pas ? Et pourtant, il s'agit là du subterfuge ultime de votre ego vous poussant dans toutes les directions possibles (passé, futur) pour vous empêcher d'incarner ce qui compte vraiment et vous permet de devenir l'Esprit : l'instant présent.

Le contact avec l'instant présent est le seul capable de vous ramener à votre réalité pleine et entière. C'est exactement le point présent qui définit ce que vous êtes.

L'ego agit de multiples manières : retours incessants sur un passé inexistant, imagination débordante pour changer le passé (« si j'avais agi ainsi… »), projection dans le futur (« je ferai comme cela », « j'obtiendrai ceci… », etc.) L'ego ne laisse jamais de répit. Il « oblige » votre cerveau à se focaliser sur un flot constant de pensées. Son action est absolument parfaite : penser à tout sauf à l'instant présent vous empêche de vous élever dans la Compréhension et de devenir l'Esprit.

C'est un circuit bien rodé et parfait… Parfait… Vraiment ? En réalité, pas tout à fait ! Il existe des manières d'échapper à l'ego. Plus elles sont exploitées, moins l'ego peut prendre de place et plus la divinité en vous peut s'exprimer. Se libérer de l'ego demande rigueur et discipline. Ce n'est bien souvent pas le travail d'une seule vie, mais vous le savez maintenant : ce qui est acquis par l'âme l'est pour toujours. Alors, autant acquérir un maximum d'aptitudes présentement !

Se libérer de l'Ego (par Kéolim)

Le plus sûr moyen de s'en libérer est de l'observer. Une chose est certaine : s'il y en a bien un qui n'aime pas être mis à découvert, c'est l'ego ! Comprendre son mode de fonctionnement, c'est déjà s'en défaire un peu. Cela peut être difficile dans un premier temps car, très tacticien, il va vous envoyer un maximum de pensées parasites pour vous empêcher d'atteindre votre but.

Observez vos pensées, toutes vos pensées : toutes celles faisant référence au passé, au futur, à des tâches ou actions à accomplir vous sont envoyées par l'égo.

La manière la plus efficace de s'en débarrasser est d'observer leur présence, puis de les laisser s'en aller sans s'y accrocher.

Puis ensuite, de ramener votre conscience à tout ce qui fait l'instant présent dans son immuabilité :

- Votre respiration (va-et-vient du souffle)
- Les battements de votre cœur
- Les sensations présentes dans votre corps de chair (chaleur, fraîcheur, lourdeurs, picotements, etc.)
- La reconnexion à votre divinité

Plus vous réaliserez ces exercices de reconnexion au présent et moins votre ego aura la place d'exister. C'est évidemment un travail de discipline de soi qui demande du temps, parfois des années pour être apprivoisé. Mais c'est justement ce travail-là qui vous amène à vivre dans un bonheur permanent car, quand plus rien d'autre n'existe que l'instant présent, il ne vous reste plus qu'à inscrire le Bonheur dans chacun de ces instants.

Repérez l'ego à chaque fois qu'il vient poindre en vous, puis, quand vous l'avez vu, ignorez-le superbement. En l'ignorant, vous ne lui laissez plus la place d'exister. Et quelque chose qui perd sa place n'a d'autre choix que de s'en aller petit à petit.

« Sois et reste dans l'Instant. Le Bonheur et la Félicité sont là, juste là. »

Trouver le recueillement en soi : combler ses brèches (par Kéolim)

Se recueillir en soi n'est pas chose aisée. Partout, le mental rôde, prêt à combler la moindre brèche. Mais ces brèches aussi font partie de vous. Alors, acceptez-les pour ce qu'elles sont : celles sans qui la Lumière n'aurait pas de porte d'entrée pour passer. Vous n'êtes pas la faille, mais la faille fait partie de vous. La perfection est utopie, et c'est dans l'imperfection que vous pouvez vous découvrir.

Qu'est-ce qu'une brèche ? Pensez à quelque chose qui vous gêne particulièrement dans votre vie (un trait de caractère excessif, un mode de fonctionnement répétitif, une façon d'agir ou de réagir de manière disproportionnée face à certaines situations, etc.). Vous voilà face à l'une d'elles !

Trouver ses brèches demande un temps plus ou moins long de recueillement et d'auto-analyse de ses propres difficultés.

Il est nécessaire de se mettre en état méditatif dans un endroit calme dans lequel vous ne risquez pas d'être importuné avant d'entrer dans ce recueillement profond.

*« Dès cet instant, je demande à être connecté à mon Moi profond.
Que ces paroles soient entendues pour que, dans l'instant, en conscience, je puisse être. »*

Posez-vous ensuite les questions suivantes :

- Y a-t-il une ou plusieurs situations récurrente(s) source(s) de souffrance, de douleurs, de mal-être dans ma vie ?

- Qu'est-ce que ces situations viennent dire de moi dans sa globalité ? [Soyez à l'écoute des messages de votre âme et de vos guides]

- Suis-je maintenant prêt à renoncer définitivement à ce que ces situations viennent dire de moi dans l'intention de m'ouvrir à autre chose ?

D'autres questions auxquelles il vous faudra répondre peuvent encore vous parvenir pour vous assurer de la voie à emprunter.

Si, suite à ce recueillement, vous vous sentez prêt à combler certaines de ces brèches, vous pouvez pour cela réaliser l'exercice de visualisation suivant. Celui-ci, malgré son apparente simplicité, est d'une efficacité rapide et redoutable. Aussi est-il important de le faire en toute conscience des changements qu'il peut engendrer.

Mise en garde : Ces brèches sont une réalité qui vous constitue dans l'instant. Il sera aisé d'en combler certaines tandis que pour d'autres, le temps n'est pas encore venu.

Écoutez bien les réponses apportées en conscience et acceptez-les, même si elles ne sont pas toujours celles que vous souhaiteriez entendre.

Parfois, on n'est pas encore prêt à quitter certaines sources de souffrance. Cela peut paraître invraisemblable, mais c'est pourtant juste. Tant que la situation n'est pas explorée dans son ensemble, il n'est pas encore temps de la remplacer par une autre.

Néanmoins, le travail de recueillement amène déjà à exécuter la première étape primordiale : celle de la prise de conscience de la source des maux. Une fois cette première étape passée, il faut simplement laisser le temps au corps, à l'âme et à l'Esprit d'engranger la nouvelle information afin de pouvoir s'en défaire. Cela peut prendre quelques heures ou plusieurs années ! Mais tout arrive toujours à point nommé…

Procédure pour combler les brèches en soi

1. Pensez à quelque chose que vous possédez et qui se révèle être particulièrement dérangeant dans votre vie.

2. Visualisez cet aspect de vous pareil à une brèche. À vous d'en imaginer l'aspect, la forme, la couleur ou encore la profondeur. Elle vous appartient encore pour un court instant alors prenez le temps de bien la dessiner dans votre esprit tel que vous vous la représentez et telle qu'elle agit dans votre vie.

3. Une fois qu'elle vous apparaît parfaitement, répétez les mots suivants :

« À partir de maintenant, cette brèche représentant [énoncez l'aspect de votre vie à laquelle elle est reliée] se remplit totalement et complètement de Lumière divine.

[Visualisez-la entrain de se remplir en partant de ses profondeurs jusqu'à ce que la Lumière jaillisse d'elle.]

Par cette action, cette brèche est maintenant totalement refermée et plus aucun aspect de ma vie n'est plus touché par ce qu'elle a pu être ou représenter auparavant.

Merci. »

L'acceptation de l'existence de ces brèches à travers leur visualisation vous permet d'accueillir ce qui se trouve en vous et vous constitue dans son ensemble. Il est maintenant de votre fait de savoir et de convenir avec vous-même ce que vous voulez garder (ce que vous pensez être un constituant trop important de votre être pour le moment) et ce que vous êtes prêt à écarter, soit parce que ce n'est plus utile dans votre chemin évolutif, soit parce que vous jugez en avoir tiré suffisamment de leçons et d'expériences.

Percevoir et combler ses fuites énergétiques (par Kéolim)

Les fuites énergétiques peuvent être décrites comme des béances au travers desquelles votre énergie vitale ou énergie primaire se perd, retombe dans le néant et ne vous permet plus de profiter de ses bienfaits essentiels, nécessaires et réparateurs.

Ces fuites peuvent provenir de différentes sources :

- D'une ou plusieurs attaques(s) de la part d'êtres mal intentionnés à votre égard.

- De chocs récents ou plus ancrés provenant de cette vie ou d'autres et ayant eu une influence sur l'un de vos corps ou plus directement, sur votre âme.

- De fuites impulsées volontairement par votre inconscient afin de canaliser une présence énergétique trop difficilement gérable à un endroit localisé du corps.

Il peut également parfois s'agir d'un amalgame de toutes ces raisons.

Où sont localisées ses fuites énergétiques ?

Les fuites énergétiques les plus profondément ancrées pourront venir se localiser jusque dans le corps physique d'un individu.

Généralement, elles toucheront premièrement et préférentiellement l'âme et pourront alors suivre l'être porteur sur de nombreuses générations si elles ne sont pas perçues et comblées à un instant donné.

Lorsque l'âme n'est plus en mesure d'agir sur cette béance, elle la laissera, en quelques sortes, « infuser » jusqu'aux corps émotionnel et éthérique qui, eux, parfois, passeront le relais au corps physique.

Ces fuites énergétiques peuvent se traduire de différentes manières :

- Au niveau spirituel : manque de croyance, difficulté à se reconnecter à son Moi Supérieur, incapacité à reconnaître sa divinité profonde, etc.

- Au niveau émotionnel : troubles émotionnels latents, troubles psychologiques ou psychiatriques, hypersensibilité, incapacité à contenir ses émotions, troubles du système nerveux, dépression, pulsions suicidaires, etc.

- Au niveau physique : douleurs modérées à fortes inexplicables au premier abord, maux de tête, de dos ou de ventre, difficulté à s'ancrer, à se relier à la matrice matérielle terrestre, affection de longue durée sans amélioration significative durable, etc.

Il est important de ne pas associer le moindre de ses troubles (mal-être physique, psychologique ou spirituel) à une fuite énergétique, mais d'être néanmoins dans la conscience qu'un biais énergétique, à un certain niveau, est très fréquent chez chaque être humain et peut entraîner de lourdes conséquences, à plus ou moins long terme.

Aussi est-il utile pour chacun de réaliser son bilan énergétique global afin de pouvoir capter d'éventuels dysfonctionnements et d'y remédier.

Effectuer son bilan énergétique : procédure de captation et de rebouchage de ses fuites énergétiques

1. Installez-vous dans un endroit calme. Faites le vide en vous et laissez-vous bercer par les allées-venues de votre souffle. Effectuez cela assez longtemps pour vous trouver dans un état de détente et d'ouverture absolue. Fermez les yeux.

2. Concentrez-vous et demandez à être mis en relation avec votre âme et à ce que cette dernière se manifeste devant vous. Récitez la phrase suivante :

« En connexion complète avec mon âme, je demande maintenant à ce que les lieux d'éventuelles fuites énergétiques délétères pour moi se fassent jour et m'apparaissent. Je demande aussi à ce que la ou les cause(s) sous-jacente(s) à ces fuites me soient données et s'inscrivent dans ma mémoire consciente. Si cela est juste, que cela se fasse.

Merci, merci, merci. »

Certains pourront observer une forme presque similaire à un corps physique de lumière se dessiner devant leurs yeux clos. (Les points ou zones plus lumineuses représentent des lieux de fuites énergétiques), tandis que d'autres recevront par messages télépathiques ou auditifs le(s) lieu(x) d'éventuelles fuites.

Notez mentalement les réponses qui vous sont apportées.

« Je reçois et intègre consciemment les lieux et causes de ces fuites énergétiques »

3. Continuez à vous concentrer et demandez maintenant à être mis en relation avec votre corps émotionnel. Récitez la phrase suivante :

« En connexion complète avec mon corps émotionnel, je demande maintenant à ce que les lieux d'éventuelles fuites énergétiques délétères pour moi se fassent jour et m'apparaissent. Je demande aussi à ce que la ou les cause(s) sous-jacente(s) à ces fuites me soient données et s'inscrivent dans ma mémoire consciente. Si cela est juste, que cela se fasse. Merci, merci, merci. »

Notez mentalement les réponses qui vous sont apportées.

« Je reçois et intègre consciemment les lieux et causes de ces fuites énergétiques »

4. Concentrez-vous toujours et demandez à être mis en relation avec votre corps éthérique.

Récitez la phrase suivante :

« En connexion complète avec mon corps éthérique, je demande maintenant à ce que les lieux d'éventuelles fuites énergétiques délétères pour moi se fassent jour et m'apparaissent. Je demande aussi à ce que la ou les cause(s) sous-jacente(s) à ces fuites me soient données et s'inscrivent dans ma mémoire consciente. Si cela est juste, que cela se fasse. Merci, merci, merci. »

Notez mentalement les réponses qui vous sont apportées.

« Je reçois et intègre consciemment les lieux et causes de ces fuites énergétiques »

5. Enfin, terminez le travail en demandant à être mis en relation avec votre corps matériel et effectuez l'ensemble de la procédure encore une fois. Récitez la phrase suivante :

« En connexion complète avec mon corps matériel, je demande maintenant à ce que les lieux d'éventuelles fuites énergétiques délétères pour moi se fassent jour et m'apparaissent. Je demande aussi à ce que la ou les cause(s) sous-jacente(s) à ces fuites me soient données et s'inscrivent dans ma mémoire consciente. Si cela est juste, que cela se fasse. Merci, merci, merci. »

Notez mentalement les réponses qui vous sont apportées.

« Je reçois et intègre consciemment les lieux et causes de ces fuites énergétiques »

6. Laissez-vous quelques secondes ou minutes suivant le temps qui vous semble nécessaire pour permettre à votre conscient d'engranger et d'assimiler les informations reçues.

7. Enfin, passez au process de comblement des fuites :

« À la lumière des réponses apportées concernant l'ensemble des fuites énergétiques présentes dans la totalité de mes corps vivants, je décrète maintenant le comblement de toutes les fuites pouvant me porter préjudice de quelque manière que ce soit.

Que la divinité présente en moi m'apporte son aide lumineuse et que tout ce qui n'a plus lieu d'être soit maintenant comblé par le flot d'amour divin. Car, dans cet Amour, je suis, j'évolue et me retrouve totalement. Que la lumière divine vienne combler en moi tout ce qui peut l'être. Qu'elle m'entoure et me protège dès cet instant. Si cela est juste, que cela soit. Merci, merci, merci. »

La procédure d'action par la lumière divine peut durer plusieurs minutes. Il est important de rester dans la conscience du travail effectué durant celle-ci et donc de prévoir le temps nécessaire avant de la débuter.

En fin de procédure, un message divin venant apporter un éclairage nouveau à l'être récepteur du soin sera souvent donné. Il est nécessaire de le réceptionner comme tel et d'en conserver la teneur et les indications.

Cette procédure complète peut être réalisée en tant que soin à part entière pour un autre que soi si vous vous en sentez capable et à sa demande uniquement.

La croyance erronée (par Schelemala)

La croyance erronée est celle qui consiste à croire que l'Autre, par son attitude, ses gestes, ses mots peut vous en vouloir, chercher à vous nuire ou vous blesser d'une quelconque manière. La réalité pourrait plutôt être celle-ci : l'Autre vous voit tel que vous voulez vous montrer (et non pas tel que vous êtes réellement.) Chacun voit ce qu'on lui permet de voir.

En vous voyant, l'Autre s'envisage alors dans une autre partie de lui-même. N'oubliez pas : toutes les parts de l'Autre sont en vous et toutes les vôtres sont en lui.

Quand l'Autre observe en vous cet aspect qu'il pourrait trouver insupportable s'il ressortait en lui-même, plutôt que de l'accepter, il préférera alors « sortir les griffes ».

Combien de fois avez-vous déjà répondu à quelqu'un par une colère ou une agressivité injustifiée face à la situation telle qu'elle se présentait ? Sachez que chaque manière de réagir face à l'Autre est une façon détournée d'aborder ce que l'on est incapable d'accepter en soi.

Ainsi que la Lumière existe en vous, l'Ombre aussi y tient sa place. Vous ne pouvez être totalement l'un ou l'autre et c'est le cas de chaque être vivant.

Accepter que l'Autre ne soit que votre reflet n'est rien de plus que de vous accepter totalement, dans tous vos aspects. Ainsi, en saisissant que chaque partie de l'Autre fait partie de vous, vous comprenez que, comme lui, vous êtes le Tout.

Prière de libération des croyances erronées

Aujourd'hui, par ces mots,
j'accepte d'être le Tout,

j'accepte que le Tout soit en moi.

Que, dès à présent, la possibilité me soit donnée d'aborder et de recueillir en mon sein l'ensemble des croyances erronées constituant mon identité actuelle.

Que les ailes arc-en-ciel garantes de la Grande Sagesse s'ouvrent dès maintenant sur mes mains offertes.

Que, de mes paumes tendues vers le ciel, elles dissipent maintenant tout ce qui, par sa fausseté, peut jeter un voile sur ma Vérité.

Qu'aujourd'hui, la bénédiction se fasse.

Qu'aujourd'hui, l'adoration du Grand Tout me soit offerte.

Qu'aujourd'hui, la Vérité en chacun puisse m'apparaître comme le reflet de ma propre Vérité.

Qu'aujourd'hui, la face du monde m'apparaisse telle qu'elle est, dans la face de mon monde.

Par ces mots, je suis.

Par ces mots, je ne me laisse plus leurrer par ce que je ne suis pas.

Par ces mots, je sais et je comprends.

Merci, merci, merci.

Laisser advenir la Force en soi (par Assemassa)

« Dans l'Être de l'Autre surgit ton propre vouloir. »

Trouver la Force en soi n'est pas quelque chose de laborieux ou d'impossible contrairement à ce que nombre de croyances voudraient nous laisser supposer.

La Force est déjà là, tapie quelque part. Dans la grande majorité des cas, elle ne demande qu'à s'exprimer. Et encore plus chez les personnes que l'on catégorise de faibles ou de fragiles.

Cette force intérieure n'existe que dans l'objectif de rejaillir, de se montrer à soi-même que l'on est capable de tout, même de ce qui pourrait sembler impossible au premier abord. Impossible ? Vraiment ? Songez un peu à ces personnes que l'on dit courageuses au-delà de tout : celles qui ont gravi des montagnes, celles qui se sont élevées contre des armées, celles qui se sont donné la possibilité de changer le monde. Vous possédez la même force intérieure, le même courage qu'elles.

Chacun dispose en lui de la force suffisante pour modifier l'entièreté de l'environnement qui le compose. Oui, j'ai bien dit, l'entièreté. Vous avez la capacité en vous de changer absolument tout ce qui vous entoure. C'est votre Force. Ne croyez pas les choses insolubles, elles ne le deviennent que lorsque vous laissez votre force se recroqueviller au fond de vous et faites émerger vos peurs. Mais votre Force existe. Toujours présente, toujours égale, elle est ce que vous êtes.

Pensez-vous que le moment soit venu pour vous de découvrir quelle peut être l'étendue de votre Force ? Alors, il ne vous reste plus qu'à expérimenter le petit exercice suivant…

Découvrir sa Force Véritable

1. Fermez les yeux et recentrez-vous totalement sur votre respiration et votre cœur. Allez à l'intérieur de vous.

2. Maintenant, songez à une personne ou une situation face à laquelle vous vous êtes un jour senti faible. Ne réfléchissez pas trop. Choisissez la première chose qui vous apparaît, c'est la bonne.

3. Une fois cette étape passée, placez-vous en conscience dans votre ventre. Puis observez bien vos visions, vos pensées, ce que vous pouvez entendre tout en demandant :

« Je désire maintenant que s'éveille en moi toute ma Force intérieure. Que celle-ci me montre à quel point je suis en capacité de tout réaliser, de faire face à tout. »

Observez bien ce qui se passe en vous.

4. Puis rejouez cette situation ou refaites face à cette personne en maintenant présente la conscience de toute la Force qui réside en vous.

Que se passe-t-il ? Que ressentez-vous ?

Cet exercice est magnifique de puissance et de pouvoir car il vous permet de modifier l'ensemble des mémoires rattachées à une situation dans laquelle vous avez ressenti de la faiblesse et de les réinscrire sous le sceau de votre Force Intérieure. Plus il est réalisé, plus il réécrit les situations ayant pu vous amener à perdre confiance en vos capacités et plus il vous incite à travailler avec votre propre Force de Vie.

Il peut, entre autres, vous permettre de passer outre certaines situations que vous jugez traumatisantes et les transformer afin d'en avoir une perception différente.

Comprenez alors que trouver tous les potentiels qui sommeillent en vous est d'une facilité incroyable. La seule difficulté réside dans le fait d'accepter de vous en servir pour impulser vos propres changements de vie.

La guérison de l'être de chair (par Kéolim)

Chaque être humain vient, un jour, à connaître en lui la meurtrissure de la chair.

Vous êtes un être d'énergie, un être hautement spirituel. Mais vous avez fait le choix d'être et de demeurer avant tout un être de chair.

Néanmoins, songez au fait que tout est imbriqué. Et que, si tout part de l'Esprit et que tout y revient immuablement, le corps de chair, parce qu'il demeure dans le sein même de l'Esprit, peut devenir son égal.

Pouvez-vous envisager cela ? La matière peut-elle, pour un temps, être l'exacte égale de l'Esprit ? Eh bien oui, sachez que c'est totalement possible ! Il en va justement là de votre capacité à envisager votre être de chair fini comme un être infini dans le Tout, recelant de l'absolue infinité des capacités. Car, oui, tout vous est ouvert, tout vous est offert, il n'y a absolument aucune limite. Seule la Foi en votre Force, en vos capacités et en votre appartenance au tout compte. Une fois celle-ci devenue inébranlable, plus rien ne pourra vous être ôté, car tout vous appartiendra.

Si les mots peuvent interpeller, seule la preuve par l'action compte. Alors, pour vous convaincre de votre propre pouvoir d'auto-guérison et de la capacité de votre esprit à prendre l'ascendant sur votre corps de chair, je vous propose cet exercice simple.

Il dure onze jours. Onze jours pendant lesquels vous répéterez chaque étape jusqu'à obtenir la guérison souhaitée.

1. Pensez à un trouble qui vous affecte profondément (il peut s'agir d'une maladie, d'un mal physique, d'un trouble psychique récurrent, ou encore d'un trauma handicapant dans votre quotidien.)

Notez ce trouble sur une feuille pour pouvoir répéter exactement les mêmes mots pendant les onze jours à venir.

2. Répétez la phrase suivante dans une foi inébranlable (c'est la seule clé de la guérison…)

« J'invoque maintenant la Grande Puissance de mon Esprit. Que cette Grande Puissance se montre à moi et, dans la conscience, se fasse mienne pour répondre à ma demande [notifiez clairement le trouble dont vous souhaitez vous débarrasser]. Merci. »

3. Concentrez-vous maintenant le temps que vous jugerez nécessaire sur la partie de votre corps que vous sentez s'éveiller et commencer à travailler suite à cette demande.

Pour un mal physique ou une maladie localisée, il s'agira de la partie du corps dans laquelle le trouble est généré. Pour un mal psychologique ou un trauma, cela pourra rejaillir sur plusieurs parties, voire sur l'intégralité du corps physique.

4. Lorsque vous sentez l'action commencer à diminuer, vous pouvez répéter la phrase suivante :

« Je laisse à mon Esprit le soin d'agir aussi longtemps qu'il le jugera nécessaire afin de me guérir totalement de ce mal. Merci. »

Ces étapes sont à répéter durant onze jours consécutifs (sans sauter de jour, pour garder la Foi en la demande intacte), de préférence à la même heure chaque jour. Il s'agit là de pensées rythmiques s'inscrivant sous forme d'ondes dans l'Univers. Les heures suivant la demande s'égrenant, celles-ci voient leur force d'action diminuer et s'estomper, d'où l'importance de les inscrire à un rythme régulier.

Mise en garde : La pratique de cet exercice ne peut en aucun cas remplacer un traitement médicamenteux ou un avis médical, mais il est un complément efficace et indéniable.

Réintégrer des mémoires oubliées (par Kéolim)

Ne vous êtes-vous jamais demandé pourquoi certaines scènes se rejouaient sans cesse dans votre vie, votre famille ou encore à travers des proches ou des ancêtres plus lointains ? Avez-vous déjà été confronté à des images revenant inlassablement et que vous peinez à replacer dans votre mémoire ? Combien de familles cachent des secrets qui influencent plus ou moins négativement sur l'ensemble des générations futures ? La réponse est simple : à peu près toutes !

Si, en lisant ces lignes, certaines images, visions ou paroles entendues vous reviennent avec force et que vous sentez le moment opportun pour y apporter sens et compréhension, le temps est peut-être venu pour vous de réintégrer certaines mémoires oubliées.

Mise en garde : Réintégrer des mémoires ne s'avère pas sans conséquences. Cela peut parfois mettre en lien avec une réalité difficile à accepter et à confronter à sa vie actuelle.

Aussi, avant de commencer, il est nécessaire de vous relier à la situation que vous souhaitez aborder, de vous placer dans votre cœur et de lui poser cette question :

« Que puis-je entendre et comprendre de ladite situation en cet instant précis ? »

Écoutez la réponse qui vous sera apportée en toute conscience. Si votre cœur vous incite à affronter l'entièreté de la situation, faites-le.

Si, au contraire, il vous encourage à vous protéger de certaines vérités pour un moment encore, répétez cette phrase avant de commencer le travail de réintégration.

« Je demande à ne réintégrer maintenant, que les mémoires qui sont justes et utiles pour moi, même si elles éludent encore une partie de ma Vérité. Merci. »

Exercice de réintégration des mémoires

1. Installez-vous dans un endroit calme et faites le silence en vous.

2. Replacez-vous dans la situation problématique pour vous : si ce sont des mots entendus, placez-vous (en visualisation) en situation d'auditeur ; s'il s'agit d'images ou de visions que vous ne parvenez pas à comprendre, placez-vous (en visualisation), en situation de spectateur. Une fois replacé, observez bien tous les détails autour de vous (couleurs, objets, sons, personnes présentes, etc.)

3. Puis, répétez les mots suivants :

« Je demande maintenant à amener à ma mémoire consciente, l'ensemble des éléments relatifs à cette scène et qui me seront utiles à sa compréhension. Merci. »

4. Restez totalement ouvert et attentif à tous les éléments qui vont vous être amenés alors. Cela peut être des personnes, objets ou sons supplémentaires se rapportant à la scène ou encore l'apparition d'une scène totalement différente dont vous n'aviez pas conscience, mais qui sera en lien avec celle qui vous trouble actuellement.

5. Une fois cette compréhension reçue, le choix vous est donné quant à la manière d'agir. Vous pouvez arrêter l'exercice ici en intégrant à votre vie actuelle ces nouvelles données de compréhension apportées. Ou, dans le cas de découvertes trop troublantes ou trop difficilement assimilables, vous pouvez faire le choix de nettoyer ces mémoires pour vous en libérer.

« Dans la conscience des nouvelles données de compréhension qui m'ont été apportées, je choisis maintenant de laisser aller toutes les mémoires sources de douleur ou de souffrance en lien avec l'évènement abordé précédemment. Si cela est juste, que cela se fasse. Merci. »

Il pourra peut-être être utile et nécessaire d'y associer la prière de libération des mémoires suivante.

Dans tous les cas, je tiens à vous rappeler que tout est impermanence et que ce qui a été juste un temps ne le serait sans doute plus aujourd'hui…

Prière pour la Libération des Mémoires

Par la Grâce de ce qu'il y a de plus grand en moi, que l'infinité du Grand Tout me vienne en aide.

Que maintenant, ce qui n'a plus lieu d'être ne soit plus.

Que ma perception ne soit plus obstruée par le voile de l'ivresse qui illusionne.

Que la Lumière guide mon chemin.

Que la Lumière dicte mon chemin.

Que la Lumière soit mon chemin.

Qu'en l'aide divine, plus jamais je ne perde foi.

Que la maturité de mon être s'élève dans tout ce qui devient or à mon contact.

Que l'aura des quatre saisons vienne maintenant se poser sur moi.

Que celle-ci libère l'entièreté des mémoires enfouies et les nettoie du puissant rayonnement d'Amour divin.

Dans ce qu'il y a de plus pur en moi, je retrouve ce que je suis vraiment.

Que seul ce qui appartient aux rayonnements lumineux puisse maintenant franchir la barrière de mon être.

En conscience, je rejette tout ce qui a été mauvais pour moi par le passé.

Que cela ne soit plus.

En conscience, je n'accepte de recevoir que ce qui est Lumière pour moi, à cet instant.

Que cela soit.

En conscience, j'inscris une protection durable sur moi contre toute la noirceur qui tentera de m'atteindre dans le futur.

Que cela soit.

Je suis protégé. Je suis guéri.

*Je suis la Lumière personnifiée.
Je suis [votre prénom].*

Dans la flamme divine, maintenant et depuis toujours, j'existe et me projette.

J'étais divin. Je suis divin. Je reste divin.

Que tout ce qui doit être nettoyé et purifié en moi et autour de moi le soit maintenant et durablement.

Merci.

*Car maintenant, je sais que dans le Tout,
j'existe depuis toujours.*

*J'acquiers la certitude que plus jamais
je ne serai délaissé de quelque manière
que ce soit.*

Merci.

*Car maintenant, la grande volonté
de changement m'appartient.*

*Je notifie tout le bon pour moi
dans cette unique volonté.*

Merci.

*Car maintenant, le doute n'est plus permis.
J'inscris mon cheminement dans la Foi la plus
complète et totale en ma propre Lumière.*

Merci.

*Je suis important.
J'existe pour accomplir de grandes choses.*

Je suis.

Merci.

La guérison de transmission (par Kéolim)

La guérison de transmission désigne tout ce qui peut être effectué par un être pour aider à la guérison d'un autre. Il peut s'agir de paroles, d'écoute, de transmissions, de messages, de guides ou d'êtres à travers la télépathie, la clairvoyance, la clairaudience ou le clair-ressenti.

Bien souvent, il ne s'agit même pas d'une volonté consciente de guérir l'autre, mais simplement d'une aide à l'évolution qui se manifeste par une augmentation de la relation empathique à un instant T. Cette relation, dans l'instant, intensifiera alors sa vibration jusqu'à amener l'un ou l'autre des partenaires à entrer dans un rapport d'aide.

Il faut comprendre que la très grande majorité des relations tissées au cours d'une vie sont inconsciemment basées sur l'aide. Chacun prend, donne, reçoit et transmet. C'est le socle même de toute relation. Dans tous les cas, un équilibre devra être trouvé entre « donner/recevoir » pour que la relation puisse perdurer sainement.

Parfois, il s'agit d'un équilibre fugace à rétablir (souvent des dettes karmiques issues d'autres vies). Cela donnera lieu à des relations à court ou très court terme. Fréquemment, il s'agit de personnes que vous rencontrez brièvement dans votre vie, le temps de leur rendre un service ou qu'elles vous en rendent un. Puis, la relation ayant trouvé réparation, le chemin de chacun peut alors continuer.

La guérison de transmission à soi-même : les sept piliers

Chacun est en soi un guérisseur. Le fait même d'exister, de vivre, fait de tout être un guérisseur, dans l'ensemble des relations qu'il entretient avec l'Autre.

Être dans la certitude de son pouvoir guérisseur sur l'autre est une bonne chose. Mais la chose fondamentale à savoir et à intégrer est que l'aide que vous êtes en mesure d'apporter à l'autre et la même que celle que vous êtes capable de vous apporter à vous-même.

La guérison de transmission, avant même d'impliquer l'autre dans la relation, vous implique vous et uniquement vous.

Les sept piliers de la relation de guérison à vous-même sont :

- L'écoute : écoutez votre corps, votre cœur, vos ressentis, vos possibilités. Soyez juste avec vous-même.

- La parole : dites ce qui ne va pas, ce qui vous dérange ou vous fait du mal. Mais avant de le dire à l'autre, accordez-vous surtout le droit de vous l'avouer à vous-même.

- La recherche de Vérité : soyez à l'écoute de votre Vérité. Ne vous laissez pas embarquer par celle des autres. Chacun a la sienne. La vôtre est juste pour vous.

- La clairvoyance : accordez confiance à ce que vous voyez. Ce que vous montre votre cœur est exactement ce que vous êtes prêt à recevoir.

- La clairaudience : accordez confiance à ce que vous entendez. Ce que vous donne votre cœur est exactement ce que vous êtes prêt à recevoir.

- Le clair-ressenti : accordez confiance à ce que vous ressentez. Ce que vous fait ressentir votre cœur est exactement ce que vous êtes prêt à recevoir.

- La vibration du cœur : accordez-vous le temps nécessaire à ressentir et comprendre cette vibration, sa voix et sa signification. Car c'est cette voix qui guide votre chemin depuis toujours et pour toujours.

La première personne qu'il convient de guérir est avant tout soi-même. Car un verre vide ne peut épancher la soif de personne. Comprenez l'importance de trouver votre voie et de tracer votre chemin avant de vouloir aider les autres à tracer le leur. Car il n'est de juste chemin que celui que l'on trouve, dessine et arpente seul. Ne laissez pas ceux qui ne comprennent pas votre voie vous en dessiner une autre, même si vous rencontrez mille et uns visages pour vous accompagner, le temps de quelques pas sur votre route, votre voie est singulière et n'appartient à nul autre que vous.

« Sois toujours juste envers toi-même. »

Faire sienne la Sagesse Universelle — la voie de l'Ultime Sagesse (par Kéolim)

À chaque fois que vos yeux voient, que vos oreilles entendent, que vos sens aiguisés ressentent, vous avez un choix à faire. Le choix de croire que ce qui vous est apporté là est la réalité ou non. Ce choix vous appartient, quelles que soient les circonstances. Tout, absolument tout ce qui est véhiculé par vos sens résulte d'une Vérité : la vôtre. Vous pouvez faire de cette Vérité, de cette Réalité ce que vous désirez puisqu'elle ne ressemble à aucune autre. Et ne doit justement être similaire à aucune autre.

Suivre les sagesses écrites ou édictées de longue date est bien. Trouver votre propre Sagesse est mieux !

Vous ne pouvez vous offrir de cadeau plus précieux que celui qui vous reliera à votre être profond. Cet être est différent pour chacun et voilà pourquoi les croyances le sont également.

« Une Sagesse doit résonner en ton cœur et non t'étouffer.

Une Sagesse doit te faire ressentir de l'amour pour toi et non t'enfermer.

Une Sagesse se doit d'être avant tout tienne, avant même de se découvrir à qui que ce soit d'autre. »

Être et devenir sa propre Sagesse

Trouver sa propre Sagesse (la vôtre, celle qui ne sera identique à aucune autre) n'est pas obligatoirement un long cheminement fait de mille souffrances.

Parfois, souvent même, la Sagesse est simplement là et s'écoule doucement en vous, se dispersant avec volupté dans chacune de vos cellules.

Parfois, ce sont des croyances que vous avez toujours eues, qui ont été là d'aussi longtemps que vous pouvez vous en souvenir, même sans pouvoir les nommer. Souvent, ces croyances sont différentes de celles de la majorité des gens. C'est même à cela que vous reconnaissez qu'il s'agit de votre propre Sagesse et non de quelques idées qui vous sont imposées. Mais le plus important est que ces croyances sont toujours tournées vers l'Amour. Amour pour vous dont découle l'Amour pour l'Autre. Vous voilà en pleine présence de votre propre Sagesse.

En cela, vous devenez messager d'une Sagesse Universelle. J'ai bien dit d'une Sagesse car, ici aussi, à l'image même de l'ensemble des éléments qui forment le Tout, c'est l'ensemble des petits morceaux de sagesses tournées vers la Lumière et l'Amour qui, mises bout à bout, deviennent la Grande Sagesse Universelle tournée vers l'Amour et la Lumière. Personne ne détient l'entièreté de cette Sagesse si ce n'est le Créateur Lui-même. Mais votre sagesse personnelle aussi s'échappe de là pour, quelque part, revenir s'y inscrire en lettres d'or et réintégrer le Grand Tout.

Au fond de lui, chacun sait. Mais beaucoup l'ont oublié. Alors, tracez votre route dans la Douceur. Douceur envers vous-même et Douceur envers l'Autre qui n'est qu'une facette de vous. La Sagesse ne s'acquiert pas dans la souffrance. Elle se découvre dans ce que vous êtes déjà au fond de vous et qui ne demande qu'à être expérimenté.

Se réapproprier la connaissance de son être : lecture des annales akashiques (par Assemassa)

« Pour pouvoir continuer à tracer ton chemin, il ne faut jamais oublier d'où résulte le point de départ du trajet. Car le but en soi n'a que très peu d'importance comparé à toutes les étapes te ramenant vers ce que tu es en cet instant. »

Vos racines ne prennent pas vie uniquement dans ce qui vous représente dans cette incarnation. Elles sont tout ce que vous avez été (et tous ceux que vous avez été…) depuis que votre âme s'est détachée de la Source d'Amour Primaire pour entrer dans l'expérimentation. Vos racines sont l'ensemble des expériences acquises, quelle qu'en soit la nature. Elles sont tout ce qui fait que vous vous trouvez en cet endroit même, dans ce corps-ci, avec ces caractéristiques propres.

Votre être actuel vous donne une multitude de possibilités, pour la grande majorité, encore inexplorées. De ces infinies potentialités pouvant aller de la sortie du corps physique, au voyage astral, en passant par un panel extrêmement varié d'états modifiés de conscience, votre être vous donne aussi la faculté d'accéder à l'ensemble de ce que vous avez été jusqu'alors pour comprendre le sens de ce que vous êtes maintenant.

L'ensemble des mémoires de l'Univers et de chaque individu le constituant se trouve regroupé dans des « dossiers » constitués de tout ce qui vit depuis l'Énergie Primaire jusqu'à cet instant précis. Ces mémoires portant toute l'énergie de l'Univers sont nommées annales akashiques.

Accéder à ces mémoires n'est pas réservé à quelques-uns, mais est de la capacité de tous. Cela signifie que lorsque l'on cherche dans tout ce qui nous représente (l'ensemble, à savoir toutes les parts de nous même, les ombres et lumières), nous comprenons quel est le point de départ de notre cheminement (vers la découverte de notre être profond). Car c'est dans le moment subtil de détachement premier de l'âme que les éléments de tout ce qui sera votre voie pour les millénaires à venir peuvent se raccorder et prendre forme. Cela peut paraître inimaginable, mais c'est pourtant le cas. N'oubliez jamais que le temps n'a aucunement la même valeur ailleurs dans l'Univers que chez vous, sur Terre. Ainsi, ce qui représente un siècle pour vous n'est qu'un infime grain de poussière à l'échelle de la Vie.

Comprendre d'où l'on vient primairement vous amène, dans la plupart des cas, à saisir où l'on se dirige présentement. Cela permet bien sûr de trouver un sens dans les moments où des questionnements peuvent se faire jour, mais surtout d'acquérir la conscience de ce que vous êtes, depuis le tout début…

Se relier aux mémoires akashiques

Effectuer cette reliance ne vous donnera qu'un substrat d'informations utiles à l'instant de la demande.

Imaginez que votre âme ait deux millions d'années… Il serait totalement impossible pour votre cerveau de contenir consciemment toutes les expériences accumulées et d'y avoir accès d'un seul coup. Cela le ferait tout bonnement exploser ! C'est la raison pour laquelle, seul ce qui relève du nécessaire ne vous est offert à cet instant.

La plupart des personnes verront apparaître quantité de livres devant elles comme représentants de ces mémoires. C'est, en effet, l'objet matériel symbolique de la connaissance pour vous, humain. Ces mémoires ne sont, en réalité, inscrites sur aucun support si ce n'est sous forme d'énergies densifiées regroupées en certaines parties définies de l'Univers.

Généralement, le voyage vers ces retrouvailles mémorielles se passe en compagnie d'un guide qui vous est familier, représenté par un être de lumière. Ce guide apparaîtra à votre gauche, dès les débuts de la procédure. Certains le verront, l'entendront, sentiront sa présence, d'autres, non. Là encore, tout est question d'ouverture du cœur. Sachez cependant que ce guide vous accompagnera pendant toute la durée de recherche et de découverte des mémoires. Il s'agit la plupart du temps d'êtres dont l'âme a déjà voyagé à vos côtés depuis de nombreuses vies. Parfois même, depuis les tout débuts.

1. Fermez les yeux. Concentrez-vous posément sur l'ensemble de votre être : votre respiration, les battements de votre cœur, vos sensations corporelles.

2. Répétez les phrases suivantes :

« Dans la compréhension consciente de ce que je suis dans l'instant, je souhaite obtenir toutes les informations me concernant pouvant apporter un éclairage et un sens profond à ma vie présente. Je souhaite ne recevoir que ce qu'il est bon pour moi de comprendre maintenant et ce que je suis en mesure d'intégrer en totalité. Que la reliance à l'ensemble des mémoires de l'Univers, maintenant, se fasse. Merci »

3. Concentrez-vous profondément sur toutes les visions, pensées, sons, ressentis qui vous parviennent.

Durant cette étape, observez bien chaque détail. Où vous rendez-vous ? Avec qui ? Par quel moyen ?

Chaque élément a son importance. Même si vous ne saisissez pas le sens de toutes les informations qui vont vous être apportées dans l'instant, restez-y attentif. Tout vient à compréhension en son temps.

Une fois les informations reçues, faites un effort supplémentaire de concentration afin de les amener clairement à votre conscience. Lorsque vous sentez le travail s'achever, vous verrez/entendrez/ressentirez votre guide-accompagnant vous ramener à l'endroit d'où vous êtes partis, par le même moyen qu'à l'aller.

4. Remerciez votre guide pour sa présence et son accompagnement et prenez le temps nécessaire pour réintégrer totalement votre corps : ancrez-vous en imaginant que des racines partent de votre bassin et de la plante de vos pieds et viennent s'inscrire profondément jusque dans le coeur de la Terre-Mère. Concentrez-vous sur votre respiration, vos battements cardiaques et/ou vos sensations corporelles.

Offrez-vous toujours le temps d'effectuer l'intégralité de la procédure et de bien revenir à votre état d'être initial.

Cette procédure peut être répétée à maintes reprises, mais sachez qu'il est important de respecter un temps d'absorption et de compréhension de leurs différentes symboliques à chaque fois.

Il est important de ne pas prendre les informations reçues lors de votre voyage dans les mémoires akashiques telles quelles, comme vous appartenant obligatoirement en totalité. En effet, les éléments qui vous sont apportés au travers de ces mémoires sont souvent des symboliques utiles à votre cheminement. Elle ne représentent en aucun cas à chaque fois des actions que vous auriez commises à certains moments de la vie de votre âme. Voyez-les plutôt comme des espaces de prise de conscience vous amenant un peu plus loin sur votre chemin de connaissance de vous-même.

Il se peut également que les images qui vous sont montrées durant ce voyage soient issues de mémoires collectives appartenant à l'espèce humaine dont vous faites actuellement partie. Ces mémoires vous sont ainsi transmises car l'Univers sait votre capacité à les transmuter pour le plus grand bien de l'humanité.

Refermer et réparer les fuites énergétiques causées par des entités négatives : nettoyage et protection (par Assemassa)

La prise de contact plus subtile avec son être profond fait sensiblement augmenter votre vibration. Cette augmentation se traduit aussi par un accroissement du flux luminescent de l'être. En d'autres termes : plus vous travaillez sur vous-même, plus votre énergie vitale d'Amour et de Lumière augmente et transparaît au regard des autres, dans le visible comme dans l'invisible.

Des êtres malintentionnés ou en recherche d'eux-mêmes peuvent alors tenter de s'approprier cette Lumière et de s'en nourrir pour pallier à celle qu'il leur manque. Ces êtres sont souvent des entités négatives issues de l'Ombre. Leur présence dans votre champ énergétique ouvre des passages, des fuites d'énergie qui peuvent être conséquentes et se traduire par des symptômes physiques gênants : apathie, fatigue soudaine ou durable inexpliquée, maux de tête, etc.

Chez certaines personnes présentant un ressenti plus affûté, la présence de tels êtres peut induire des sensations désagréables dans le corps ou encore une irritabilité soudaine non expliquée par des causes extérieures.

De ce fait, il est important de prendre conscience de l'existence de telles entités et de se débarrasser de celles évoluant dans son champ énergétique.

Le pouvoir de nettoyage de l'Amour

Il n'existe aucun bouclier plus puissant que l'Amour. Voici une solution des plus simples pour vous débarrasser de la grande majorité des entités négatives évoluant dans votre périmètre personnel.

1. Placez-vous dans votre corps physique. Amenez le calme en vous.

2. Visualisez de la Lumière rose. Cette lumière représente l'Amour Pur venant à bout de tous les maux.

3. Imaginez cette lumière rose placée dans vos orteils et remontant tout le long de votre corps pour le remplir peu à peu.

Vous observerez que, parfois, ce remplissage se fait rapidement tandis que d'autres fois, certaines parties du corps demandent plus de temps. Remplissez vos pieds, vos jambes, votre bassin, votre ventre, votre poitrine, votre cou, votre tête.

Une fois parvenu en haut de votre tête, vous pouvez replacer cette lumière au niveau de vos épaules pour la faire redescendre le long de vos bras. Arrivé au bout de vos doigts, vous pourrez ressentir une boule d'énergie d'Amour dans vos mains. La sensation est plutôt… magique ! À vous alors, en connexion avec votre cœur, d'utiliser cette énergie de la manière la plus optimale possible.

Cette technique permet de vous nettoyer de toutes les énergies impures présentes en votre corps de chair, sans avoir à ouvrir de vortex ou à demander l'aide d'un guide.

Vous faites ici entièrement le travail avec pour seul appui, la Source d'Amour Pur.

Ce procédé de visualisation peut être réalisé à n'importe quel moment, dès que vous ressentez des perturbations en vous et autour de vous. Vous ne pouvez pas risquer de trop le faire, on n'est jamais trop plein d'Amour !

« Là où l'Amour est, plus rien d'autre n'a la place d'exister. »

Nettoyage par les éléments

Si vous en ressentez la nécessité, vous pouvez augmenter l'effet du nettoyage à l'aide des prières relatives aux quatre éléments principaux (cf. annexes).

Procédure de fermeture et réparation des fuites énergétiques

Même si la présence d'entités dans votre champ énergétique peut avoir une influence sur votre corps physique, elle ne l'atteint pas, dans la grande majorité des cas. La plupart du temps, ces êtres restent au niveau de vos corps éthérique et astral car ils y trouvent la nourriture suffisante à leur survie.

Le travail de nettoyage précédent se réalise au niveau du corps physique, d'une part, car c'est celui qui est plus facile à appréhender pour la majorité des êtres humains et d'autre part, parce que le nettoyage complet du corps physique aura une influence réorganisationnelle sur l'ensemble des corps énergétiques précédents. En effet, pour parvenir au dernier corps – le corps physique –, une énergie doit d'abord avoir parcouru la totalité des autres corps de l'individu.

Les fuites énergétiques se situent préférentiellement dans les corps ayant servi d'hôtes aux entités intruses : les corps éthérique et astral. Aussi, les différents corps étant parfaitement interdépendants entre eux, il convient de combler toutes ces fuites pour enrayer l'ensemble des symptômes physiques ayant pu survenir à la suite de leur intrusion.

Comme toutes les procédures évoquées dans ce livre, celle-ci repose sur la Foi et la confiance que vous accordez à vos propres ressentis. Soyez totalement attentif à ce qui va vous être apporté durant les minutes à venir pour bénéficier de son exécution totale.

1. Recentrez-vous sur vous-même. Faites le vide en vous.

Mentalement, posez les questions suivantes :

- Existe-t-il des fuites énergétiques qu'il convient de refermer en moi ?

- Si oui, combien sont-elles ?

Écoutez les réponses qui vous sont apportées et continuez en conséquence.

2. Répétez la phrase suivante :

« Par le Pouvoir du Grand Tout constitué d'Amour Pur, je demande maintenant que les fuites énergétiques présentes dans l'ensemble de mes corps soient dès à présent vérifiées et comblées afin qu'elles ne puissent plus être source d'une quelconque nuisance pour moi. Merci. »

Patientez quelques instants, tant que vous ressentez l'action en cours.

3. Une fois l'action terminée, posez la question suivante :

« L'ensemble des fuites énergétiques présentes dans mes corps ont-elles pu être comblées ? »

Parfois, en fonction de l'importance des fuites et de leur temps de présence, il sera nécessaire de répéter la seconde étape une ou plusieurs fois. Reposez alors la question de la troisième étape jusqu'à ce que l'on vous indique que tout est à nouveau en place.

Cette technique est simple et à la portée de tous, mais, elle demande pour fonctionner, de garder une foi inébranlable en sa capacité d'action. N'oubliez jamais que tout est déjà en vous…

Protection

Les prières de protection relatives aux différents symboles de vie données en annexe vous permettent d'accroître votre degré de protection au niveau des différents chakras pouvant majoritairement être attaqués et source de fuite énergétique : le chakra sacré, le chakra du cœur et celui du troisième œil.

Ces trois chakras sont les portes d'entrée privilégiées pour bon nombre d'entités favorisant les fuites énergétiques. Aussi est-il bon de leur appliquer une attention particulière en termes de protection.

Avant de s'appliquer toute une panoplie de protections, il est important de se souvenir que l'Ombre n'est qu'une des multiples facettes de la Lumière. Et que l'une ne pouvant exister sans l'autre, toutes deux ont leur raison d'être.

Rappelons aussi que tout ce que vous vivez est très justement ce que vous avez à vivre, car c'est exactement cela qui vous permet d'expérimenter toutes les couleurs de l'Amour.

L'expérimentation est votre unique raison d'être ici-bas et ce que vous jugez comme mauvais au premier abord n'est, en réalité, qu'une manière différente d'apprendre. Ne cédez pas la place aux idées qui veulent vous amener à croire que tout est blanc ou noir. L'Univers est constitué de mille nuances dont toutes trouvent raison d'être expérimentées.

Accepter d'être soi et faire la paix avec soi-même (par Kéolim)

La paix avec l'Autre ne peut s'obtenir tant que n'est pas faite la paix en soi et, plus encore, la paix avec soi.

Comment, me demanderez-vous ? Tout d'abord, en acceptant ce que vous êtes. Cet être de chair, sur cette planète, sur ce continent, cet être vivant fait d'émotions, d'ambivalences, de joies et de peines, de peurs irraisonnées et d'Amour au-delà même du pensable. Cet être, et bien plus encore, c'est vous ! Rien que vous, dans toute votre splendeur. Aujourd'hui, il est temps de vous accepter tel que vous êtes, avec tout ce qui vous constitue et de faire le choix de vous aimer. D'amener l'Amour en vous sans détours et sans préjugés.

Pensez-vous cela compliqué ? N'attendez pas que l'Autre vous offre un Amour que vous-même vous n'êtes pas prêt à vous donner.

« Le premier pas vers l'Amour de l'Autre est avant tout de découvrir et d'entretenir l'Amour que l'on peut se porter à soi-même. »

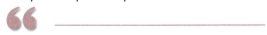

Quoi que vous puissiez en penser, vous êtes digne d'amour. Et vous êtes capable de vous donner tout l'amour que vous méritez, et cela, bien au-delà des limites que vous pouvez imaginer.

Je suis Amour, j'inspire l'Amour, je me porte de l'Amour

1. Focalisez-vous sur votre présence dans le lieu dans lequel vous vous trouvez.

2. Utilisez la visualisation pour construire tout autour de vous un petit abri fait de lumière rose (cela peut être une cabane, une bulle, un cocon de lumière, etc.) Un abri se présentera préférentiellement à vous. N'en cherchez pas un spécifiquement, il existe déjà.

3. Une fois cet abri construit, laissez-vous imprégner par la lumière d'Amour qu'il projette. Laissez-vous bercer par elle comme vous vous laisseriez aller dans des bras apaisants.

4. Lorsque vous vous sentez parfaitement détendu, entouré de cette lumière bienfaisante, autorisez-la à vous pénétrer, dans chaque parcelle de votre corps.

5. Exprimez ensuite l'invocation suivante :

« En acceptant que cette Lumière d'Amour entre en moi, je m'autorise dès cet instant à me donner tout l'Amour qu'il m'est nécessaire de recevoir. Que l'Amour profond que je me porte s'inscrive dès à présent dans l'ensemble de mes cellules. Qu'il m'indique le juste chemin à suivre et que, plus jamais, je ne me perde. Car, dès à présent, je comprends, ressens et intègre pleinement à quel point je m'aime. Merci. »

Ce rituel est un cadeau que vous vous offrez. Vous pouvez le réaliser aussi souvent que vous le désirez, à chaque fois qu'un sentiment négatif que vous éprouvez envers vous-même vient écorcher l'Amour que vous vous portez.

La guérison du sentiment de culpabilité (par Kéolim)

La culpabilité est un sentiment fermement ancré chez nombre d'êtres humains. Impression de ne pas être à la hauteur, de ne pas avoir fait ce qu'il fallait dans une situation donnée, de ne pas mériter ce qui nous est offert ou encore de ne pas être à sa juste place.

La culpabilité revêt des formes multiples et variées. Elle peut devenir un véritable poison dans la vie d'une personne.

La culpabilité est le fait de se sentir fautif pour une action que l'on a commise consciemment ou inconsciemment. C'est un sentiment fort, d'une très grande puissance énergétique, qui, dans sa forme la plus exacerbée, s'inscrit dans toutes les strates de l'Univers, jusqu'à atteindre l'âme de la personne. Une fois ce sentiment inscrit dans l'âme, il crée des brèches parfois très profondes qui la suivront durant de nombreuses incarnations. Ces brèches l'amèneront à faire face aux mêmes situations et épreuves à visée potentiellement culpabilisante, vie après vie, jusqu'à intégration et compréhension totale de l'expérience.

Voilà pourquoi il est si important de se défaire au maximum de la culpabilité lors de l'expérience terrestre. Cela permet en effet à l'âme d'avancer sur un chemin « nettoyé » et pur qui n'est plus sali par les brèches causées par la culpabilité.

Sachez d'abord que la notion de « faute » est un terme tout à fait humain asséné dans un but d'asservissement et de prise de pouvoir. La « faute » en tant que telle n'existe pas au regard de la Source qui considère chaque action comme absolument nécessaire à l'évolution de chacun.

De même, la « punition divine » et le « châtiment divin » sont inexistants. Certaines actions délétères font fortement diminuer la vibration de l'être holistique (corps, âme, esprit). Ainsi, il pourra vivre, tant dans son incarnation que suite à son décès, des expériences correspondant à ces basses fréquences. C'est sans doute d'ailleurs la plus proche définition de ce que vous nommez « Enfer ». Cet enfer, rappelons-le, n'est rien d'autre que ce dans quoi vous faites le choix de vous enfermer de votre plein gré. Quel que soit l'enfer que vous êtes amené à expérimenter, sachez néanmoins que, toujours, vos guides, ainsi que la Source elle-même, sont présents à vos côtés pour éclairer vos sombres sentiers de Lumière divine. Vous n'êtes jamais seuls ou abandonnés, même si vous pouvez en avoir l'impression ou si votre sentiment de culpabilité à l'égard d'une situation vous assène que vous n'êtes pas digne de recevoir cette Lumière. Sachez que tous les enfants de la Source sont dignes d'être guidés par et vers Elle.

Maintenant que vous savez à quoi correspond la culpabilité et quelles peuvent être ses conséquences, tant dans votre vie que dans votre après-vie, voici un exercice pour comprendre et vous libérer de ce sentiment dévastateur.

1. Placez-vous dans votre cœur. Suivez le rythme de votre respiration. Entourez-vous de calme.

2. Pensez à une situation actuelle ou passée qui amène/a amené chez vous un sentiment de culpabilité.

Faites-vous une image mentale très claire de cette situation avec un maximum de détails (lieu, couleurs, objets, personnes présentes, etc.)

3. Laissez vagabonder votre esprit dans le lieu de votre culpabilité jusqu'à focaliser votre attention sur un objet ou une personne spécifiques. Prenez le premier élément qui vous vient à l'esprit sans chercher à en comprendre la raison de prime abord.

4. Récitez ensuite la phrase suivante :

« Cet (te) objet/personne est le représentant symbolique de ma culpabilité quant à [nommez la situation précisément] »

Concentrez votre attention sur l'objet/la personne et emplissez-la totalement de lumière blanche divine jusqu'à la faire disparaître sous cette lumière.

5. Dites maintenant :

« Par cette action, je fais maintenant disparaître tout sentiment de culpabilité de mon corps, mon âme et mon esprit relatif à la situation précédemment nommée. Mon être holistique est maintenant parfaitement nettoyé et purifié de toutes les informations relatives à ce sentiment de culpabilité. Toutes les failles et brèches qu'il a pu provoquer en moi sont, dès à présent, totalement et hermétiquement refermées. Merci, merci, merci. »

Cet exercice pourra être répété autant de fois que nécessaire, pour toutes les situations de votre vie qui amènent un sentiment de culpabilité. N'oubliez pas qu'il n'est jamais, ni trop tôt ni trop tard, pour déposer tous les fardeaux trop lourds à porter.

Se défaire des emprises toxiques (par Julius)

Il arrive à chacun de rencontrer au cours de sa vie des personnalités toxiques, malsaines, dont le seul besoin est de prendre un contrôle plus ou moins important sur la personne se trouvant face à elle. Les relations à deux sont, en grande majorité, formées par un dominant et un dominé. Dans une relation saine, le rôle de dominant et celui de dominé change en fonction des situations, des échanges, des partages, etc. Cela vient équilibrer la relation, la rendant ainsi positive pour l'avancée de chacun des protagonistes.

Mais il existe un deuxième type de relation : celle dans laquelle le dominant est toujours le même et… le dominé aussi, évidemment ! On parle alors de relations toxiques puisqu'elles ne sont pas basées sur un échange positif, mais plutôt sur des liens que l'on pourrait assimiler à ceux de bourreau/victime. L'une des personnes exerce (consciemment ou non) un pouvoir sur l'autre et cela amène de la souffrance visible ou invisible. Il est important de noter qu'une relation saine à ses débuts peut aussi, après un certain temps, devenir toxique.

Demeurer dans une relation toxique alors qu'elle est source de souffrance n'est jamais une bonne idée. En effet, nombreuses sont les personnes qui restent en pensant que l'autre changera. Mais, dans la majorité des cas, le « bourreau » ne change pas car sa personnalité « réelle », même si elle a pu être cachée un temps, revient toujours.

« La seule personne que tu peux parvenir à changer, c'est toi-même ! »

Alors, même si l'autre, toxique, face à vous ne change pas, il ne pourra néanmoins plus trouver en vous de porte d'entrée pour venir asseoir son emprise. Et c'est ici que votre travail de renforcement débute !

En n'acceptant plus que qui que ce soit puisse avoir d'emprise sur vous, vous reprenez les pleins pouvoirs et avancez vers votre propre bonheur par le chemin que vous seul souhaitez explorer. Il en va là du véritable sens de la vie : suivre son propre chemin sans être dépendant de quoi ou de qui que ce soit. C'est ainsi, et seulement ainsi que vous pouvez vous approcher au plus près de la notion de Liberté Profonde.

Renier la dépendance à l'Autre et son influence sur ses propres perceptions

Lorsqu'une relation devient trop source de souffrance, il existe plusieurs moyens de s'en défaire : on peut « couper les ponts » définitivement avec la personne concernée. Cela constitue une protection redoutablement efficace, mais ce n'est pas toujours possible.

L'autre solution lorsque vous vous retrouvez obligé de continuer à côtoyer une personne toxique à votre égard est de se protéger de son influence négative en en faisant la demande explicite.

1. Cernez bien la personne concernée : comment agit-elle pour vous nuire ?

Par des gestes ? Par des mots ? Par des actions ? D'une autre manière ?

2. Qu'est-ce que sa manière d'agir implique chez vous ? Vous sentez-vous trahi ? Rabaissé ? Rejeté ? Humilié… ?

Il est important de définir vos sentiments et les émotions négatives que cela amène chez vous (colère, haine, tristesse, abattement, désespoir, etc.) afin de pouvoir vous en défaire. Mettez des mots sur votre souffrance.

3. Une fois cette prise de conscience effectuée, il s'agit d'ôter l'emprise tout en pardonnant à cette personne de l'influence négative qu'elle exerce sur vous et en vous pardonnant d'avoir accepté la mise en place de cette emprise (c'est sans aucun doute la phase la plus importante).

« Aujourd'hui, je prends complètement conscience de la relation toxique qui me lie à [son nom]. Je décide, dès cet instant, de reprendre pleinement et totalement le pouvoir sur mon être. De ce fait, je coupe maintenant tous les liens d'emprise, les influences négatives ainsi que tous les liens délétères source de souffrance qui peuvent me relier à [son nom]. Dès cet instant, je reprends le pouvoir complet sur moi-même et renonce à laisser [son nom] avoir une quelconque influence sur moi, ma façon d'agir, de réagir ou de penser. »

Si l'emprise date de longue durée, et pour parfaire le travail de désinfluence, vous pouvez compléter par la phrase suivante (à faire en totale conscience, car cela peut modifier tout un ensemble de mémoires) :

« Je demande également à ce que toutes les mémoires ayant intégré des éléments d'emprise ou d'influence négatives à mon égard de la part de [son nom] soient nettoyées, purifiées et scellées afin qu'elles ne puissent plus, d'aucune manière que ce soit, me nuire ici et maintenant. Merci. »

Ce travail peut être effectué même avec des personnes décédées dont les mots et actions passées peuvent, malgré tout, continuer d'avoir une influence sur vous actuellement.

Dans le cas d'emprises de longues durées, il pourra être nécessaire d'effectuer le travail précédent à plusieurs reprises : chaque fois qu'il est réalisé, il amène en effet une action et un changement de mémoires et de paradigmes. Mais cela peut ouvrir à des nouvelles prises de conscience pouvant elles-mêmes mener à des émotions et sentiments négatifs nouveaux. Il faudra alors aussi les traiter de la même manière jusqu'à ce que l'ensemble des mémoires soit totalement saines pour vous et vidées de tout ce qu'elles peuvent revêtir de blessant pour votre personne.

CINQUIÈME PARTIE

VALEMALAE DIONA

« LA TERRE DE DIEU »

33E DIMENSION

La « Terre de Dieu » et la naissance des « œufs-maîtres » (par Schékalameum)

Je me nomme Schékalameum et je vis dans la 33e dimension de notre Univers.

Notre dimension se situe au niveau de celle que vous nommez Orion.

Nos terres sont densément boisées, avec une seule espèce d'arbres dont l'apparence se rapproche de celle de vos palmiers. Mais ceux-ci disposent d'un feuillage beaucoup plus fourni qui ne nous permet pas, lorsque nous sommes en vol, d'apercevoir la terre de sable qu'ils recouvrent. Ces arbres sont immensément grands et poussent dans un écrin sablonneux aux couleurs ocre pâles qui recouvre la totalité de notre dimension.

Le paysage est plat, à peine vallonné par endroits, et, somme toute, plutôt monotone dans sa beauté, comparé à ce que vous pouvez connaître sur votre planète.

Une seule étendue d'eau, comparable, de par sa taille, à un océan, est à noter dans cette dimension. Elle est remarquable de par sa forme circulaire et plane. Aucune vaguelette ou ondulation ne vient la troubler. Elle est, c'est tout ! Et nous la louons pour ce qu'elle est : une source de vie primaire, pour nombre de civilisations dans l'Univers. Sa douce présence nous rappelle constamment aux Cycles Infinis et il est providentiel et sacré pour nous de pouvoir ainsi la contempler.

Alors même que notre existence ici-bas ne dépend pas directement d'elle comme cela peut être le cas pour vous, nous savons dans la Suprême Conscience que, sans elle, le Tout ne pourrait pas atteindre sa complétude. Sans cette complétude, rien ne pourrait être amené à exister puisque tout ce qui vit a besoin de tout. Il en va là de notre principale sagesse.

« Je ne peux exister sans la présence de tout ce qui existe. L'interdépendance est en chaque chose pour que la vie puisse être. »

Dans les dimensions plus élevées que la cinquième, la vie dans l'éther est différente. La seule source de nourriture provient uniquement du besoin de reliance continu à l'amour divin. Le seul fait de ressentir ce lien suffit à l'ensemble des Dragons des dimensions supérieures pour vivre pleinement.

Ici, dans la 33e dimension, nous nommons notre terre d'asile « Terre de Dieu » (Valémalaé Diona).

Jusqu'alors, notre présence y était sereine, mais, dans le Combat Eternel qui se joue partout, les forces sombres entrent de plus en plus souvent en action contre nous, nous obligeant à user de différents stratagèmes pour nous protéger.

Notre protection la plus importante est pour nos œufs. Un peu à l'image de vos tortues terrestres, ils sont enterrés dans le sable de notre plage sacrée en attendant leur éclosion. Ceux-ci sont constamment sous bonne garde afin de prévenir toute éventuelle attaque.

L'Amour inonde totalement notre dimension. De ce fait, nous n'avons pas besoin d'être à deux, comme cela peut être le cas sur Arkélie lors de la rencontre de deux êtres, pour qu'un œuf se crée. Notre évolution et notre vécu continuel dans la reliance à l'Amour permettent à nos terres d'être en totale osmose avec le Divin Pur. Ainsi, dans cette forme d'Amour vécue et intégrée par tous, le Divin fait apparaître des œufs à nos côtés qu'il nous est donné de choyer et protéger jusqu'à leur éclosion.

Ces naissances sont subtiles et différentes de celles sur Arkélie car les œufs de la 33e dimension contiennent des âmes de grande sagesse qui ont ascensionné et fait le choix de venir vivre une ou plusieurs vies en tant que Dragons d'Air.

Sur Valamalaé Diona, nous sommes tous des Dragons d'Air.

Actuellement, notre population compte 1 304 membres. Comme évoqué précédemment, des œufs sont constamment en attente d'éclosion, mais notre nombre varie relativement peu. En effet, ces œufs sous « haute protection » dans le sol peuvent le rester pendant l'équivalent de siècles entiers dans votre temps humain. Ce sont des périodes où les âmes des futurs Dragons de notre dimension sont en construction et en apprentissage « intensif ». Cet apprentissage permettant à ces âmes d'ascensionner ne concerne pas uniquement des connaissances sur le Peuple des Dragons, mais plus exactement sur l'ensemble des entités pouvant exister dans notre Univers, quelle que soit leur population d'appartenance.

Une fois l'œuf éclot, nous grandissons très rapidement. L'état de « bébé » n'existe quasiment pas ici. Elle peut se résumer à seulement quelques jours. D'ailleurs, les nouveau-nés prennent soin de vivre en restant à couvert sous le sable, même après l'éclosion de l'œuf. C'est sous ce sable qu'ils grandissent pour atteindre, après quelques jours, leur taille adulte (environ 4 mètres).

Une fois sorti du sable, le Dragon ascensionné sait exactement quels seront sa mission et son chemin de vie, toujours dans un but de maintien de l'Équilibre Universel Primordial. Ainsi, si le but recherché par tous est fondamentalement identique, les moyens pour y parvenir sont différents. La plupart de ceux de notre dimension ont un peuple dévolu à leur naissance avec lequel ils travaillent et partagent leur sagesse. Pour certains (comme moi !), ce sera avec les êtres humains, pour d'autres avec les fées ou les elfes, etc.

Les âmes ayant choisi l'incarnation dans notre dimension ont un nombre incalculable de vies passées derrière elles, dans cet Univers ou dans d'autres. Car oui, la vie existe bel et bien dans d'autres univers, de même que la possibilité pour une âme déjà avancée dans la Connaissance de voyager d'un univers à un autre.

Arriver dans cette dimension pour y cheminer se fait dans une fidélité sans égale envers sa Foi. Foi en soi-même, Foi en ce que l'on est, Foi en quoi découle toute forme de Vie, quelle que puisse être son appartenance.

Cette dimension est un lieu particulier, carrefour de la Connaissance, ou plutôt, de multiples connaissances inspirées des plus grandes sagesses existantes dans l'Univers.

Ne s'incarnent ici que les âmes ayant déjà acquis une parfaite maîtrise de leur état d'être. Notre vécu et les expérimentations de nos âmes se comptent en millions d'années !

À quelques dizaines de vies près, mon âme atteint « à peu près » l'âge de… quatre millions d'années !

Notre rôle dans l'Univers

Être ce que nous sommes aujourd'hui n'est pas sans contraintes : nous avons choisi de guider. Notre vie est dévolue à aider le plus grand nombre à trouver sa voie, au plus proche de la Lumière, tout en lui laissant expérimenter ce qu'il a besoin de vivre. Nous accomplissons toujours notre mission divine dans la Sagesse du grand Souffle : on ne peut trouver la Lumière sans en expérimenter toutes les facettes. L'Ombre n'est qu'une des multiples facettes de la Lumière. Alors, il sera donné et permit à chacun de la vivre avant de pouvoir revenir pleinement vers sa Source.

Notre rôle principal dans la balance universelle consiste à veiller au bon équilibre du « Souffle ».

« Ainsi qu'au début était le Grand Souffle Créateur, à la fin sera le Grand Souffle du Renouveau, dans l'éternel et infini continuum reliant la Vie à la Vie.

Et quand plus rien ne sera, le Souffle, toujours sera, car, sans Lui, rien jamais n'aurait pu être. »

Il est le souffle qui crée la Vie, la reprend ou la modifie à sa guise. Certains le nomment Souffle brahmanique, d'autres, Souffle des Dieux. Nous aimons le nommer simplement Grand Souffle.

En protecteurs de l'inspiration-expiration qui fait la vie, nous veillons au bon équilibre de celles-ci dans l'Univers entier.

Notre mission est multiple si l'on peut dire. Tantôt amener l'apaisement, tantôt un semblant de « chaos » (à prendre dans le sens positif du terme, à savoir « le désordre ayant pour incidence de recréer l'Ordre»), simplement pour parvenir à Ce Qui doit Être.

Dans notre monde, les choses sont belles, faciles et éphémères, mais emplies de gracieuse plénitude. Ô, bien sûr, la noirceur nous harcèle sans cesse, tente de multiples percées et nous recouvre parfois quelque temps. Mais nous ne nous laissons jamais happer par elle simplement parce que notre choix est sensiblement celui de la Lumière. Même dans les batailles les plus rudes, lorsque tout semble aller de mal en pis, nous nous rappelons à notre Lumière et revenons vers notre sagesse primaire. Celle qui nous enseigne la leçon suivante : Comment pensez-vous que votre Lumière pourrait briller d'un éclat si radieux si elle ne se reflétait pas de tout côté dans ce qu'il existe de plus sombre ?

Ainsi notre existence dans cette dimension est basée sur cela : faire éclore notre propre Lumière au milieu des ténèbres et aider le plus grand nombre à en faire de même.

Notre apparence

« Être aujourd'hui n'est plus être ce qu'hier tu étais.

Car croire que la subliminale évolution ne se produit pas, c'est oublier que l'offrande du temps, dans son infinie bonté te ramène toujours au Joyau qui te gouverne. »

Notre apparence est guidée par notre cœur. Nous ne sommes jamais ce que nous avons été hier ni ce que nous serons demain. C'est le cas de tous, me direz-vous ! Mais notre nature dans cette dimension implique que nous puissions modifier notre apparence du tout au tout d'un instant à l'autre. Nous sommes et restons des Dragons, mais, suivant le monde dans lequel nous évoluons aux côtés de nos hôtes, ceux-ci s'attendent à ce que nous ayons un certain «physique».

C'est avec son cœur que chacun nous voit et nous ressent. Ainsi, nous ne serons pas de la même apparence pour deux êtres humains qui nous voient et encore moins pour un élémental (elfe, fée, nain, etc.)

Il en est d'ailleurs de même pour l'ensemble des guides qui arpentent votre chemin. Ils sont représentés sous la forme que vous attendez d'eux, de par votre propre expérience. Il suffit pour comprendre cela d'observer le nombre impressionnant d'images ou d'icônes représentant des Dieux ou encore des Dragons sur votre planète. Nombre d'entre eux sont différents. Puis, au fil du temps et des représentations, leur apparence a fini par se «lisser» pour parvenir à une reconnaissance commune qui ne sera plus celle du cœur, mais celle de vos yeux.

C'est ainsi que je veux m'exprimer lorsque je parle de «changement d'apparence» : ce que je suis pour vous est différent de ce que je suis pour votre voisin car vous m'observez à travers le filtre de votre propre et unique Vérité. Toujours.

« Ne me cherche pas dans ce que tes yeux peuvent connaître d'un Dragon.

Trouve-moi dans ce que ton cœur en sait.

Ne m'appelle pas à l'aide d'un prénom qui, tu le crois, définit ce que je suis.

Mais appelle-moi dans la reliance divine qui rattache ton cœur au mien.

Alors, chaque fois que tu le voudras, je serai là. Sans rien connaître, sans rien imposer.

Je suis là ainsi que tu es là. Depuis l'aube des jours et pour toujours. »

Ne vous méprenez pas, je ne cherche aucunement à vous tromper. C'est bien même tout le contraire. Je cherche simplement à vous mettre en relation totale avec votre cœur. Car une apparence peut être tronquée et faussée de mille manières lorsqu'elle est regardée à travers les yeux. Mais, observée avec le cœur, elle ne le peut pas. Les yeux du cœur sont une voie sacrée, digne de toute confiance. Ils sont la porte ouverte à la Vision Véritable. Ainsi, lorsque vos yeux vous diront d'avancer dans une direction, mais que votre cœur, plus frileux, deviendra

pareil à un glaçon pour vous rappeler que l'Ombre aime à prendre l'apparence de la plus belle des lumières pour vous tromper, souvenez-vous toujours qu'en lui et lui seul, vous pouvez avoir toute confiance.

Alors finalement, je ne vous parlerai pas de taille, de couleur ou de quelconque autre critère d'apparence, mais seulement de la voie du cœur. La seule vraiment importante pour que vous et nous puissions entrer en communion.

« Suis la voie de ton cœur, et ainsi, je t'apparaîtrai tel que je suis réellement… »

Le Souffle Sacré : le rechercher, le préserver, s'en servir de rempart contre le mal (par Assemassa)

Votre Souffle, pareil à tout ce qui vit, est sacré.

Le rechercher, c'est l'envisager comme une entité vivante à part entière, évoluant en votre for intérieur, se modifiant au gré de vos émotions, ressentis et expériences de vie.

En réalité, il n'y a rien de plus aisé que de le trouver : il suffit de vous connecter à votre respiration.

Une fois cela fait, placez toute votre concentration en elle jusqu'à devenir cette respiration. Après quelques inspirations/expirations, quelques allées/venues de ce souffle, vous sentirez une douce sensation de plénitude vous envahir.

Dans l'ambivalence de cet état, vous aurez peut-être quelques difficultés à vous placer, oscillant entre le calme procuré et l'exaltation provoquée par la mise en éveil de tous vos sens.

Dans cet état modifié, au plus proche de votre être profond, demandez à être mis en reliance complète à votre Souffle Sacré.

« Je demande maintenant que la reliance à mon Souffle Sacré se fasse et perdure aussi longtemps que je le souhaite. »

Observez l'ensemble des sensations qui vous habitent en cet instant.

Il est nécessaire de préciser que le Souffle Sacré existe en chaque être vivant dans l'Univers. Que cela soit dans une montagne, un arbre, une fleur ou un Dragon de l'invisible, ce Souffle est présent. La plupart des créatures vivantes s'en servent dans la conscience de son existence, la rattachant à la Vie. Car ce souffle est la Vie justement !

C'est, par exemple, le cas de vos dauphins terrestres. Ce sont des créatures hautement avancées dans la conscience de leur être et dont l'existence auprès de vous perdure depuis maintes civilisations déjà. Les dauphins respirent consciemment, dans la reliance constante à leur souffle de vie. D'où leur proximité avec la Source, en tant qu'êtres de lumière incarnés. Une fois cette connexion consciente volontairement perdue, ils peuvent faire le choix de se laisser mourir à petit feu.

Il est important pour vous, humain, de retrouver cette connexion à votre Souffle Sacré. Car c'est en la reconnaissant comme vivante en vous que vous pourrez pallier à l'ensemble de vos manques. Ce que vous nommez des manques et tentez de combler par tant de subterfuges (alcool, drogues, sexe, nourriture, etc.) n'est autre que la perte de votre connexion au Souffle sacré vous reliant à votre intériorité profonde. La retrouver, c'est s'assurer de toujours disposer d'une porte de sortie, d'une échappatoire, même dans les situations les plus problématiques de votre vie.

Dès l'instant où vous sentez une situation vous dépasser ou vous enfoncer, pareil à des sables mouvants, prenez cette habitude de vous reconnecter à votre souffle. En y trouvant refuge, c'est à votre divinité que vous vous adressez directement pour demander asile. Et, qui mieux qu'elle pourrait être à même de vous accueillir et de vous tendre les bras pour vous entourer d'Amour Pur ?

Cette habitude de reconnexion à son souffle a longtemps été perdue chez vous, humains. Aujourd'hui, de plus en plus d'entre vous recommencent à en prendre conscience et y trouvent des bénéfices indéniables pour réintégrer leur paix intérieure.

Tout ce qui vit est Souffle. Tout ce qui est énergie est Souffle. Même un objet semblant inanimé est constitué du Souffle. En vous reliant à votre Souffle, c'est à l'Univers lui-même que vous vous raccordez. Et fondu en Lui, plus rien ne peut vous atteindre puisqu'alors, vous n'êtes plus qu'Amour Pur et total.

Ces étapes peuvent être mises en place rapidement (moins d'une minute) dans les situations dans lesquelles vous devez faire face promptement et efficacement. Elles sont le temps de vous reconnecter à votre essence divine.

Elles sont aussi un temps d'écoute : écoutez les pensées qui vous arrivent alors comme des solutions à tout ce qui peut être source d'inquiétude, de trouble ou de mal-être pour vous.

Votre Souffle Sacré est toujours là, prêt à vous venir en aide.

Récapitulatif de la procédure :

1. Connectez-vous à votre respiration sur plusieurs inspirations/expirations.

2. Demandez à être connecté à votre Souffle sacré.

> *« Je demande maintenant que la reliance à mon Souffle Sacré se fasse et perdure aussi longtemps que je le souhaite. »*

3. Observez les sensations que cela produit dans votre corps : respiration plus ample, bien-être, sensation de calme, de plénitude.

4. Savourez cet instant et blottissez-vous dedans pour y trouver réponse à vos troubles et apaisement durable.

« la terre de dieu » 33e dimension

SIXIÈME PARTIE

LES ENSEIGNEMENTS ARC-EN-CIEL

Note de l'auteure : Ces Enseignements m'ont été transmis en connexion avec le Dieu égyptien Thot ainsi qu'avec mon Dragon Intérieur.

Chacun dispose en lui de la capacité à ressentir et invoquer tous ces Rayons de Magie Arc-en-Ciel. À leur appel, c'est la porte de votre propre Magie, portée par votre Puissance de Vie intérieure qui s'ouvrira afin de se dire dans toute sa beauté.

L'Esprit de votre Dragon Intérieur, cette Puissance d'Amour et de Vie présente en tout être vivant s'exprimera alors à travers vous et agira par votre intermédiaire lors du travail avec les Rayons Arc-en-Ciel.

Cet Esprit-Dragon pourra vous apparaître tantôt doux et affectueux, tantôt impressionnant et presque effrayant de Puissance.

Ne vous y trompez pas, ainsi qu'existent les deux polarités d'Ombre et de Lumière, ce Dragon fait partie de vous et œuvre en vous à chaque instant afin de parfaire l'équilibre le plus juste nécessaire à votre incarnation présente.

Petit à petit, familiarisez-vous avec cette Puissance en vous. Reconnaissez-la comme faisant partie de vous et de tout ce qui existe. Vous portez cette Puissance de Vie située à la base de votre colonne vertébrale. Celle-ci ne demande qu'à s'ouvrir et à s'exprimer dans toute sa majestueuse splendeur.

La résurgence de l'Arc-En-Ciel en soi

L'Arc-En-Ciel peut être interprété comme ce qui définit, forme et régit le Tout, ce qui crée la Vie en toute chose, à partir de rien et… de tout !

La Vie est vibration. Elle peut être créée d'un souffle, d'un son, d'un doigt de Lumière posé sur une surface plane.

Ainsi, l'Arc-En-Ciel représente la vie en toute chose. Il est l'équilibre parfait de la Vie. L'Arc-En-Ciel est le centre d'un puissant et subliminal égrégore d'énergie désignant la Primitive Lumière Créatrice.

L'Arc-En-Ciel est présent en tout : dans chaque fleur, dans chaque montagne, dans chaque goutte d'eau, dans l'Ange et le Démon, dans l'humain et l'être d'éther, dans les planètes, les étoiles, le ciel et la terre.

L'Arc-En-Ciel est ce qui peut changer la face du monde puisque, de sa puissance créatrice, il donna vie au monde.

Dans le corps humain, l'Arc-En-Ciel est représenté par les sept chakras auxquels s'ajoutent les cinq chakras dits «supérieurs». Selon les croyances, il est nommé Kundalini, Force Primaire Vitale ou encore Énergie Primale. Tous les noms conviennent à la Force Créatrice car elle n'a aucunement besoin d'être nommée pour exister. Il lui suffit d'être.

Découvrir ou redécouvrir l'Arc-En-Ciel en soi, c'est s'ouvrir à une force créatrice infinie aux milliers de facettes, c'est prendre conscience de son plein potentiel et des multiples possibilités qu'offre l'incarnation humaine.

En tant que Force de Vie, l'Arc-En-Ciel permet d'ouvrir à tout. Même à ce qui pourrait sembler totalement inconcevable à première vue, humainement parlant. Car, ne l'oubliez jamais, dans l'Univers, jamais rien n'est impossible ! Tout ce que la pensée peut concevoir existe. Toutes les vibrations émises, quelles qu'elles soient, si minimes soient-elles, sont créatrices. Soyez-en pleinement conscient : votre pensée crée, vos actions créent, votre souffle crée. Tout, absolument tout en vous, à chaque instant, crée. Car vous êtes la Vie. Et la Vie ne peut faire autrement que d'être, d'honorer et d'engendrer la vie à chaque instant.

Utiliser les enseignements Arc-En-Ciel, c'est s'autoriser à prendre le plus grand pouvoir qui puisse exister : le pouvoir sur soi-même dans le but de devenir et d'incarner son Soi Véritable. Les utiliser, c'est prendre conscience de sa capacité de création et d'évolution à chaque instant, quel que soit la situation ou le moment de sa vie.

C'est aussi s'incarner pleinement dans toutes ses potentialités terriennes actuelles.

C'est prendre conscience de son aptitude à changer et à faire ressurgir tous ses savoirs primaires enfouis. Il n'est pas question ici de mentaliser un savoir, les enseignements Arc-En-Ciel font la part belle à l'ego ! Il s'agit simplement de travailler avec son cœur dans l'intention d'obtenir le meilleur pour soi à l'instant donné.

L'invocation d'un rayon Arc-En-Ciel peut agir longtemps, parfois, plusieurs jours ou semaines. Ce sont des outils d'équilibrage et de transformation en profondeur de l'individu qui agissent en fonction de sa capacité d'absorption des informations et de changement à un moment précis.

Vous pourrez peut-être être surpris par la simplicité d'action et d'invocation de ces différents rayons. Comprenez que l'Univers se passe bien de rituels complexes lorsque l'intention et l'action du cœur sont présentes. Ce sont les seules qui importent à cette échelle-ci, car, lorsque le mental peut troubler, faire émerger les peurs et les doutes, le cœur, lui sait, tout simplement.

Plutôt que de vous donner de longues explications relatives à ces enseignements, je vous poserai plutôt certaines questions :

- Que souhaite votre cœur à cet instant ?

- Vous indique-t-il une couleur, un rayon spécifique à travailler ? Y en a-t-il plusieurs ?

- Lorsque vous vous référez à la correspondance entre le rayon choisi et certains aspects actuels de votre vie, cela coïncide-t-il ? Sont-ce effectivement des problématiques à travailler, améliorer, guérir ?

Avant de lire les correspondances entre rayons et champs d'action, je vous invite à faire le vide en vous, à vous placer dans votre cœur et à l'écouter. De quoi avez-vous réellement besoin maintenant ? Lorsque la réponse sera limpide pour vous, dirigez-vous vers la/les couleur(s) choisie(s).

Petite précision : Une fois un rayon invoqué grâce à la phrase d'invocation, il est présent en vous, dans la conscience. Ainsi, il vous suffira de penser à lui ou de l'appeler à haute voix pour vous reconnecter à son essence et son action à n'importe quel moment sans que les phrases d'invocation précisément récitées soient nécessaires.

La Clarté du Rayon Rouge

Le Rayon Rouge est celui qui dit. Il dit ce que vous êtes. Il dit où vous êtes. Le rayon Rouge est celui qui transpose votre réalité en Vérité universelle. Il est celui que votre Monde a choisi pour se définir et s'appartenir. Le Rayon Rouge est celui de la Matrice Universelle faite Terre. Puissamment relié à Gaïa et à son action curative, le Rayon Rouge est celui qui vous amène vers la santé parfaite.

Le Rayon Rouge peut être invoqué pour :

- Se connecter à Gaïa et aux Grands Esprits Universels (Esprits Maîtres des planètes et constellations de notre Univers)

- Sa capacité curative dans l'invocation de la « Santé Parfaite » (action du Macrocosme sur le Microcosme de l'individu)

- Son action curative puissante

- Sa reconversion des « données » négatives en « données » positives (transformation de l'Ombre en Lumière, tant dans un corps physique malade, en souffrance que dans une problématique de vie précise inhérente à la personne)

Invocation du Rayon Rouge

*« Ô, Rayon Rouge, toi qui m'amènes vers ma reliance primaire et ma guérison totale et parfaite, je t'invoque dès à présent pour me venir en aide pour
[décrire la problématique à soumettre à l'action curative du Rayon Rouge].*

*Je te remercie et tout mon être te remercie pour ton action sur ma Totalité.
Par cette action, le Grand Ensemble est régénéré dans et vers la Lumière.*

Merci, merci, merci. »

L'énergie transmutative du Rayon Orange

Relié à tout ce qui est sacré en soi, le Rayon orange invite à la transmutation des basses vibrations reliées aux émotions négatives telles que :

- La colère
- La peine
- La tristesse
- La déprime/dépression
- La dépréciation de soi
- l'agressivité
- Les émotions exacerbées difficilement gérables

Il permet d'en connaître les causes profondes, de les intégrer et de les interpréter en donnant la possibilité d'y porter un regard bienveillant externe. Il permet d'aller au-delà de l'apparence première pour se focaliser sur la source de l'émotion.

Le Rayon Orange travaille principalement et avant tout sur le corps émotionnel. Celui-ci, en connexion avec les autres corps de l'être, viendra ensuite amener à la guérison d'ensemble (tant sur le plan physique que spirituel)

Ce rayon peut être invoqué pour :

- Connaître la cause profonde d'une émotion à basse vibration.
- Amener un regard extérieur sur une émotion dite « négative ».
- Travailler sur le corps émotionnel, se réapproprier son entièreté en augmentant sa vibration.

Invocation du Rayon Orange

« Ô, Rayon Orange, Rayon sacré,
j'invoque maintenant ta divine aide
pour m'aider à apprécier et à détecter
les causes profondes de
[nommer l'émotion en question].

Que ces causes puissent m'être apportées
de manière claire et précise afin de m'aider
à les percevoir sous leur jour véritable.
Que ces émotions qui m'amènent à de basses
vibrations soient maintenant comprises
et intégrées en profondeur et dans leur totalité.

Qu'elles puissent ensuite être transmutées
en éléments d'Amour et de Lumière
pour me permettre d'advenir
vers mon Moi Véritable.

Merci, merci, merci. »

La Fidélité à Soi du Rayon Jaune

Le Rayon Jaune est le rayon de tous les possibles. Il permet de trouver toutes les forces en soi, la croyance absolue en ses propres capacités et potentialités. Il est le rayon d'amour envers soi par excellence.

Il est le rayon qui aide à déceler son propre chemin et à y avancer. Il donne force et puissance et permet de dissoudre les fausses croyances pour se rapprocher de son ultime Vérité.

Il est le rayon du don de soi envers soi, la résurgence de la reconnexion à sa propre divinité.

Le Rayon Jaune permet de :

- Faire émerger son potentiel profond
- Dissoudre les fausses croyances amenées par son mental pour retrouver son moi profond.
- Redonner confiance en sa valeur propre.
- Canaliser un sentiment d'amour profond envers soi-même.
- Synchroniser sa propre divinité à la Source d'Amour Pur.
- Faire émerger et se réapproprier la divinité en soi.

Invocation du Rayon Jaune

*« Ô, Rayon Jaune, je te prie et t'invoque à cet instant. Puisses-tu m'apporter
les réponses à mes questions et m'amener vers
la Compréhension profonde édictée
par mon Moi Supérieur.
Rayon Jaune, je t'invoque maintenant pour
[décrire la demande, le besoin
de compréhension envers
un ou plusieurs aspects de soi].*

*Je te remercie pour l'aide apportée,
dans mon propre intérêt. Merci, merci, merci. »*

L'appel du Rayon Jaune peut faire ressentir une importante sensation de chaleur ou une pression au niveau du plexus solaire. Laissez-vous aller dans le lâcher-prise pour entendre les précieux messages qui vont vous parvenir dès lors.

La pluralité du Rayon Rose

Le Rayon Rose, rayonnement d'Amour par excellence, relié au chakra du cœur, mais également à la divinité en tout être, nous apporte Foi, Espoir et Régénération. Le Rayon Rose rend même les impossibles possibles ! Il est le feu de transmutation dans et par l'Amour divin. Il est l'image même du cycle infini : ce qui existe et prend fin pour renaître ailleurs, sous une forme et un aspect nouveaux.

Le Rayon Rose se veut guérisseur de l'âme en profondeur.

Ce rayon peut être invoqué pour :

- Retrouver, se réapproprier et ranimer son Feu Sacré.
- Renforcer certains éléments manquants en soi.
- Transmuter les émotions négatives en sentiments positifs et en comprendre la teneur et le sens caché profond.
- Transmuter les croyances erronées à son égard et à l'égard de l'Autre en leur apportant une mise en lumière nouvelle.

- Anoblir tout ce qui est destructeur ou contre-productif pour en faire un élément sacré et divin pour le Soi.

Le Rayon Rose est le Feu divin par excellence. Laissez-vous porter par lui, laissez-le agir et infuser en vous le temps que votre cœur le juge nécessaire. Si vous vous sentez appelé par lui, utilisez-le, quelle que soit la difficulté rencontrée. Rien ne lui est impossible !

Invocation du Rayon Rose

« Rayon Rose, Rayon Sacré de la Flamme divine, Rayon issu de la plus pure Lumière Primale, je t'appelle et t'invoque maintenant pour [faire le vide en vous pour cibler la juste profondeur de ce qu'il y a lieu de guérir puis exprimer sa difficulté, le problème à résoudre avec le plus de détails possibles.]
Puisses-tu me guider vers mes réponses enfouies. Puisses-tu transformer tout le négatif en moi et m'aider à advenir vers ce que je suis réellement. Par ton infinité et la mienne, accepte mes remerciements les plus sincères.
Merci, merci, merci. »

Le Pouvoir du Rayon Bleu Ciel

Le Rayon Bleu Ciel est défini en Magie Arc-En-Ciel comme celui faisant passer de vie à trépas et de trépas à Vie. Plus clairement, il est celui qui perpétue le cycle des existences dans le grand infini de la Vie.

C'est le rayon du pouvoir salvateur, de la renaissance de ses cendres dans quelque chose de plus grand, de plus pur, de plus abouti, de plus absolu.

Ce rayon peut être invoqué pour :

- Communiquer avec les défunts.

- Retourner dans des vies antérieures et/ou sur d'autres plans ou dimensions.

- Observer le trajet d'une maladie/trouble dans un corps physique, matériel (humain, animal, végétal, voire minéral). La mise en lumière du trouble sera relative à la coloration d'un méridien, centre énergétique ou centre du trouble spécifique. Certains points à travailler particulièrement apparaîtront plus luminescents que d'autres.

Invocation du Rayon Bleu Ciel

« Par le Pouvoir du Grand Tout, je demande maintenant l'aide divine Sacrée dans le processus de Connexion au rayon Bleu Ciel. Je demande à officier avec ce rayon pour [énoncer la raison de la demande]. Si cela est juste, que cela se fasse. Je remercie la Source d'Amour infinie, grande détentrice du Pouvoir Arc-En-Ciel pour l'aide apportée.

Merci, merci, merci. »

L'Avènement du Rayon Bleu Nuit

Le Rayon Bleu Nuit, celui de la Vision par excellence, permet de s'ouvrir à tout son potentiel de découverte, dans le visible, comme dans l'invisible.

Il permet de voir en l'Autre et en soi ce que le mental, par complaisance, préfère cacher aux yeux tridimensionnels.

Il permet d'acquérir la « vision d'ensemble », de comprendre la relation entre microcosme et macrocosme et les liens existants entre tout ce qui vit.

Le Rayon Bleu Nuit peut être invoqué pour :

- Comprendre les lois universelles de cause à effet, du plus grand sur le plus petit et du plus petit sur le plus grand.

- Comprendre les implications entre microcosme et macrocosme et en obtenir une perception précise.

- Comprendre son propre placement dans son microcosme familial et relationnel ainsi que dans le macrocosme universel dans son ensemble.

- Améliorer et affiner sa perception de l'ensemble des éléments qui nous entourent.

- Améliorer et affiner sa perception de l'ensemble des évènements qui se produisent dans notre vie.

Invocation du Rayon Bleu Nuit

« Ô Rayon Bleu Nuit, Rayon de la Vision et de la Perception du Tout, je t'appelle et t'invoque maintenant pour [exprimer sa demande clairement et de manière détaillée].

Je t'implore de me montrer ce que mes yeux et ma conscience sont prêts à percevoir de moi, de mon Unité et de tous les liens qui pourraient me causer un trouble ou demander un éclairage nouveau. Par ta grande Bonté et la mienne, soit maintenant infiniment remercié. Merci, merci, merci. »

L'Hyper-perception du Rayon Violet

Le Rayon Violet est celui de la perception accrue. Il ouvre au monde dit de « l'invisible » et augmente fondamentalement les perceptions sensorielles de la personne travaillant avec lui.

C'est le rayon de la reliance directe à la Source et aux Cieux, celui qui amène à la compréhension et la perception de quelque chose de plus grand, d'un ailleurs différent, sublimé.

Il est le rayon de l'accession à la perception de ses guides et de leurs messages.

Il est l'opportunité intrinsèque pour chaque être d'acquérir une connaissance infinie et un état d'être global plus ouvert et plus réceptif à l'ensemble de ses possibilités.

Le rayon Violet peut être utilisé pour :

- Augmenter ses perceptions sensorielles, accéder à une perception accrue, en particulier du toucher, de l'ouïe et de la vue.

- Reconnaître ses guides, leur présence à ses côtés, accéder à leurs messages et conseils.

- Accéder à une perception du monde dit « invisible » qui nous entoure, prendre conscience de tout ce qui évolue autour de nous et vit à nos côtés.

- Ouvrir la colonne de Lumière reliant aux Cieux.

- Comprendre son cheminement divin à travers son incarnation terrestre.

Invocation du Rayon Violet

« Ô Rayon Violet, je te prie et t'invoque à cet instant sans commune mesure.

Je t'en prie, arrive près de moi, diffuse-toi en moi pour [exprimer sa demande spécifique]. Merci de m'aider à la compréhension et de me permettre de parvenir à mon propre avènement. Si ma demande est juste, que celle-ci se fasse et soit. Merci, merci, merci. »

Le travail avec le rayon violet fait sensiblement augmenter la vibration. Aussi peut-il provoquer quelques mots de tête légers dans les instants suivants son évocation.

La Protection du Rayon Argent

Le Rayon Argent est avant tout un rayon protecteur. Protecteur contre le mal qu'un autre peut nous faire, mais avant tout protecteur contre le mal que l'on peut se faire à soi-même. Le mal n'existe pas en tant que tel, en tant qu'entité définie cherchant à nuire. Le mal est simplement ce que l'on fait de lui. Il est une création de notre mental, une ultime mise à l'épreuve tendant à nous faire comprendre que n'est vraiment acquis que ce que l'on cherche absolument à posséder et à concevoir comme tel. Le mal est pure création d'un esprit cherchant à expérimenter toutes les facettes de lui-même.

Ce rayon peut être invoqué pour :

- Comprendre sa propre implication dans la survenue d'un mal (physique, psychique, mental ou spirituel).

- Comprendre sa capacité intrinsèque créatrice dans la survenue dudit trouble.

- Comprendre ses peurs, les accepter et s'en prémunir par application du Rayon Argent en soi et autour de soi.

- Comprendre la propension de l'Autre dans la survenue d'un mal chez soi, sa capacité créatrice malveillante à notre égard.

- Saisir les liens de dualité bien/mal existant en chaque être humain et la manière dont un déséquilibre peut agir pour nuire ou rendre malade.

Invocation du Rayon Argent

« Ô Rayon Argent, je t'appelle et t'implore maintenant. À travers toi, je demande à entrer dans une compréhension nouvelle de [décrire le trouble, la nuisance subie]. Je te demande de me donner toutes les réponses qu'il m'est maintenant possible de recevoir. Je te demande aussi d'agir tel un bouclier me protégeant de tout ce qui peut m'être nuisible ou occasionner le trouble en question. Merci, merci, merci. »

Le Renouveau du Rayon Ocre

Rayon de la transcendance par excellence, le Rayon Ocre permet d'accéder à une partie supérieure de soi, partie dite « galactique ».

Il met en relation et en reconnexion son moi terrestre avec les hautes sphères galactiques, lunaires, solaires et planétaires.

C'est le rayon du don de soi dans l'action d'un changement durable et physiquement palpable sur le plan terrestre.

Il amène à la compréhension des liens existant entre la partie terrestre de son corps, céleste de son âme et divine de son Esprit.

C'est le rayon de la reconnexion à ses racines profondes et de la transcendance à sa divinité.

Le rayon Ocre peut être invoqué pour :

- Accéder à des niveaux supérieurs de conscience.
- Recevoir des messages et rayonnements à portée galactique.
- Se connecter aux énergies et messagers lunaires, solaires, planétaires, d'Atlantide, de Mû, de Shamballa, des Pléiades, d'Orion, de Sirius ainsi qu'à toutes les constellations universelles et para-universelles.

Invocation du Rayon Ocre

« Rayon Ocre, Rayon aux énergies multiples et indivisibles, j'en appelle à toi dans l'instant pour [évoquer sa requête]. Par cette demande, je retrouve, réintègre et transcende tous mes savoirs enfouis, perdus et oubliés. Dans la conscience, je m'ouvre aux messages et informations me reconnectant à mon Soi Supérieur. Je suis dans la pleine conscience de ma reliance à ma Supériorité galactique et divine. Que tout ce qui est bon et juste pour moi afflue maintenant pleinement et durablement dans ma conscience.

Merci, merci, merci. »

La Révélation du Rayon Or

Le Rayon Or est celui associé à la Grande Révélation. Révélation du Soi Profond au monde, révélation de la divinité en toute chose et de l'altérité inhérente à chaque être humain. Il est le puissant déclencheur favorisant la levée du voile des illusions et la compréhension d'un univers plus grand que celui figurant dans la simple visibilité de la 3D. C'est le rayon associé à l'Absolue Vérité, à la reliance de l'être pur au Ciel et à la Terre comme moyen de compréhension du Chemin au travers de l'œil divin.

Le Rayon Or peut être utilisé pour :

- Expérimenter sa reliance à la fois au Ciel et à la Terre.

- Comprendre sa place et son positionnement en tant que terrien dans un monde en évolution.

- Lever le voile de l'illusion (il permet d'observer les scènes avec un œil extérieur – l'Œil de Dieu – et prendre de la hauteur pour obtenir une vision différente).

- Comprendre la capacité d'action d'une énergie donnée à la fois sur le plan de la matière, mais aussi à l'échelle de l'Univers.

- Observer les liens énergétiques existant entre différents êtres (du visible ou de l'invisible).

- Comprendre les liens énergétiques présents ou défaillants sans son propre corps physique (en y posant un regard extérieur).

Invocation du Rayon Or

« Rayon Or, ô rayon de l'Œil céleste posé sur tout ce qui vit, je t'invoque maintenant pour [exprimer sa demande, son besoin de compréhension ou de visibilité]. Je t'implore d'entrer en action dès cet instant pour montrer à mon regard tout ce qu'il m'est possible de voir et amener à ma compréhension tout ce qu'il m'est possible de comprendre. Dans la grâce, je te remercie. Merci, merci, merci. »

La Double-Polarité des Rayons Blanc et Noir

Rayons Blanc et Noir fonctionnent quasiment toujours de pair. Lorsque l'un existe, l'autre dans sa dissemblance autant que sa ressemblance existe. À eux deux, ils représentent le Ciel et la Terre. Celle qui porte et Celui qui transporte. Celui qui inspire et Celle qui expire. Pareil au Souffle de Vie, dont l'inspiration ne peut se passer de l'expiration, ces deux rayons sont indissociables.

Ils représentent la divinité agissant sur la matière, la matière se modifiant à l'envi pour s'adapter au Plan divin ainsi que la divinité faite humaine au travers de l'incarnation terrestre.

Utilisés en commun, ces Rayons permettent de :

- Travailler sur sa relation profonde aux aspects purement matériels (biens, argent, etc.) et en comprendre les fondements.

- Relier intensément son essence divine à sa partie physique mortelle.

- Comprendre et incarner le lien divin immatériel dans sa propre physicalité.

- Apprendre à relier consciemment son rayonnement divin à celui d'une personne/d'un groupe afin d'en percevoir la teneur énergétique et de la modifier si besoin (ladite modification ne pourra toujours s'effectuer que sur une base de transformation en Amour Pur).

Invocation des Rayons Blanc et Noir

*« Ô Rayon Blanc, Ô Rayon Noir,
rayons de double-polarité qui créent
dans la ressemblance et défont dans la
dissemblance, j'en appelle à vous maintenant
pour [exprimer sa demande].*

*Qu'aujourd'hui et dès cet instant, la puissance
de la reliance innée des deux pôles en moi
se fasse et s'exerce.*

*Que l'équilibre parfait puisse, à cet instant,
se faire et s'inscrire.
Que dans et par cet équilibre,
je puisse me retrouver pleinement.
L'équilibre me permet d'être.*

*Ô Rayon Blanc, Ô Rayon Noir, agissez
dès maintenant dans le rétablissement
du Plan divin.*

*Que les colonnes noires et blanches, en moi,
dès à présent s'ouvrent pour me relier
à la Pureté d'Amour Originelle.
Si cela est juste, que cela se fasse.
Merci, merci, merci. »*

Le Rayon Noir relie à la matrice terrestre, à ses croyances ancrées en profondeur dans cette vie ou dans d'autres, ainsi qu'au Cœur de la Terre, Gaïa et à son Esprit protecteur et Enseignant.

*« Ô Rayon Noir, Rayon de reliance
à Ce Que Je Suis ici-bas,
j'en appelle à toi pour [exprimer sa demande].
Que le Puissant Esprit de ma Terre-Mère laisse
couler en moi la sève de la compréhension.
Puissant Rayon Noir, reçoit ma demande.
Dès maintenant, relie-moi à la profondeur
de mon humanité terrestre.
Merci, merci, merci. »*

Le Rayon Blanc relie à la divine Source et à la source présente en l'intériorité de chacun.

*« Ô Rayon Blanc, Source de toute Source,
toi qui me reconnectes à l'essence même
de mon existence divine, j'en appelle à toi
pour [exprimer sa demande]. Je te remercie*

infiniment de laisser advenir à travers moi, toute la Lumière de mon être et de me laisser saisir mon rôle et ma place ici-bas. Merci, merci, merci. »

Les préceptes de la Magie Arc-En-Ciel

La Magie Arc-En-Ciel est la Magie du Cœur, la magie de recouvrement de son propre pouvoir, la réintégration de la puissance de son potentiel de Vie.

D'aucuns pourraient la trouver simpliste. Il n'en est rien.

La Magie Arc-En-Ciel ne requiert ni aptitudes ou potentiels spécifiques, ni rituels. À l'image de la Vie elle-même, elle se contente d'être. C'est tout.

En tant que Magie du Cœur, magie de la profondeur de l'être, elle ne requiert aucune initiation. Seule compte et importe sa propre capacité à aller chercher l'écoute dans les profondeurs de son être.

La Magie Arc-En-Ciel ne requiert pas de guide ni de maître. Elle est son propre guide. Cette magie réside en chacun et est à la portée de tous. Ainsi que la Création, elle se fond en tout ce qui est, naît avec tout ce qui est et bouge au diapason de tout ce qui vit.

Une seule condition est nécessaire à son utilisation : être intimement et totalement croyant en sa capacité créative, devenir le réceptacle de la Vie et être prêt à ressentir la Lumière divine, flot de Compréhension, de Guérison et d'Amour, envahir tout son être.

« Crois-en la magie et la magie apparaît et devient le plus sur véhicule sur le chemin de ta vie. »

SEPTIÈME PARTIE

MICROCOSME - MACROCOSME

La notion d'espace-temps (par Kéolim)

À l'échelle de l'Univers, il n'existe pas de notion plus abstraite que celles de l'Espace et du Temps. L'espace et le temps sont des données somme toute très humaines, créées par les humains, pour les humains. La seule planète à se servir de ces deux notions comme points de repère à leur vie est la Terre.

Il fut un temps, à l'arrivée des premiers habitants de Gaïa, où ces notions n'avaient pas d'importance. Un instant était un instant, le seul qui comptait. Un endroit était un endroit, le seul qui importait.

Petit à petit, l'être humain, avançant dans son évolution, a ressenti le besoin de fractionner les choses. Fractionner les jours, les heures, les minutes pour mieux les comprendre. Fractionner les distances et les terrains pour se les approprier.

Ainsi est née la notion d'espace-temps telle que vous vous la représentez actuellement.

La perte de plus en plus importante de la connexion à votre Terre-Mère a donné naissance aux compteurs kilométriques et aux horloges, seules références acceptables et compréhensibles par beaucoup d'êtres humains.

Je vous demande, si vous le souhaitez, de faire une petite pause.

Enclenchez votre mémoire à une période si reculée que le seul repère temporel était le battement du cœur de Gaïa et où la seule indication spatiale était celle d'une main posée sur un cœur.

Oh oui, il fut un temps lointain où l'espèce humaine fonctionnait à l'image du reste de l'Univers avec la seule connexion de deux battements de cœurs pour repère.

Comprenez bien qu'une vie humaine n'est même pas l'équivalent d'un clignement d'œil à l'échelle universelle. Que seraient quatre-vingts ans eu égard à la Création de toute vie ?

Je ne souhaite ni vous choquer ni minimiser votre existence en disant cela. À l'image même de chaque parcelle de vie dans l'Univers, votre existence est éminemment importante. Car, sans vous, le Tout ne saurait être le Tout qu'il est.

Ce que je souhaite vous laisser entendre, c'est que les limites humaines telles qu'elles vous sont indiquées dès votre naissance terrestre n'ont, en réalité, plus lieu d'être lorsque vous vous reconnectez à votre Être Pur.

Lorsque votre corps physique est assis dans un fauteuil, même sans pouvoir en bouger, votre âme, elle, peut être partout à la fois, à n'importe quel moment ou époque. Le temps n'est pas un frein. L'espace non plus. Chacun possède en lui le don d'ubiquité.

D'ailleurs, vous êtes-vous déjà demandé pourquoi certains de vos rêves paraissent si réels, certains endroits si familiers et pourquoi les scènes se déroulent à une vitesse vertigineuse en songe ?

Encore une fois, c'est parce que lorsque le corps physique est endormi, l'âme, elle continue d'expérimenter et de vivre de multiples expériences, sur d'autres plans, dans d'autres existences, là où la matrice de l'Espace-Temps n'a plus lieu d'être puisque plus rien que l'existence dans le Tout n'est.

Peut-être ces données vous paraissent-elles terrifiantes. Dans ce cas, prenez le temps nécessaire pour les intégrer à votre rythme jusqu'à ce que le moment soit venu de les assimiler pleinement.

Si, au contraire, ces informations vous semblent relever de la logique même, qu'elles vous offrent un discernement exacerbé d'un sentiment d'incompréhension du fonctionnement humain que vous peiniez à nommer jusque-là, c'est que votre évolution actuelle vous permet déjà d'accéder à toutes les dimensions, dans presque tous les espaces-temps de l'Univers.

La dualité en toute chose (par Kéolim)

« *L'Univers entier peut être défini comme un être duel en recherche constante d'équilibre.*

Ainsi qu'il est le Jour, il est la Nuit.

L'aurore et le crépuscule en sont les deux points d'un même équilibre.

Ainsi qu'il est la Venue, il est le Départ.

La naissance et la mort en sont les deux points d'un même équilibre. »

L'Univers est, par constitution, bipolaire, dans la nécessité constante de recherche d'un équilibre entre les pôles opposés.

Ainsi en est-il également de l'être humain. À l'image même de l'Univers, il se retrouve sans cesse en quête d'un équilibre dans la sacralisation de ses pôles représentés par les phases féminines et masculines.

Que cela soit à une échelle macro ou microcosmique, tout, absolument tout en l'Univers et en toute vie fonctionne selon une polarité bien définie et une recherche constante d'équilibre entre ces deux phases.

Ainsi, tout ce qui pourra être perçu comme « défaillant » dans une entité (maladie, trouble, douleurs, peurs, etc.) n'est rien d'autre qu'une demande implicite de rééquilibrage. Ne vous y trompez jamais, l'Univers, même s'il a besoin du chaos pour sa construction et reconstruction incessante, aime l'ordre.

Aussi, quel que soit le trouble, la maladie, la douleur qui vous assaille, quelle que soit son importance ou sa gravité, elle peut être rééquilibrée à n'importe quel moment.

Il s'agit simplement de la capacité cellulaire et énergétique du corps humain (au même titre que l'Univers), à remettre de l'ordre là où le chaos régnait auparavant. En réalité, c'est on ne peut plus simple. Prenons l'exemple d'une cellule malade. Celle-ci présente un dysfonctionnement. Cela peut donc être assimilé à l'état de chaos. Or, à l'image même de Dieu présentant un état constant d'équilibre et de perfection, cette même cellule est automatiquement amenée à tendre vers un état d'équilibre et donc, de guérison. Ce n'est pas plus compliqué que cela.

« Celui qui a connu la maladie connaîtra la guérison. »

Un moyen fiable de faire admettre l'Ordre dans le Chaos peut par exemple être de penser à une transmutation de cellules malades en cellules saines, d'amener de la lumière là où se loge l'ombre. Voici une technique extrêmement simple pour accélérer une guérison de telle manière que celle-ci pourrait être qualifiée par certains de miraculeuse !

« Ce qui est en bas est en haut… (par Kéolim)

… et ce qui est en haut est en bas. » Cette phrase est une représentation imagée de tout ce qui vit au sein de notre Univers et des multivers, depuis les temps de la Création.

Ce qui existe en vous et autour de vous, aujourd'hui et à cet instant, existe dans un Ailleurs. Vous portez en vous l'Univers et l'Univers vous porte. Vous portez les rivières, les étoiles du ciel, les planètes et les galaxies. Chaque seconde, le nombre d'étoiles brillant dans le ciel équivaut au nombre exact de cellules composant votre corps.

Car cette Source qui vous a créé a créé le tout. En chacun de vos organes peut se dessiner votre système solaire. Chaque planète est en vous, représentée par un bout de vous-même.

Votre connexion au Tout est partout et s'inscrit dans absolument tout ce qui vit.

En haut, comme en vous, se jouent des combats. Combat pour la compréhension, combat pour le savoir, combat pour la Paix ou la prospérité, combat pour être et exister.

Partout et dans tout ce qui vit se joue un combat. Une dualité de soi à soi pour retrouver ce qui a été, parvenir à revenir à l'État d'Être Premier.

Lorsqu'un combat se joue, quel qu'il soit, où qu'il se trouve, cela signifie qu'un équilibre a été rompu. La résultante en sera deux polarités contradictoires qui se repoussent tant qu'elles ne parviennent pas à entrevoir que le seul aimant qui puisse les rassembler et les maintenir ensemble, est l'Amour. Car rien d'autre que l'Amour ne constitue la Vie elle-même.

Ne blâmez pas, ne jugez pas ce qui semble être en guerre, tant en vous qu'au dehors. Car tout essaie simplement de retrouver la divinité vers laquelle il tend. Et ainsi que vous êtes, tout est. Tout revêt forme et vie. Nuages, planètes, papillons et arbres. Entités, âmes et esprits. Tous ne sont qu'éternité tendant vers l'Éternité.

HUITIÈME PARTIE

LES GARDIENS DES CYCLES

PRATIQUE AVEC LES ÉLÉMENTS

D'après les Enseignements de Fékenoyum, Dragon des Mers, Gardien des Cycles.

Les phases cycliques et le rôle du Dragon Gardien

Sur la Terre se trouvent des Dragons Gardiens des Cycles. Actuellement présents au nombre de 52 dans tous les océans et mers de la planète, ils œuvrent en connexion parfaite avec la Lune. Leur rôle est de veiller à l'équilibre cyclique des marées en accord total avec les phases lunaires, mais également d'apporter un équilibre météorologique (par exemple : lieux soumis à de plus ou moins fortes précipitations, changements de température, vent, tempêtes, ouragans, typhons, tsunamis, etc.)

Les Dragons Gardiens des Cycles sont les grands garants de l'équilibre terrestre dans sa globalité, apportant juste ce qui est nécessaire à chaque partie du globe pour établir une connexion et un équilibre parfaits entre les esprits terrestre (Gaïa) et lunaire (Luna).

Invoquer et travailler avec les Dragons Gardiens des Cycles

Profondément reliés aux éléments, ces Dragons seront les Esprits principalement invoqués pour agir avec les évènements météorologiques primaires (calmer une tempête, faire tomber la pluie, repousser ou se protéger d'un orage, etc).

De telles possibilités sont ouvertes à tous, car les Esprits sont présents, toujours, et pour chacun. Elles demandent néanmoins de faire preuve de confiance et d'abnégation totale et surtout, de rester parfaitement humble dans sa pratique. Ainsi, tout est possible et ouvert pour un cœur pur œuvrant en adéquation avec le Plan Originel.

Les Dragons Gardiens des Cycles ne sont pas présents pour une personne en particulier, mais sont à l'œuvre pour tous ceux qui les appellent, dans la connexion de cœur à cœur et d'âme à âme, et ce, quel que soit le moment.

Invocation d'un Dragon Gardien des Cycles

Cette invocation est donnée à titre d'exemple. Nous préférons grandement une invocation provenant d'un cœur sincère, avec les mots que celui-ci choisira.

« Ô Grand Dragon, Gardien des Cycles, apparaît-moi maintenant dans toute la grâce de ta Puissance. Puisses-tu, dès cet instant, répondre à ma demande et ma requête [évoquer sa requête, en rapport avec un évènement météorologique présent]. Pour celle-ci, je requiers maintenant ton aide et te permets de connecter ton pouvoir au mien le temps nécessaire afin d'agir

*au mieux dans l'intérêt de la réunification
du Puissant Équilibre.*

*Si cela est juste, que cela se fasse.
Par cette demande, Grand Dragon Gardien
des Cycles, je te rends grâce et te bénis.
Merci, merci, merci. »*

Nous, Dragons Gardiens des Cycles, pouvons aussi invoquer le pouvoir protecteur et nettoyant infini dans la reliance d'un élément au potentiel divin en tout et en chacun.

Les éléments ont une capacité de nettoyage, de purification et de protection sans limite et permettent, pour nombre d'entre eux, d'avancer dans une sécurité quasi sans faille.

Voici les invocations des principaux éléments. Il est donné au cœur de chacun de choisir celui ou ceux qui lui parlent, l'appelle le plus. C'est sans nul doute, ceux-là mêmes dont il a besoin à cet instant précis.

Invocation, nettoyage et protection par la Pluie

*« Ô Pluie divine, larme de toutes les déesses-mères réunies, je t'appelle et t'implore
à cet instant. Accepte d'être, pour moi,
l'instrument de nettoyage, de bénédiction
et de protection de tout mon être, dans tous
les plans et toutes les dimensions.*

*Accepte de nettoyer mon chemin
afin que je n'y trébuche plus.*

*Accepte de bénir ma route afin
qu'elle me soit providentielle.*

*Accepte d'accompagner et de protéger
mon âme dans la plus pure découverte
d'elle-même et de sa propre valeur.*

*Ô, pluie divine, je t'en conjure,
exauce ma demande.*

*Permets le nettoyage et la purification de tout
ce qui, de près ou de loin, s'accroche encore à
moi pour me nuire d'une quelconque manière.*

*Que ma demande soit bénie
et que tout ce qui est juste se fasse.*

Merci, merci, merci. »

Invocation, nettoyage et protection par la Grêle

*« Ô Grêle divine, toi qui, dans ta descente,
efface le sceau d'un trop lourd passé,
je t'en prie et t'en conjure, parviens-moi
dès cet instant.*

*Que les 7 Grands Gardiens trois fois couronnés
s'unissent maintenant et m'adombrent pour
cueillir en moi tout ce qui n'a plus lieu d'être.
Que la force des divins grêlons nettoie
et purifie en moi et autour de moi tout
ce qui a besoin de l'être, dans ce plan
et dans les autres. Que ce qui n'a plus sa place*

dans mon âme, dans mon cœur et dans
mon esprit soit maintenant chassé
et à jamais enfoui sous la puissante grêle
divine transformatrice.

Je suis maintenant durablement protégé
et nettoyé. Merci, merci, merci. »

Invocation, nettoyage et protection par le Vent

« Ô puissant Vent divin, toi qui lasses
et délasses, toi qui laisses et délaisses, je fais
maintenant appel à ton souffle puissant.

Qu'aujourd'hui et dès cet instant, à travers toi
et à travers lui, je puisse être nettoyé, purifié,
béni et protégé. Que le souffle divin du Grand
Génie apparaisse en mon humble demeure
et collabore à effectuer ce nettoyage
et cette protection nécessaire.

Que ce qui n'a plus lieu d'être en moi ne puisse
plus, d'aucune manière, se faire jour.

Que l'âme des Grands Dévas du Vent s'unisse
maintenant à la mienne pour me sortir de
toutes les prisons limitantes dans lesquelles
je peux me trouver.

Que leur souffle s'associe au mien
pour nettoyer et protéger ma route.

Dans la grâce de la bénédiction, je remercie.
Merci, merci, merci. »

Invocation, nettoyage et protection par le Soleil

« Ô, divin Soleil, astre de tous les possibles,
j'en appelle maintenant à ta grâce
sans commune mesure.

Toi qui réchauffes et brûles, je t'en prie,
entends maintenant ma demande.

Que le Grand Phœnix Révélateur m'apparaisse,
m'approche et s'associe maintenant à moi
pour repousser hors de mon corps et hors
de mon âme, dans ce plan comme dans les
autres, toutes les puissances néfastes qui
pourraient interagir avec moi et me nuire
d'une quelconque manière.
Que tous les diables déguisés m'apparaissent
maintenant et soient dès à présent touchés
par le Feu sacré puissant de l'Absolue Vérité.
Par ce Feu, je suis dès cet instant béni, nettoyé
et durablement protégé.

Si cela est juste, que cela se fasse.

Dans la divinité, je remercie
et me réapproprie ma véritable source.

Merci, merci, merci. »

Invocation, nettoyage et protection par le Tonnerre

« Ô, Tonnerre, son sacré de reliance à la Création divine, je fais maintenant appel à toi.

Puisses-tu, dès cet instant me parvenir, dans toute la grâce de ta puissance.

Que le son sacré conduisant à l'Être, par toi, se fasse entendre.

Que par toi, la possibilité en chacun devienne la possibilité en tous.

Que le flot vibratoire de ta sonorité envahisse tout mon être et lui procure un puissant nettoyage, sur tous les plans et dans toutes les dimensions. Que ta bénédiction me parvienne telle la rosée se posant sur la fleur fraîche du matin nouveau.

Que toutes les possibilités qui te sont données me soient données.

Que ton pouvoir purificateur amène sa propre vibration jusqu'à moi pour maintenant devenir mien.

Que ta force tranquille m'enseigne.
Que ton pouvoir salvateur m'enseigne.
Que ta puissance sans borne m'enseigne.

Je te reconnais comme la Puissance Créatrice et ainsi, en toi, me reconnais.

Merci, merci, merci. »

Influence et perception sensorielle des éléments par l'être humain

Chaque élément et évènement météorologique, quel qu'il soit, a lieu d'être et d'exister. Néanmoins, il est possible pour tout être humain et tout être vivant en général d'agir sur un élément. Cette action résulte de l'interdépendance entre les parties du Tout.

Vous faites partie, au même titre que le soleil, la pluie ou le tonnerre, de ce Grand Tout. Ainsi, votre état d'être aura une incidence sur le grand dessein de la Vie dans son ensemble.

Accepter de se retrouver en soi

Pouvoir exercer une influence sur un élément quelconque passe d'abord par le recueillement en soi. Ce recueillement doit permettre de parvenir à un état de totale neutralité. Certains y parviendront par l'entrée en état méditatif, d'autres par la transe, d'autres encore en faisant le silence en eux et en écoutant simplement la Vie s'écouler à travers leur corps.

Parvenir à exercer une influence extérieure, c'est d'abord prendre conscience de ses propres possibilités internes. Souvent, c'est le fruit d'une longue recherche, d'une introspection profonde. Être avec soi ne s'improvise pas, et se fait rarement d'un claquement de doigts !

La connaissance de soi est un travail de longue haleine, mais c'est là sans aucun doute le plus gratifiant que vous puissiez exercer.

Celui qui veut exercer une influence sur l'élément extérieur doit ainsi d'abord entrer dans une neutralité et une immobilité totale, même au milieu d'un ouragan. Car ce n'est qu'en apprivoisant complètement cette part inaltérable et immuable du Soi Constant que l'on peut ensuite parvenir à amener l'immobilité et à faire retrouver la Constance Immuable à un élément du Tout, si violent ou destructeur soit-il.

Prenons l'exemple d'une violente averse de grêle s'abattant sur votre foyer au risque de le détruire. Pensez-vous pouvoir exercer une influence propice à faire diminuer ou s'arrêter l'averse en paniquant ou en cédant à la peur ? Quelle énergie envoyez-vous alors dans l'univers ainsi que de dans l'environnement proche de l'averse ? Vous le comprenez bien, vous envoyez des ondes négatives totalement contre-productives à votre volonté de faire cesser la grêle.

Maintenant, imaginez que, face à cette averse, vous recherchez en vous un sentiment profond de calme, de plénitude et d'amour et que vous le faites rayonner aux alentours. Ce sentiment sera reçu comme tel par l'univers et emplira votre environnement direct et plus lointain. Ainsi, venant en résonance avec l'élément à calmer, celui-ci, même s'il semble immatériel au premier abord, entrera dans une capacité à retrouver cette force d'amour et de plénitude le faisant appartenir au Grand Tout.

Chacun dispose en soi de ce pouvoir d'influer sur toutes les parties du tout. Cela demande simplement d'entrer dans une reliance totale à son Être Pur.

Établir la reliance entre soi et l'élément à influer

Cette étape est plutôt aisée puisque, pour établir cette reliance, il suffit d'en poser l'intention.

1. Amenez le calme et la plénitude en vous.

2. Placez-vous dans votre chakra du cœur.

3. Demandez à ce que la reliance au cœur de l'élément se fasse. Généralement, un filament coloré plus ou moins épais fera son apparition et dénotera du lien existant entre votre cœur et le cœur de l'élément.

Exercer une action sur l'élément choisi

Une fois la reliance établie, il s'agira d'amener l'action voulue sur l'élément. Pour cela, il n'y a pas vraiment de règle. Chacun a la sienne !

Plusieurs manières de faire sont possibles :

- La télépathie : il s'agit d'amener votre esprit et l'esprit de l'élément dans la même connexion afin de pouvoir parlementer, voire, parfois, négocier avec lui.

- **Les instruments** : percussions, tambour, tam-tam, guimbarde, cymbale, etc. Chacun trouvera le sien en fonction de ses affinités avec un certain type de sonorités.

L'instrument sert d'intercesseur entre l'élément et vous. Dans ce cas-là, il n'y a pas besoin d'entreprendre une discussion avec l'élément. Ce sera l'instrument qui, par sa reliance avec vous, influera sur la vibration sonore et enverra cette vibration d'intention à l'élément en question.

- **L'influence psychique** (ou pouvoir de la pensée) : les plus aguerris n'auront plus la nécessité de discourir ou de s'aider d'un intercesseur matériel. La force de leur propre pensée suffira à exercer une onde d'une puissance telle que l'élément s'en trouvera automatiquement modifié.

Il revient à chacun de tester les différents moyens d'action et de trouver celui qui lui convient le mieux.

Mise en garde : Ceci n'est pas un jeu. Il doit être réalisé en ayant conscience de son impact sur l'extérieur. Le Travail avec des Esprits est quelque chose de Sacré et doit toujours être considéré comme tel. Ne testez cette pratique que si elle vous semble totalement en adéquation avec votre Être Pur.

Il est à noter que la présence d'un élément à un endroit donné n'est jamais anodine. Tout ce qui existe et vit a un rôle. Ainsi, si en venant parlementer avec l'Esprit d'un élément, celui-ci est amené à refuser votre demande de diminuer ou d'augmenter son action, c'est que cela est juste et doit se dérouler ainsi à ce moment-là. Il est alors important de respecter la volonté de l'Esprit en question au risque d'obtenir un effet totalement contraire à votre demande et qui pourrait vous nuire personnellement à plus ou moins court terme..

NEUVIÈME PARTIE

D'AUTRES ESPÈCES DE DRAGONS

Les Dragons de Feuilles, Gardiens des âmes des forêts (par Félona)

Les Dragons de Feuilles sont des êtres vivants dans les forêts, sous-bois et endroits plus ou moins densément arborés. Fortement reliés aux élémentaux de Terre et au Petit Peuple des forêts (nains, gnomes, fées, elfes, licornes, etc.), ils en sont en quelques sortes des Gardiens et des protecteurs.

Évoluant entre la 2e et la 7e dimension, ils travaillent de pair avec les Êtres des forêts afin de maintenir l'équilibre vital de la biosphère terrestre. Ils ont, entre autres, un rôle de régulateur des espèces (animales, végétales et minérales) et s'occupent du maintien de la biodiversité.

On retrouve les Dragons de Feuilles dans absolument toutes les forêts du globe. Ils sont souvent nombreux en un même lieu.

- Les plus petits (environ 25-30 cm) seront au sommet des arbres, se confondant avec les feuilles ou les épines et passant presque inaperçus pour l'œil non aguerri.

- Les plus grands (pouvant mesurer jusqu'à 5 mètres) évolueront plutôt au sol, zigzaguant entre les feuilles, les arbres et les bosquets.

Malgré le fait qu'ils soient dotés de petites ailes, les Dragons de Feuilles préfèrent marcher, grimper ou effectuer de petits sauts d'arbre en arbre plutôt que de voler.

Tels les caméléons pouvant changer de couleur à leur guise, ils ont la capacité de modifier leur apparence pour se confondre avec l'arbre sur lequel ils ont élu domicile.

Leur mode de fonctionnement ressemble fortement à celui du Peuple des Arbres. Comme eux, les Dragons de Feuilles ont en eux une sève (Énergie Originelle) qu'ils renouvellent par capillarité sur le même principe que la photosynthèse, en aspirant le Prana de l'air (Énergie de vie et d'amour).

Ils ne se nourrissent de rien qui soit solide, le Prana étant suffisant pour combler leurs besoins en tant qu'entités vivant sur Terre.

Connexion aux Dragons de Feuilles

La connexion aux Dragons de Feuilles est avant tout une connexion à ses propres sens humains. On peut voir, caresser, et entendre bruisser dans le feuillage les Dragons de Feuille. Parfois, même, on peut respirer l'odeur changeante que leur énergie particulière émet dans le sous-bois. C'est l'énergie puissante des Gardiens qui accueillent dans les lieux sacrés.

Se connecter à nous ne demande rien de plus que l'intention du cœur. Nous sommes là, toujours présents, et ravis de nous montrer à vous.

1. Lorsque vous vous trouvez en un lieu arboré, placez-vous dans votre cœur. Orientez vos pensées vers nous, Dragons de Feuilles, mais pas uniquement. Là où nous nous trouvons, de multiples habitants du Petit Peuple et élémen-

taux se trouvent également. Eux aussi seront ravis de se présenter à vous.

2. Tournez votre regard du cœur vers ce que vous ne voyez pas ou peu habituellement. Laissez-le, petit à petit, apprendre à observer, à ressentir différemment le monde et les esprits qui se trouvent à vos côtés.

3. Ne craignez rien, n'ayez pas d'attente spécifique. Soyez simplement dans la confiance du cœur et dans la gratitude pour cette Magie qui vous parvient et que vous pouvez maintenant percevoir.

4. Il est maintenant temps de nous appeler :

*« Ô, Dragons de Feuilles, Petit Peuple,
Peuple Ephémère et Élémentaux présents,
recevez toute ma gratitude
pour votre présence en ces lieux.*

*Que maintenant, la connexion du cœur puisse
se faire entre vous et moi afin que tous mes
sens s'ouvrent vers une perception nouvelle.*

Par trois fois, je m'abaisse.

Par trois fois, je glorifie.

Par trois fois, je remercie.

Merci, merci, merci. »

5. Restez placé dans votre cœur et observez autour de vous. Lentement. Prenez le temps nécessaire. Écoutez les petits bruissements différents, les craquements, les feuilles tremblotantes. Voyez, ressentez. Suivez le chemin sur lequel les esprits vous emportent. En eux et par eux, retrouve votre Essence.

Les Dragons Gardiens des Mers et Océans (par Maléméum)

« Je suis Gardien des Mers et des Océans de la Terre, Gardien des coquillages et coquilles sacrées, Gardien des coraux et de leurs multitudes de barrières protectrices. Partout où l'eau paraît, je parais.

Mon corps est recouvert d'écailles bleu-vert aux reflets nacrés. Mes ailes sont devenues pareilles à des nageoires qui me permettent d'évoluer aisément dans mon environnement et d'onduler à travers les flots. Identique aux poissons que vous connaissez, mon système respiratoire a évolué pour s'adapter au mieux. J'ai maintenant des branchies au nombre de quatre (une de chaque côté de ma tête et une de chaque côté de mon corps). Ma taille oscille entre 2 et 10 mètres environ… »

Nous venons des 9e et 11e dimensions.

Notre rôle est de veiller au bon fonctionnement du biosystème des eaux de la planète. Notre taille peut aisément s'adapter à la « mission du moment » car notre environnement peut changer rapidement suivant l'endroit où nous sommes amenés à intervenir.

Dans les mers et océans, nous tentons de maintenir l'équilibre de la biodiversité en redistribuant des rôles nouveaux à chaque espèce lorsque l'une d'entre elles se trouve menacée ou en sous ou surnombre. Nous avons la possibilité de modifier de façon infinitésimale la nature des sols et de l'eau à un endroit donné afin de la rendre plus ou moins attractive pour certaines espèces minérales, végétales ou animales.

Il est essentiel pour vous, humain, de comprendre que tout sur votre planète résulte d'un savant équilibre nécessaire à maintenir certaines constantes nécessaires à la vie. Autant à la vôtre qu'à celle de toutes les espèces qui la peuplent.

Si nous, Peuple des Dragons pouvons agir dans une certaine mesure à ce maintien, nous ne pouvons néanmoins pas aller contre les actes irrémédiables que vous faites actuellement subir à votre Terre-Mère. Aujourd'hui, nous parvenons encore, au moyen de grands renforts, à entrer en action pour ce maintien, mais qu'en sera-t-il demain ?

Notre rôle consiste également à maintenir la Loi de L'Un le plus fortement imprégné dans les mers et océans. Ainsi, nous veillons à densifier certaines pierres et autres coquillages tels que l'abalone ou la coquille Saint-Jacques. Ceci, afin que leur présence structurelle parfaite puisse nourrir les mers et océans et leur apporter une source énergétique d'Amour suffisante au maintien de leur équilibre, malgré les dégâts causés par certaines activités humaines.

Il nous arrive également d'intervenir dans des rivières ou points d'eau particulièrement pollués afin de contribuer à la destruction et à la transformation de déchets de toute origine.

Nous nous ressourçons dans certains endroits considérés comme sacrés ou hautement énergétiques tels que la Mer Morte. Ces moments nous permettent de nous débarrasser de scories accumulées au cours de nos opérations de transformation. En effet, si ces dernières étaient gardées en notre sein sur de trop longues périodes, elles pourraient grandement faire diminuer nos vibrations et nous affaiblir.

Appeler un Dragon des Mers et exercer une activité de transformation structurelle grâce à son aide

L'acte de transformation revêt pour nous un caractère sacré. Depuis la volonté de mettre en acte jusqu'à l'accomplissement final, tout est réalisé dans l'Amour le plus total : Amour de nous-même, Amour de l'Un et Amour de nous œuvrant pour l'Un.

Cet Amour rend nos capacités infinies et nous donne la possibilité de mettre en action tous les défis, même ceux qui pourraient sembler les plus ardus. Ainsi, nous pouvons par exemple réussir à changer la nature de sols totalement pollués dont la toxicité est devenue néfaste pour les diverses espèces le peuplant.

Notre action de transformation s'effectue uniquement à partir de notre 3e œil. Nous impliquons toute notre énergie vitale que nous faisons affluer dans celui-ci puis nous la dispersons ensuite sur l'objet/le lieu appelé à transformation.

Je vais vous instruire à en faire autant afin de mettre votre Foi en l'Amour au service de votre Terre-Mère et de sa préservation. Vous pourrez également vous servir de cette technique sur vous-même ou sur vos pairs, avec leur accord (par exemple : transformation de cellules malades en cellules saines, modification de certains «biais» de personnalité : manque de confiance en soi, peurs irraisonnées, etc.).

1. Installez-vous dans un endroit calme et faites le vide en vous. Invoquez avec respect et gratitude la présence d'un Dragon des Mers à vos côtés. Prenez le temps de le ressentir, d'apprendre à reconnaître son énergie, peut-être à recevoir certains messages s'il souhaite vous en apporter. Si cela vous semble nécessaire, attendez plusieurs heures ou jours afin de bien vous familiariser avec ses énergies et d'être certains que ces dernières s'alignent parfaitement avec vos besoins avant de continuer ce rituel.

2. Une fois, le Dragon à vos côtés, connectez vos chakras du 3e œil ensemble. Pour cela, imaginez ou regardez (si vous le percevez) le visage du Dragon face à vous, voyez vos 3e yeux respectifs devenus bleu lumière commencer à s'illuminer, puis demandez à ce que la connexion se mette en place. Si vous y êtes attentif, vous pourrez observer un filet énergétique plus ou moins épais circuler entre vous au niveau du 3e œil.

3. Une fois cette connexion établie, demandez à recevoir au niveau de votre 3e œil la capacité de transformation du Dragon :

«Je demande à obtenir dès maintenant la capacité de transformation du Dragon des Mers qui m'accompagne afin de [explicitez votre demande]. Merci, merci, merci.»

Vous pourrez ressentir des picotements, une sensation de chaleur voire d'étourdissement au niveau de votre 3e œil. Tout cela est normal, ne vous en inquiétez pas.

4. Lorsque la connexion et la réception énergétique sont bien établies, focalisez votre attention sur ce qui doit faire l'objet de transformation : un environnement de ta Terre-Mère, une partie du corps/de la personnalité (la vôtre ou celle d'un pair).

Focalisez clairement et pleinement votre attention dessus.

5. Reliez votre 3e œil à l'objet demandant une modification et envoyez toute l'énergie vitale, la force et l'attention possible.

Travaillez sur l'objet aussi longtemps que vous sentez la connexion énergétique s'accomplir.

Suivant votre force et votre Foi, cela peut durer plusieurs minutes.

Il s'agit de votre énergie qui est utilisée ici. Le Dragon n'a été qu'un intercesseur pour vous ouvrir la porte et vous transmettre l'énergie de transformation que vous êtes maintenant libre d'utiliser comme vous le souhaitez.

6. Une fois le travail accompli, coupez le lien énergétique entre l'objet et vous. Puis réintégrez votre 3e œil en votre cœur afin de le protéger (par visualisation, imaginez que votre 3e œil se ferme puis que son énergie se place en votre cœur). Ensuite, mettez fin au rituel en remerciant l'objet de transformation pour son acceptation de changement, le Dragon qui vous a accompagné pour sa présence et sa transmission, ainsi que vous-même pour ce travail réalisé.

Les Dragons de lave, Gardiens de grands Savoirs, Transmetteurs de la Connaissance, Transmutateurs de l'Ombre en Lumière (par Schékalaméum)

Au tout commencement de la Terre, les Dragons de Lave sont apparus. Partout où les choses demandaient ajustements et modifications, nous avons œuvré.

Notre rôle n'est pas toujours de répandre la Lumière. Parfois, notre mission consiste à faire régner un certain chaos, durant un temps défini, afin d'assainir et de purifier ce qui demande à l'être. Ceci dans le but d'apporter une renaissance nouvelle, parfois sous la même forme purifiée, parfois sous une forme totalement différente.

Nous sommes de grands transformateurs faisant disparaître les scories dans ce qui n'a plus lieu d'être à un instant donné.

Dans la lave Sacrée que nous faisons couler à tout niveau, que cela soit matériel, minéral, végétal, animal, humain ou environnemental, nous œuvrons au renouveau constant, au changement, à la modification de ce qui a été, dans le visible comme dans l'invisible.

Au niveau visible, cela peut prendre la forme de spectaculaires éruptions volcaniques, qui, dans des lieux définis de votre planète, sont suffisantes pour nettoyer des parcelles de plusieurs centaines de kilomètres carrés. Rien n'est placé au hasard dans l'Univers. Évidemment, les volcans terrestres que vous connaissez ne sont pas non plus le fait du hasard. Ils se situent dans des lieux énergétiques importants dont les fréquences coïncident parfaitement avec celles de Gaïa. Ainsi, une éruption volcanique entrera en complète résonance avec les nadis de l'Esprit de la Terre-Mère afin de nettoyer et purifier certains espaces, tant dans les zones visibles qu'au niveau de l'intra-terre. Nous sommes constamment à l'œuvre afin de nettoyer et ajuster, dans la complémentarité avec tous les changements et modifications vibratoires que peut vivre Gaïa.

Notre rôle est identique s'agissant du nettoyage énergétique immatériel (concernant par exemple des animaux, des plantes, des êtres humains ou même des objets). Nous sommes en capacité de défaire toutes les scories rattachées, de redonner la neutralité énergétique parfaite et d'établir le juste équilibre nécessaire à l'instant T afin d'offrir la renaissance demandée.

Effectuer le nettoyage d'un lieu, d'un être ou d'un objet avec l'aide d'un Dragon de lave

1. Mettez-vous à l'écoute de votre cœur, de votre corps. Écoutez le son de votre respiration et fermez les yeux. Protégez-vous à l'aide des prières de protection en fin de cet ouvrage ou de toute autre manière dont vous avez l'habitude.

2. Invoquez le Grand Dragon de Lave, à voix haute de préférence :

« Ô Grand Dragon de Lave trois fois couronné, j'invoque dès maintenant ta présence à mes côtés pour [expliciter la requête].

Ô, Grand Dragon de Lave, viens à moi.

Que tu puisses, dès cet instant, accéder à ma requête pour effectuer le nettoyage et la purification complète du [lieu, objet, être nommé].

Que nos actions communes, dans la Lumière, dès maintenant, interagissent et entrent en œuvre.

Dès cet instant, nos cœurs entrent en complète résonance afin de concevoir et faire ce qui est le plus juste, pour le plus Haut Bien de tous, dans l'intérêt du Grand Tout. Merci, merci, merci. »

Ce travail et cette invocation demandent une connexion de cœur à cœur avec le Grand Dragon de Lave. Celle-ci peut parfois surprendre de par sa puissance, mais ne la craignez pas, tout est toujours fait au plus juste à un instant donné. Cette connexion est nécessaire afin de s'ajuster au mieux à votre énergie et votre recherche d'équilibre du moment. Si cette dernière devait être trop difficilement supportable pour vous, n'hésitez pas à demander au Dragon de Lave qui vous accompagne de s'adapter à votre capacité de réception énergétique du moment.

Laissez le travail de nettoyage et purification se faire aussi longtemps que nécessaire.

3. Lorsque la connexion avec le Dragon de Lave diminue et que vous sentez l'action se terminer, demandez à ce que ladite connexion prenne fin dans la douceur et remerciez pour le travail commun exécuté.

Transmutation de l'Ombre en Lumière

Cet exercice découle d'un travail alchimique bien connu consistant à ôter petit à petit toutes les scories afin d'obtenir la pureté parfaite du Corps, du Cœur et de l'Esprit d'un objet ou d'un être vivant (minéral, animal, végétal, humain).

Ce processus se déroule en plusieurs phases constituées de multiples nettoyages afin de parvenir à la pureté la plus parfaite possible. Il s'agit d'une transformation inhérente à toute vie : chaque étape, chaque expérience traversée nous nettoie, nous purifie afin de parvenir à la rencontre ultime, celle d'avec l'Esprit-Lumière. Par ce processus, tout revient à sa Source primitive.

Si ce processus s'effectue de manière inconsciente pour une grande majorité d'êtres vivants, il peut également devenir conscient et de ce fait, dans la mesure du possible, s'accélérer.

Il se déroule en deux étapes complémentaires et indissociables l'une de l'autre : le nettoyage/purification et la transmutation.

C'est un exercice puissant qui, même s'il est travaillé dans l'énergétique (grâce au pouvoir de l'Esprit), peut avoir une influence visible considérable dans la matière. Aussi, il est à mener de bout en bout avec la certitude de pouvoir le faire parvenir à son terme. Cela peut prendre de longs mois, voire plus, mais, une fois débuté, il n'est plus question de reculer.

Être sûr de ses choix, y croire sans cesse, dans la Foi, voici le Secret de l'Alchimie spirituelle.

Le Dragon de Lave, grand détenteur des éléments Eau et Feu, sera votre compagnon fidèle dans l'exécution de l'Œuvre.

L'Eau servira ici à nettoyer et purifier (première étape), tandis que le Feu servira à transmuter (seconde étape). L'étape ultime sera amenée par le mélange des deux éléments précédemment cités qui, au contact de l'Air, amèneront à la Subtile Transformation de la matière (Terre) en Esprit (Ether).

Processus alchimique de Transformation en Lumière

Avant de débuter, je rappelle que cet exercice se pratique uniquement par un travail constant de l'esprit et ne nécessite pas d'action, d'aucune sorte, au niveau de la matière si ce n'est le choix de l'objet/être demandant transformation en Lumière.

L'exercice demande une concentration et un silence absolu afin d'entrer pleinement au contact de son Pouvoir Intérieur.

1. Mettez-vous en état méditatif profond. Faites silence en vous. Entrez en votre Être Profond, au contact de votre Vous Supérieur.

2. Demandez à intégrer l'Esprit-Lumière.

« Je demande maintenant à intégrer totalement l'Esprit-Lumière et ses potentialités infinies en moi. Par Lui, je deviens pleinement conscient de mes possibilités et les intègre entièrement. »

La réintégration se passe en votre cœur. Ainsi, physiquement, vous pourrez être amené à ressentir différentes sensations (picotements, tiraillements, etc.) au niveau du chakra du cœur, même au sein de la matière.

3. Appelez maintenant le Dragon de Lave à vos côtés. Celui-ci vous permettra d'adapter et de maintenir l'énergie constante durant le travail.

Vous êtes l'unique garant de ce travail. Le Dragon sera présent afin d'être intercesseur, d'équilibrer les énergies au plus juste suivant le besoin de l'instant et de vous relier aux différents éléments nécessaires au processus au moment opportun.

« J'appelle à mes côtés le Grand Dragon de Lave trois fois couronné. Ô, Grand Dragon de Lave, j'implore ta présence et ta protection dès cet instant pour la réalisation de mon Œuvre. Que nos énergies du Cœur soient, dès à présent, connectées. Qu'entre elles, l'équilibre se fasse et que l'Esprit-Lumière puisse agir à travers nous. Merci, merci, merci. »

La connexion peut se ressentir dans une certaine puissance dans un premier temps, puis elle tendra à s'adapter au mieux à votre possibilité de réception, dans la chair, petit à petit.

4. Une fois la connexion effective, appelez l'Esprit de l'Eau.

« Ô, Grand Dragon de Lave, fais venir à moi l'Esprit de l'Eau afin de nettoyer et purifier [citer l'objet/l'être sur lequel le travail doit s'effectuer]. »

Prenez le temps de ressentir, d'observer ce qu'il se passe pour l'objet/l'être, ainsi que pour vous-même à travers cette connexion à l'Esprit-Lumière.

5. Passez ensuite à l'étape de transmutation avec l'aide de l'Esprit du Feu.

« Ô, Grand Dragon de Lave, amène à moi l'Esprit du Feu. »

« Ô, Esprit du Feu, Grand Esprit tout puissant, permet maintenant, à travers mon action, la transmutation de toutes les parts d'ombre en Lumière. Merci, merci, merci. »

Cet exercice sera réalisé encore et encore, jusqu'à l'obtention de Lumière Pure.

Au fur et à mesure que des scories seront nettoyées et transmutées, de nouvelles apparaîtront jusqu'à ce qu'il n'en reste plus aucune. Cela s'apparente à gratter une surface pour la nettoyer. On nettoie une première couche, puis on s'aperçoit ensuite qu'elle cachait une multitude d'autres couches demandant, elles aussi, à être nettoyées, purifiées et transmutées.

Durant l'exercice, soyez attentif à vos sensations et vos ressentis. Elles seules pourront vous guider quand au moment opportun pour passer d'une étape à une autre. L'exercice et toutes les étapes sont à refaire dans leur globalité à chaque fois, de la manière la plus régulière possible afin d'obtenir un résultat probant. Il est bon de débuter cette expérience en la réalisant sur un objet minéral, en bois ou en métal par exemple afin d'en observer clairement les différentes facettes et changements. Ensuite, seulement, viendra le temps de le réaliser sur vous-même.

DIXIÈME PARTIE

L'ÉVEIL DE LA KUNDALINI
ÉNERGIE SACRÉE

La respiration pranique : amener Calme et Paix en soi

Inspirez, expirez.

Respirez l'énergie de guérison, énergie vitale par essence et demandez à vous mettre dans un état de calme parfait, dans l'acceptation d'un total retour à soi et en soi.

Jusqu'à présent, votre respiration était une respiration pulmonaire ou ventrale. Nous allons maintenant faire l'expérience d'une respiration totalement différente : la respiration énergétique pranique. Cette respiration permet de libérer l'énergie primaire vitale en soi et de s'en nourrir si besoin à de multiples fins (guérison, régénération cellulaire, pour pallier un manque alimentaire ou hydrique, etc.)

Plus cette respiration est pratiquée, plus elle libère en soi de l'énergie vitale. Cela amène à une plus importante (voire totale dans certains cas) connexion avec son Soi Supérieur, sa divinité.

Cette respiration apporte un état de béatitude proche de la transe métaphysique et permet de faire émerger en soi une grande variété de potentialités.

1. Commencez par vous installer confortablement, dans la position de votre choix, celle dans laquelle vous vous sentez le plus à l'aise, avec, de préférence, le haut du corps (du bassin à la tête) le plus droit possible.

Prenez le temps de respirer, de faire le vide en vous.

2. Ensuite, placez votre conscience totale dans votre chakra racine et demandez à être connecté au Dragon sommeillant enroulé autour de lui.

Observez-le : quelle est sa taille, sa forme, sa couleur, son aspect ? Faites sa connaissance. Ce Dragon, Gardien de votre énergie de vie, est généralement porteur de messages. Il en aura sans aucun doute déjà à vous transmettre, même lors de la première rencontre.

Respirez avec lui, regardez-le évoluer en même temps que votre respiration. Observez ce qui se passe en vous. Suivant votre capacité à laisser vos pensées de côté, cela peut durer plusieurs minutes. Profitez de ces instants et ressentez.

3. En commençant à respirer avec votre Dragon Intérieur, vous remarquerez que votre respiration change, qu'elle se fait à un autre niveau, en symbiose avec celle de votre Dragon. Vous ne formez plus qu'un à cet instant. Expérimentez ces sensations, ressentez-les profondément en vous. Explorez-les, ainsi que les sentiments qu'elles vous amènent.

Ce Dragon que vous de venez peut-être de découvrir pour la première fois représente votre énergie vitale primaire, mais aussi la part de divinité et de sacré en vous.

L'expérience vécue ici est importante, même primordiale. Prenez le temps de l'accueillir et d'en profiter à sa juste valeur.

4. Petit à petit, alors que cette respiration se fait de plus en plus profonde, vous pourrez ressentir une énergie particulière se déployer en vous, énergie qui vous était peut-être inconnue jusqu'alors. Cette lumière blanche luminescente est l'énergie de vie qui se déploie grâce à votre respiration pranique. En parallèle, vous verrez la taille de votre Dragon Intérieur croître pour parvenir jusqu'au sommet de votre tête, à votre chakra coronal. Ressentez ce qu'il se passe à l'intérieur de votre corps, de pair avec la croissance de votre Dragon. Continuez à respirer en symbiose avec lui. Continuez à apprendre l'un de l'autre. Certains pourront sentir des ailes leur pousser dans le dos, d'autres voir la forme de leur visage se modifier légèrement par exemple. La croissance de votre Dragon Intérieur s'opère sur plusieurs cycles d'inspirations/expirations.

Bien réalisée, cette expérience est d'une puissance rare et permet à l'énergie vitale de bien circuler partout à l'intérieur de votre corps de chair tout en lui apportant la possibilité de se libérer des maux qui lui sont source de souffrance.

5. Une fois cette respiration parvenue à son apogée (au sommet de la tête), vous pouvez :

– Choisir de l'offrir au Ciel pour vous connecter totalement à Lui en la faisant aller par votre chakra coronal.

– La faire redescendre vers la Terre pour vous connecter totalement à Elle en la faisant aller par votre chakra de base.

– Vous pouvez aussi entendre un besoin de garder cette énergie pour vous afin de vous en « nourrir » dans un but de guérison, de régénération, etc.

C'est à vous d'écouter et d'entendre ce dont votre corps a besoin dans l'instant. Il n'y a pas de bon ou de mauvais choix. Cela pourra être différent d'une fois sur l'autre suivant les moments où vous pratiquerez la respiration pranique.

Il est conseillé de refaire cet exercice maintes et maintes fois jusqu'à maîtrise et assimilation complète. Cela peut demander des années !

Mise en garde : en tant qu'Énergie Source de Vie primordiale, l'Énergie de la Kundalini est extrêmement puissante et dépasse vraisemblablement tout ce que vous avez pu connaître ou expérimenter jusque-là. Aussi, ne la forcez jamais, d'aucune manière que ce soit. Cet exercice vous permet d'en avoir une première approche et non d'ouvrir une Kundalini qui n'est pas encore prête pour cela. Chacun et chacune dispose des ouvertures énergétiques et de conscience qui lui sont nécessaires à un moment donné de sa vie. L'Univers sait tout à fait ce qui est juste pour vous. Forcer sa volonté se révélera bien souvent plus destructeur que constructeur.

Réaliser son Grand Œuvre

La régénération cellulaire

La régénération cellulaire est un processus automatique inhérent à toute vie terrestre qu'elle soit minérale, végétale, animale ou humaine. Une cellule venant de mourir est automatiquement remplacée par une nouvelle cellule saine ou malade.

Mais la régénération cellulaire peut aussi être un processus métaphysique conscient capable d'accélérer grandement le remplacement de cellules malades ou mourantes par de nouvelles cellules jeunes et pleines de vitalité. C'est une action qui, dans sa forme la plus simplifiée, peut être réalisée pour soi-même et, lorsque l'on a atteint la pleine maîtrise, peut également être accomplie pour d'autres.

Ce processus se pratique en 3 étapes et reprend la base de l'exercice de respiration pranique régénératrice précédemment évoqué.

1. Entrez dans un état de transe méditative, accédez à la respiration pranique divine. Connectez-vous à votre Dragon Intérieur et respirez en symbiose avec lui.

2. Pour débuter, visez une partie spécifique du corps. Cela peut être une partie malade, défaillante, douloureuse ou déficitaire.

Focalisez votre attention sur votre respiration symbiotique avec votre Dragon, puis, doucement, par visualisation, amenez ce souffle, cette respiration, dans la partie du corps à traiter. Vous et votre Dragon respirez maintenant « à travers » cette partie du corps. Exécutez cette action le temps nécessaire afin de bien ressentir le souffle totalement intégré à cet endroit précis.

3. Envisagez maintenant l'ensemble des cellules présentes en cet endroit. Quelle est leur forme, leur apparence ? Ont-elles toutes le même aspect ? Prenez le temps d'observer et de comprendre tout en gardant votre souffle localisé sur ces cellules.

Une fois cela fait et la compréhension du trouble inscrite en vous, entamez le processus de régénération. C'est quelque chose de totalement intuitif qui passe par le souffle, et uniquement par lui.

Travaillez toujours en symbiose avec votre Dragon. Sollicitez son aide.

Demandez maintenant, toujours à travers le souffle, à changer le processus de maturation des cellules.

« Je demande à ce que toutes les cellules malades ou mourantes soient renvoyées dans la Lumière d'Amour Pur afin d'y être transformées. Que celles-ci soient remplacées par des cellules saines pleines de vitalité. Je demande à ce que cela se fasse pour la totalité des cellules malades ou mourantes. Si cela est juste, que cela se fasse. Merci, merci, merci. »

Observez attentivement ce qui se passe, ressentez-le. Vous avez là un spectacle parfait du cycle des naissances-renaissances dans la Lumière. Cela relève sans aucun doute de ce que beaucoup qualifieraient de « miracle » !

Vous acquérez ici la capacité de régénérer toutes vos cellules malades.

Dans sa forme la plus développée, ce processus permet d'endiguer totalement l'étape de vieillissement/mort des cellules. Mais cette possibilité n'est donnée qu'aux plus grands Maîtres dont l'incarnation durant une longue période est nécessaire à la mise en acte complète de leur mission de vie. Pour une majorité d'êtres humains, cela permettra néanmoins d'avancer en excellente santé tout au long de leur incarnation terrestre.

Lorsque l'exercice sera totalement maîtrisé, vous pourrez évidemment le réaliser sur l'ensemble du corps physique.

La régénération cellulaire pratiquée pour autrui

Le process de régénération cellulaire pratiqué pour soi doit être totalement acquis et maîtrisé avant de pouvoir envisager de s'en servir pour autrui.

Il s'agit ici non plus de se connecter à son propre souffle, mais d'amener l'Autre à se connecter à son Dragon Intérieur par l'intermédiaire de sa respiration. Il n'y aura plus ici deux, mais trois protagonistes : le receveur, son Dragon Intérieur et le praticien qui jouera le rôle d'intercesseur entre les deux autres afin de les mettre en lien.

1. Le praticien doit préalablement se mettre en connexion avec son propre souffle pranique puis initier le receveur à en faire de même.

Le praticien cherche s'il y a blocage à certains niveaux qui empêcheraient le receveur d'accéder à son propre souffle pranique et de connecter son Dragon Intérieur.

Une fois cette étape passée, il est nécessaire de laisser au receveur le temps de bien ressentir ses sensations internes et de percevoir le ou les message(s) de son Dragon Intérieur s'il en a la possibilité.

Le praticien doit ensuite demander au Dragon Intérieur du receveur l'accord de se connecter à lui. Le Dragon Intérieur fera toujours ce qui est le plus juste pour la personne qu'il accompagne. Si ce dernier refuse la connexion, le praticien ne doit en aucun cas s'opposer à sa volonté et utiliser une autre technique de guérison. Si le Dragon devait être amené à refuser la connexion, il en expliquerait toujours la raison.

NB : le praticien travaille ici avec l'énergie pranique vitale du receveur dans sa totalité et en aucun cas avec son énergie pranique personnelle. C'est la capacité de régénération et d'auto-guérison personnelle du receveur qui est utilisée ici.

Le praticien doit absolument veiller à bien demeurer dans son rôle d'intercesseur.

2. Une fois la connexion acceptée et établie, il s'agit pour le praticien de connecter les trois souffles ensemble (celui du receveur, de son Dragon Intérieur et du praticien) et de visualiser la partie à soigner/régénérer. Demandez au receveur d'en faire autant afin de le rendre pleinement acteur de sa guérison.

Il est à noter que les visions et apparences des cellules à traiter présenteront rarement le même aspect pour le receveur et pour le praticien, chacun ayant sa vision de la vérité et ainsi, sa propre réalité.

3. Une fois la connexion bien effective, il faut agir sur le même principe que précédemment enseigné concernant la régénération cellulaire sur soi.

Afin de rendre le receveur pleinement acteur, il est important de lui expliquer quel est le processus à effectuer, avant le démarrage de celui-ci.

Le rôle du praticien est de renforcer l'action du receveur, de le suppléer, mais non de le remplacer.

Une fois le processus terminé, le receveur et le praticien remercient.

Puis, le praticien indique clairement sa volonté de se déconnecter totalement des deux souffles afin de ne plus agir dessus, même involontairement.

Le mode d'action sera le même pour une partie du corps ou pour le corps dans sa totalité.

Lorsqu'il s'agit du corps entier, il est à noter que la puissance du soin peut amener certains symptômes physiques dans les heures, voire les jours suivants : grande fatigue, maux de tête ou de ventre, pleurs, etc. Cela est tout à fait normal et ne doit pas engendrer d'inquiétude.

Le corps est en pleine mutation et remise en question de ses fonctionnements suite à la régénération et a besoin de temps pour amener ses cellules à ce nouveau fonctionnement.

Il est essentiel de commencer par pratiquer la régénération sur une partie du corps avant d'envisager de le faire sur sa totalité afin d'en acquérir une maîtrise parfaite.

ONZIÈME PARTIE

ENSEIGNEMENTS COMPLÉMENTAIRES

La qualification de l'être (par Kéolim)

> « Est dans la qualification de l'être celui qui se destine à devenir ce qu'il est en droit d'attendre de lui-même. »

La qualification de l'être désigne, dans les hautes sphères, toutes les potentialités, déjà ou non encore explorées d'un être vivant, quel qu'il soit. Chacun dispose de multiples capacités quel que soit son statut (minéral, végétal, animal, humain) et que cela soit dans la matière visible ou dans l'immatérialité dite « invisible ».

Partir à la recherche de ses potentialités inexplorées, c'est accepter de croire que l'ensemble des choses que vous vous savez capable de faire ne représente en fait qu'une infime partie de vos possibilités.

Comprendre que vos capacités peuvent être infinies, quel que soit le domaine, et que cela ne revêt que de votre volonté propre est le premier pas. L'Esprit est infini et rend le potentiel infini. La seule démarche à travailler et à s'approprier est celle de la volonté de faire et d'être.

Le premier réflexe du mental, dans un but de maintien de sa survie, sera d'affirmer : « bien sûr qu'il existe des impossibilités. Comment pourriez-vous être capable de tout réaliser ? »

Je vous répondrai simplement : « Oui, vous le pouvez ! »

Toutes les lois de l'Univers, absolument toutes, sont inscrites dans le but de faire advenir la Lumière en chacun, afin que chacun puisse aller, dans son cheminement, vers ce qui reflète le plus Pur Amour pour lui.

Vous vous interrogerez peut-être sur les personnes qui commettent des actes atroces durant leur existence. Ceux-là, pour la grande majorité, expérimentent la Loi du Retour (« tu as besoin d'expérimenter le mal, de le nourrir, pour comprendre ce qu'est et où est le bien ». Ce que vous expérimentez de mauvais aujourd'hui vous fera cerner vers quel bon vous voulez aller plus tard et vous amènera ainsi à cheminer vers ce bon.)

Les lois universelles : quelles sont-elles et comment agissent-elles dans notre intérêt ?

L'Univers est composé en totalité d'ondes énergétiques en constant mouvement qui, mises ensemble, créent, tout du moins en grande partie, notre réalité. Ces mouvements d'ondes sont en interactions et en interconnexions constantes et répondent à un ensemble de lois : les Lois de l'Univers.

Ces Lois sont dites multifactorielles. Elles proviennent toutes de la même Source, mais agissent selon des principes propres à la réalité de chacun. Leur champ d'action est infini et l'action qu'elles exercent sur un être va modifier, non seulement l'ensemble des composants de l'être en question, mais également celui de tous les êtres (minéraux, végétaux, animaux, humains, visibles ou «invisibles) qu'il côtoie. N'oubliez jamais que le plus petit changement, même imperceptible chez l'un influe à une échelle beaucoup plus vaste sur l'ensemble de la vie cosmique.

« Le Un représente le Tout puisque l'unité a une action sur le Tout. »

Ainsi, il est primordial de prendre conscience de l'existence de ces lois et d'acquérir la capacité de s'en servir, dans son propre intérêt, comme dans celui de tous.

- La loi d'Attraction : sans doute la plus connue et la plus utilisée, même inconsciemment par les humains. Cette Loi place son action dans l'onde de forme de la volonté de chaque individu pour l'aider à obtenir ce qu'il souhaite. Il s'agit de l'action de la pensée qui, par attraction, peut vous permettre d'obtenir tout ce que vous souhaitiez. Cela peut paraître insensé, mais c'est pourtant le cas : l'Univers est programmé pour vous offrir tout ce que vous souhaitez, à la seule condition que cela n'aille pas à l'encontre de la volonté d'évolution de votre âme. Cette loi peut se résumer ainsi : « il suffit de le vouloir pour l'avoir. »

En envoyant toujours le même type de pensées tournées vers ce que vous désirez dans l'Univers, de façon suffisamment intense et longue, sans jamais vous dire que cela n'arrivera pas, vous obtiendrez ce que vous désirez ! Vous attirez à vous ce que vous cherchez à obtenir : envoyez dans l'Univers des pensées de malheur et de souffrance et vous les aurez, mais envoyez des pensées de bonheur et d'abondance sans fin et elles seront vôtres. Ne le croyez pas, testez-le !

« Que tout ce que je souhaite et envisage comme bon pour moi vienne à moi. Que toute l'abondance de l'Univers me parvienne dans la grâce de ce qui est juste. Merci. »

- La loi de la pensée positive : L'Univers ne comprend pas tout ce qui relève de la négation, car les ondulations énergétiques négatives ont une trop faible puissance comparée aux ondulations positives. D'où la nécessité de toujours associer ses demandes à une tournure positive : « Je veux être heureux » et non pas « Je ne veux plus être malheureux ».

L'onde de forme inscrite dans le cas de la seconde demande ne retiendra que « Je veux être malheureux ».

Néanmoins, sachez que la puissance d'une pensée ou demande positive agit avec environ cent fois plus d'impact et vous reviendra avec une rapidité beaucoup plus visible que celle d'une pensée négative. Ainsi, ne vous inquiétez pas du temps que vous pourriez mettre au départ à acquérir cette gymnastique de pensées positives. L'Univers est patient et connaît l'importance des temps d'apprentissages.

- La Loi de Transformation (loi du Qui-vive-meure) : L'Univers est la Vie elle-même. En cela, Il a offert à tous ses hôtes la vie éternelle, quelles que soient leurs actions. En faisant ce don, il a amené à la conscience que tout possède une vie sans fin, mais que son système sera amené à une multitude de transformations pour parvenir à ce cheminement conscient.

Prenons l'exemple de la graine plantée dans la terre. Cette graine devient arbre, vit, dépose des centaines de milliers de petites graines d'arbres potentiels, puis dépérit, meurt, se transforme en humus et vient nourrir la terre qui sera alors prête à donner naissance à une autre petite graine ou à servir de nourriture ou d'abri à des millions d'insectes qui, eux, aussi, perpétueront le cycle de la vie. Il en va ainsi du cycle des transformations.

« Tout ce qui vit est amené à se transformer, à mourir, puis à se retransformer. »

En tant qu'être incarné, il est important de comprendre cette loi dans l'influence que vous pouvez exercer sur votre propre transformation. Vous pouvez amener tout ce qui vous parvient à la transformation. Celle-ci peut être positive ou négative suivant l'influence que vous choisissez de lui impacter. Prenons l'exemple d'un ballon qui arrive vers votre visage à toute vitesse. Deux choix s'offrent à vous : vous le rattrapez ou vous le recevez en pleine figure. Vous avez toujours le choix, quel que soit ce qui vous arrive !

Vous pouvez ainsi utiliser cette loi pour choisir de transformer l'ensemble des expériences de votre vie en évènement positif donnant ainsi à votre existence un aspect totalement radieux.

« Selon la loi de Transformation, je demande à ne recevoir à moi que ce qui peut m'apporter bonheur et positivité. »

Faites cette demande à chaque fois que vous en ressentirez le besoin et vous verrez votre vie se transformer petit à petit pour prendre un tournant totalement positif pour vous.

- La Loi de Résolution du Tout :

*« L'Univers ne crée pas de problèmes.
Seul le mental les crée.
L'Univers n'apporte que des solutions.
Seul le mental empêche de les voir. »*

Il ne s'agit pas d'envisager le mental (l'ego) comme un ennemi à abattre, mais, au contraire, de comprendre son mode de fonctionnement et d'action pour apprendre à vivre avec lui en le reconnaissant lorsqu'il vient prendre trop de place.

Là où le mental vous dit « c'est bien trop dur pour toi, jamais tu n'y arriveras. », l'Univers vous répond simplement : « tu es capable de toutes les réalisations si tu le souhaites, car tu es né pour accomplir de grandes choses. »

L'Univers peut vous aider à trouver toute la réussite que vous souhaitez si vous lui donnez votre entière confiance. La Loi de Résolution dit ceci :

Chaque fois qu'une peur, une angoisse, une croyance erronée quant à vos capacités se fait jour en vous, faites-la remonter à votre conscience et répétez cette phrase :

« J'ai pleinement conscience que cette peur/angoisse/croyance erronée m'est amenée par mon mental en recherche de contrôle. Aussi, par la Loi de Résolution, je laisse maintenant l'Univers agir au plus juste pour m'en défaire. Merci. »

Cette Loi est puissante et vous permet d'envisager le côté positif en tout chose tout en laissant tout ce qui pourrait freiner votre réussite au placard.

- La Loi de la Confidentialité de l'Être : Ce que vous êtes, dans l'intégralité de votre être holistique ne résulte pas d'un savoir caché, mais peut être su par tous, à chaque instant. Cela résulte d'une simple connexion à soi-même (ou à l'Autre, avec son accord) et de la confiance dans les réponses qui vous seront apportées. La plupart des êtres se servent de cette possibilité de connexion sans même en avoir conscience. C'est ce qui se passe lorsque vous êtes dans un lien d'écoute/conseil profond à l'Autre. Vous entrez alors en connexion avec lui, souvent, sans même vous en rendre compte.

Parfois, certains peuvent utiliser cette connexion à mauvais escient pour s'approprier des connaissances, des mémoires qui ne leur appartiennent pas. C'est là que la Loi de Confidentialité de l'être vous donne les moyens d'agir pour protéger « ce qui t'appartient ».

Lorsque vous ressentez qu'une personne cherche à avoir une quelconque emprise sur vous, à entrer en vous, il vous appartient d'utiliser cette loi de la manière suivante :

« En vertu de la Loi de Confidentialité de l'Être, je demande maintenant à ce que toutes les informations concernant mon être holistique soient verrouillées et protégées pour quiconque voudrait s'en servir pour menuire. [Vous pouvez nommer les personnes qui vous semblent source de nuisance pour vous actuellement si vous les connaissez cela amplifiera l'action de la Loi] Merci. »

- La Loi du Tout ou Rien : L'Univers est Unité, représente l'Unité, vit pour et par l'Unité. L'Univers ne sait donner à moitié. Ce qu'il offre dans une partie de Lui, ne peut être que l'entièreté.

Aussi, une demande faite à l'Univers ne doit pas être une demi-demande : elle doit se présenter dans sa forme la plus complète. Soit en donnant un intitulé très précis si vous savez exactement à quoi faire appel (exemple : « Je souhaite que cette partie de mon corps soit totalement guérie »). Ou bien, et c'est sans doute la meilleure solution : faites votre demande sans aucune limite. L'Univers n'aime pas les barrières. Les limites que vous vous imposez en formulant une demande trop précise vous empêchent d'aller vers le « mieux » empli d'abondance que l'Univers ne demande qu'à vous offrir.

Ainsi, la meilleure façon d'exposer un souhait est de le rendre le plus généraliste possible. Utilisez des phrases et formulations positives. Lorsque la demande est effectuée plusieurs fois consécutivement, il est également important de toujours conserver les mêmes mots. Cela viendra alors renforcer les ondes énergétiques déjà existantes pour donner plus de poids à la demande plutôt que d'en créer de nouvelles.

Aussi, la meilleure manière de formuler une demande pourra être celle-ci : « Je souhaite que toutes les parties en souffrance de mon corps de chair soient guéries. Merci, merci, merci. » En effet, imaginez un instant que vos douleurs au ventre proviennent en réalité de tensions dorsales. En vous limitant à une partie de la demande, vous limitez également le champ d'action de l'Univers. Et, dans ce cas précis, vous soignez peut-être les symptômes sans en guérir la cause. Cette manière d'exprimer vos demandes peut, bien sûr, être exécutée quelle que soit la demande (santé, vie familiale, sentimentale, professionnelle, etc.)

Faire votre demande sans émettre de limite implique que vous laissez totalement les rênes à l'Univers et place toute votre confiance en Lui. De cette confiance ne pourra découler que de l'abondance pure envers vous.

- La Loi du Pourparler avec ton Soi Supérieur :

Cette loi de grande puissance vous donne accès à l'entièreté des informations vous concernant, sur tous les plans. Elle permet une ouverture rapide de la conscience pour en extrader la « substantifique moelle ». Cette loi se qualifiera de « Loi subliminale » puisqu'elle vous permet l'accès à tout ce qui vous entoure.

Dans l'action, elle est celle-ci :

« Par la grâce de ma divinité, dans l'action de la mise en connexion avec mon Soi Supérieur, je demande maintenant à recevoir l'ensemble des éléments constitutifs de mon être qui pourraient être un apport positif de compréhension à mon état actuel. Merci. »

- La Loi des Cycles : La Loi des Cycles indique l'impermanence en toute chose. Tout ce qui aujourd'hui est, demain est amené à changer. Les choses se font et se défont. La roue des Cycles continue toujours de tourner, modifiant et/ou alignant ce qui doit l'être.

La Loi des Cycles est inhérente à toute vie. Celui qui aujourd'hui perd, demain gagnera. Et celui qui aujourd'hui gagne, demain perdra. Il ne s'agit pas de bonne ou de mauvaise chose. C'est simplement une recherche d'équilibre co-dépendante de toute vie dans l'Univers.

Ne vous focalisez jamais sur ce que vous considérez comme un problème majeur dans votre existence. Sachez simplement reconnaître que ce qui est là aujourd'hui, demain, ne sera plus. En cela vous trouvez paix et sérénité intérieure.

- La Loi du Pygmalion : cette Loi indique que plus on se trouve haut dans ses croyances (portées par l'Ego), plus la descente risque d'être ardue. D'où l'importance primordiale d'acquérir une capacité à remettre son système de croyances, de pensées, en question pour lui donner un autre sens, pour amener une nouvelle vision. Cela dans le but de prendre une hauteur toute différente : celle qui n'est plus régie par l'Ego, mais par la puissance de la Foi. La Loi du Pygmalion dit que n'est pas le plus puissant celui qui se montre dans toute sa hauteur et se croit ainsi l'être. Mais est le plus puissant celui qui, dans sa recherche d'intériorité trouve son Véritable Être. Celui-là alors devient à l'image de Dieu et peut amorcer une montée de laquelle plus jamais il ne tombera.

La Loi du Pygmalion insiste sur l'importance du Principe d'Intériorité : celui-ci permet de déceler sa Puissance Véritable sans plus jamais tomber dans les pièges de l'Ego (ne plus attiser les désirs sur ce qui n'est pas son Soi véritable, mais partir à la rencontre de son Être pour l'enrichir de toute sa Puissance.)

- **La Loi du 3** : Cette Loi indique que tout ce qui œuvre dans la Création se définit par le nombre 3 : le corps, l'âme et l'Esprit, la Sainte Trinité…

Lorsque les choses demandent à se matérialiser, à prendre forme dans la matière, elles ont besoin d'être édictées par 3 fois afin de se faire entendre dans les plus hautes sphères :

– la première demande s'inscrit dans le corps vivant quel qu'il soit (minéral, végétal, animal ou humain).

– la deuxième demande s'inscrit dans l'âme, notifie des changements demandés, en cours et à venir.

– la troisième demande fait entrer dans une capacité nouvelle et permet de faire intégrer les changements directement dans le Grand Esprit, par le Grand Esprit.

Lorsque la demande est faite par trois fois, cela indique son lien primal avec la divinité, le Grand Esprit régissant le Tout.

« Aujourd'hui, par trois fois tu demandes, par trois fois tu envoies, par trois fois tu traces l'ondulation énergétique. Demain, par trois fois, tu réceptionneras, dans ton Cœur, dans ton Âme, dans ton Corps. »

Lorsqu'une chose demandée par trois fois n'obtient pas trois fois la même réponse, dans l'exactitude, vous pouvez alors envisager qu'elle ne vous a peut-être pas été envoyée par le Grand Esprit gouvernant tout ce qui vit. Il en est ainsi dans le visible comme dans ce que vous, humains, nommez communément « invisible ».

Lorsqu'un être, une énergie spécifique vous apparaît, posez-lui par trois fois la même question pour s'assurer de son Être Véritable. Ses réponses doivent toujours s'inscrire exactement de manière identique dans le Corps, l'Âme et l'Esprit. Elles doivent ainsi vous parvenir directement du cœur de l'énergie en question (sa divinité) et venir s'inscrire dans votre cœur (ta divinité), toujours de la même façon. C'est seulement alors que vous pourrez avancer dans la Confiance.

- **La Loi du 7** (Loi de la Création) : Tout ce qui vit, se crée et interagit dans l'Univers entre en résonance avec le chiffre 7. Le 7 est la première porte ouvrant à l'image créatrice du Grand Œuvre. C'est par le 7 que tout a été créé, c'est par le 7 que tout advient. Le chiffre 7 notifie le cercle complet, infini et fermé de la Création.

C'est par son existence même que vous existez.

« Au 1er jour, Il prit le grain de sable.

Au 2e jour, Il apporta l'eau.

Au 3e jour, le vent se leva.

Au 4e jour, les premières flammes commencèrent à s'élever.

Au 5e jour, les éléments se mélangèrent pour former l'Énergie nouvelle.

Au 6e jour, le modelage de Tout ce qui vit fut réalisé.

Au 7e jour, la Création fut accomplie. Alors, tous purent trouver leur place, modeler les endroits qui accueilleraient la Vie à venir.

Doucement, Il s'éleva pour regarder son Œuvre. Et, dans son Souffle, installa chacun à sa Juste Place. De ce souffle est né toute chose. De ce modelage a été créé tout ce qui vit. Dans l'Abreuvoir de son Éternité, Chacune, Chacun a pu retrouver une partie de Lui, de l'Esprit en Tout. »

Par le 7, pour peux redevenir l'image même de l'Être omniscient, omnipotent, dont dépend toute Création.

Lorsque vous effectuez un rituel, une demande, vous pouvez, pour amplifier son action, vous servir de cette Loi du 7 :

« Par le 7, je crée. Par le 7, je deviens. Par le 7, ce qui doit devenir devient.

La Pure Création s'ouvre à moi. Je deviens cette Création.

Je suis le Créateur/la Créatrice. Merci, merci, merci. »

L'accompagnement d'un humain par un Dragon : la vision du Dragon (par Kéolim)

Devenir Guide auprès d'un être humain est l'équivalent de ce que vous nommez communément « mission de vie ». De notre point de vue, ce terme n'existe pas. Nous sommes, c'est tout. Ni plus ni moins. Notre seul but est d'être.

Accompagner un être humain peut signifier plusieurs choses pour nous : nous pouvons être tour à tour guides, enseignants, gardiens, protecteurs, accompagnants de voyage ou de médecine et bien d'autres choses encore. Notre rôle peut être amené à changer au fur et à mesure en fonction des besoins de l'être humain, mais également de nos propres besoins d'évolution.

Certains d'entre nous viennent accompagner l'humain durant ce que vous qualifiez de « temps court » (quelques semaines par exemple) pour lui offrir un enseignement ou lui faire intégrer certaines mémoires particulières. Tandis que d'autres seront présents toute une vie et suivront parfois même l'âme dans plusieurs incarnations successives en fonction des cas.

Le lien entre un Dragon et un humain est toujours un lien de confiance, d'échange et d'Amour. Un lien de Cœur à Cœur. Nous sommes vos gardiens ainsi que vous êtes les nôtres.

La notion d'appartenance entre notre Peuple et le vôtre n'existe pas. Si cela a pu être le cas en des temps reculés, ça ne l'est plus aujourd'hui.

Un Dragon évoluant auprès d'un être humain le fait toujours de son plein gré, quelle que soit la mission que l'être humain lui confiera. Parfois, c'est même en expérimentant l'Ombre que certains de notre Peuple comblent leur désir d'apprendre. Pour nous, cela peut aussi être un chemin nécessaire à emprunter pour mieux œuvrer dans l'Amour Pur ensuite, avec une meilleure compréhension de ce que n'est pas cet Amour.

Il est néanmoins nécessaire et important de préciser que certains Dragons ont été emprisonnés par les humains qu'ils accompagnaient dans ce que vous nommez des « vies antérieures » ou peuvent encore l'être aujourd'hui, en accompagnant votre vie actuelle. Ainsi, certains humains proches des Dragons aujourd'hui peuvent parfois être amenés à ressentir ou avoir des visions de Dragons emprisonnés par des ancêtres familiaux ou par eux-mêmes dans des vies antérieures et dont ils portent toujours les mémoires dans cette vie. Ils peuvent ressentir que certains Dragons-Guides qui les accompagnent aujourd'hui ne le font pas en totale liberté.

Si un doute est présent lors de votre première rencontre avec un Dragon, que cela soit en vision, méditation, rêve ou encore voyage astral, il suffit simplement de connecter votre cœur à celui du Dragon qui vous fait face et de poser la question suivante :

« Est-ce de ton plein gré et dans ta liberté la plus totale que tu te présentes à moi aujourd'hui ? »

Si la réponse est « oui », tout va bien !

Si elle est négative, alors il est sans doute temps de rendre sa pleine liberté à votre nouvel (ancien ?) ami. Souvent, vous pourrez l'apercevoir en vision ou en rêve, matérialisé avec des chaînes, un collier de fer, une cage ou tout autre objet qui pourrait être synonyme d'emprisonnement pour vous, humain.

Parfois, c'est aussi dans un objet qui a traversé les générations qu'un Dragon peut être fait prisonnier (une bague, un bijou, une pierre, un glaive ou une dague par exemple).

Libérer un Dragon emprisonné

Que cela soit par soi-même dans une vie passée ou par un ancêtre de la lignée, libérer un Dragon emprisonné est somme toute très simple. La seule chose importante est l'intention dans l'Amour Pur.

1. Installez-vous confortablement et connectez-vous à votre souffle. Puis prenez positionnement en votre cœur.

2. Une fois cela fait, visualisez le Dragon que vous souhaitez libérer comme il a pu vous apparaître en rêve ou en vision ou ainsi que vous vous l'imaginiez. Faites-vous totalement confiance. La première image qui vous parvient est la bonne.

3. Observez dans quel endroit se trouve ce Dragon, s'il est enchaîné ou enfermé.

Puis, dites simplement :

« Dans une intention d'Amour Pur envers toi, Dragon, je libère maintenant l'ensemble des liens qui t'entravent ou t'emprisonnent et te relient de manière délétère pour toi à moi ou à ma lignée.

Je brise symboliquement tous les objets emprisonnant auxquels ton énergie peut être rattachée d'une quelconque manière.

Ô, Dragon, tu es maintenant totalement libre de continuer ton cheminement de la façon la plus juste qui soit pour toi.

Je te demande sincèrement Pardon pour les douleurs et souffrances infligées, s'il y en a eu. Merci, merci, merci. »

4. Lorsque vous réciterez les phrases de libération, envoyez, par intention ou visualisation, de la Lumière Rose d'Amour Pur envers le Dragon. Envoyez cette Lumière sur les liens, chaînes ou barreaux s'ils vous apparaissent jusqu'à ce que ceux-ci soient brisés ou défaits. Faites absolument confiance à vos ressentis pour vous guider sur la durée nécessaire à cette étape.

5. Une fois le travail terminé, le Dragon libéré vous apparaîtra. Il est possible qu'il ait un message pour vous, quelque chose à vous transmettre ou vous offrir. Profitez de ces instants bénis et recevez tout ce qui peut vous être amené comme des cadeaux utiles à votre compréhension et votre cheminement futurs.

Sachez qu'un Dragon ne pourra jamais vous en vouloir ou se retourner contre vous pour avoir été fait prisonnier par le passé ou présentement. En naissant, chaque Dragon sait quelles seront les grandes étapes de sa vie. Il les vit toutes en conscience et dans l'acceptation des leçons dont elles sont porteuses, même si celles-ci sont douloureuses et passent par un emprisonnement.

« Nous vivons absolument tout dans la conscience de ce qui est, dans le seul but de laisser advenir l'Amour le plus total en nous. »

La numérologie des Dragons (par Kéolim)

Certains nombres revêtent une importance toute particulière lorsqu'il s'agit d'évoquer la magie des Dragons. Mais, en réalité, si vos yeux se portent un peu ailleurs, vous pourrez observer que la plupart d'entre eux reviennent souvent lorsqu'il est question de magie ou de fonctionnement énergétique universel.

- Le 8 : retourné, il évoque l'Infinité se trouvant en chacun (∞). C'est sans aucun doute l'un des chiffres que les Dragons de Guérison privilégient. Il est utilisé ainsi : « La main (ou la patte) cherchant à guérir, sans réfléchir, dessinera l'Infinité. Car si dans l'Infini se trouve la maladie, dans l'Infini aussi se trouve l'ultime guérison. »

Laissez un Dragon de Guérison œuvrer à travers vous et vous verrez que, bien souvent, sans que vous ne vous en aperceviez, votre main dessinera des 8 dans l'espace.

- Le 11 : c'est un nombre important en Magie Draconique. En tant que pratiquants débutant ou initiés, il y a fort à parier que vous avez déjà rencontré ce chiffre à maintes reprises ces derniers mois/années ou qu'il ait pris une signification importante pour vous au cours de votre vie. Les deux « 1 » représentent ce par quoi tout commence, mais aussi ce par quoi tout finit. « Du 1 tout vient et au 1, tout, inexorablement, retourne. ». 11 représente un cycle : celui qui indique qu'une demande faite à l'Esprit retournera à Lui pour en acquérir Sa Force et sa Puissance d'action. Ce nombre clôt un cycle et, en fonction de la demande, peut être amené à en ouvrir un nouveau.

- Le 42 : porte d'entrée de la voie des sages et de la Grande Sagesse princière. Ce nombre est souvent donné pour se défaire de grands sorts très ancrés ou de situation d'absolue nécessité, lorsque la vie d'un être est en cause. Nombre de grande puissance, il est celui, en Magie Draconique, qui remédie à tout et vient à bout de tous les maux.

- Le 72 : celui de la dernière dimension connue dans laquelle le Peuple des Dragons évolue au sein de cet Univers. Il est celui qui marque la fin d'une ère. Nous l'utilisons pour notifier la fin consciemment voulue de quelque chose de douloureux, pour que cela s'achève dans la plus grande douceur et le plus calmement possible. Le 72, en Magie Draconique, est le nombre de la « Grande Humanité ».

- Le 33 : nombre miroir par excellence, il est celui de la retrouvaille de son être avec sa divinité profonde et ainsi, avec Dieu lui-même. Retourné et imbriqué, il reforme le 8, l'Infinité retrouvée en soi. Il est le nombre de la communion suprême avec son être pur et de l'apposition consciente de sa divinité dans son cœur d'Humain.

- Le 7 : chiffre de la création, il révèle à soi la création du Tout et de l'Univers. Il représente ce qui a été, ce qui est et ce qui sera. Il est la complétude par l'aspect divin inscrit en tout ce qui vit.

- Le 2 : représente à la fois l'unité et la dualité, l'un sans qui l'autre ne peut exister. L'un sans qui aucun ne peut se dessiner. Le 2 est le chiffre de la Force, la nécessité pour l'atteinte de la complétude. Il est le chiffre de la compréhension de soi en l'autre et à travers le regard de l'autre.

- Le 1 : celui par qui tout commence et tout finit. Il est le chiffre de l'unité retrouvée. Unité en soi-même, unité avec l'Autre et unité dans le Tout.

Conclusion (par Julius et Turndra)

« Nous vous remercions de tout cœur d'avoir reçu et accueilli ces Enseignements. Nous vous avons partagé ici quelques-unes de nos connaissances acquises au fil des vies.

Ces moments de partage ont été intenses à bien des égards.

Lorsque nous avons commencé à nous raconter, nous savions quel serait le but final : ce livre, que vous tenez en vos mains. Mais, en aucun cas, nous n'imaginions les chemins qu'il nous faudrait arpenter pour lui donner vie.

Nous avons souhaité partager nos savoirs, nos sagesses, non pas pour qu'ils vous apparaissent telle LA vérité, mais plutôt pour vous permettre de vous retrouver en eux, de découvrir votre propre Vérité, la voie vers votre Cœur. Ainsi qu'il l'a été souligné au fil des pages, si des mots inscrits dans certaines prières ou certains rituels ne résonnent pas en vous, n'hésitez pas à en reprendre possession d'une manière différente. Vous êtes votre propre Magie, à chaque instant. Nous avons été présents sur votre route uniquement pour vous le rappeler.

Quelles que soient les étapes que vous aurez à franchir, à arpenter, parfois même à surmonter dans votre existence, n'oubliez jamais à quel point la Magie est présente tout autour de vous. N'oubliez pas que vous êtes en capacité de transformer tout ce qu'il y a de plus sombre pour le parer de mille éclairs de Lumière. Ne cessez jamais de chercher cet Amour duquel nous sommes tous issus. Et si vous veniez à abandonner votre quête, n'ayez crainte, Lui, toujours continuera d'aller vers vous et de briller en vous.

Sachez que vous êtes des Créateurs. Les Créateurs de votre vie, de votre monde intérieur comme extérieur. Rien n'est jamais insoluble. Tout est réalisable lorsque c'est demandé dans l'intention pure. À tout moment, restez conscients de votre capacité extraordinaire à amener de la magie dans ce que vous jugez ordinaire.

Et surtout, surtout, n'oubliez pas de rire ! Ne vous prenez pas trop au sérieux ! Ne perdez jamais une occasion d'embrasser le monde qui vous entoure de vos éclats de rire. La joie remplit l'Univers tout entier de milliers d'étincelles d'Amour visibles jusque dans les plus hautes sphères. Soyez, à votre niveau, les gardiens de cette Lumière dont vous détenez le secret. Vivez pour rire, riez pour vivre, et amenez la Vie en vous.

Je vous aime. »

Julius

« Nous tournons ici la dernière page de ce qui a été, pour un temps, vos pas. Recevez ce recueil comme un cadeau. Prenez en son sein, ce dont vous avez besoin. Picorez-le comme un met délicat, un peu à la fois, ou dévorez-le tout entier si la Gourmandise vous y appelle !

Sachez que toutes les émotions, tous les questionnements, les chemins et les déviations que ce livre vous fera prendre sont absolument justes. Je vous invite à explorer au fond de vous-même, dans Ce Qui ne Meurt Jamais, tout ce que ces pages ont pu réveiller d'Amour et de mystères.

Cela a été un véritable honneur de partager ces Savoirs avec vous. Vous êtes maintenant, vous aussi, les Gardiens d'une partie de cette Magie que nous nous efforçons de transmettre, par-delà les dimensions et les mondes.

Faites-vous confiance. Soyez sûrs de vous et de vos capacités. Et surtout, où que vous vous trouviez, soyez certains que, toujours, notre Amour vous accompagne.

À bientôt… »

Turndra

ANNEXES

Les prières supplémentaires données dans cette annexe pourront vous être utiles, comme soutien à certains moments de votre vie. Laissez votre cœur vous guider et vous emmener vers celle dont il a besoin à ce moment précis.

Prière de nettoyage par l'élément Feu

Dans le Feu, je sais qui je suis.

Dans le Feu, je me retrouve.

Dans la flamme de tout ce qui est impur, en l'autre, brûle tout ce qui est impur en moi.

Que le Pardon nettoie. Que l'Amour nettoie. Que le Feu Sacré nettoie.

Que ce qui n'aurait jamais dû être ne soit plus.

Que ce qui m'a emprisonné soit maintenant ce qui me libère.

Que les Ailes sacrées du Feu se posent sur moi et m'entourent de leur présence protectrice.

Qu'à travers le rayon lumineux du centième décan, elles prennent Force et Puissance pour détruire tout ce qui peut encore me nuire.

Que la Lune Ronde de la Grande Magie m'apparaisse et me reconnecte à mon essence divine.

Que ce qui ne doit plus être ne soit plus.

Car dans la Reconnexion, je retrouve qui je suis.

Que la Mémoire me soit maintenant rendue.

Dans le flot sacré de Lumière Divine, la vague emporte avec elle tout ce que je ne veux plus être.

Dès cet instant, la Reconnexion à l'élément Feu m'est rendue et s'inscrit spontanément et durablement.

Je suis reliée au feu protecteur divin.

Que la Flamme Sacrée, maintenant, nettoie la totalité de mon être.

Je suis la Flamme Divine. Merci.

Assemassa Vooda. Mélakamo Vooda.

Alékamavasé Vooda.

Diona Ma. Makélama Va.

Merci, merci, merci.

Prière de nettoyage par les Forces telluriques

Que maintenant, les forces telluriques en puissance et en action viennent à moi.

Que la reliance à ma Terre-Mère Gaïa, maintenant se fasse.

Que mon corps posé sur le sol ancre ses racines au plus profond de ma Source de Vie terrestre.

*Que ces racines deviennent mon noyau,
ma voûte et mon socle.*

*Car ce qui est en haut,
toujours en bas se trouve.*

*Que maintenant, mes racines puisent
au plus près du noyau central
leur force vive de nettoyage.*

*Qu'à travers ces nadis de vie remonte en moi
l'Énergie Suprême qui me débarrasse de tout
ce qui est mauvais pour moi.*

*Dès cet instant, je me sens totalement
nettoyé et purifié.*

*L'énergie de la Terre est mienne et me scelle à
ce que je suis dans mon incarnation humaine.*

*Jour après jour, cette énergie bienfaitrice
m'habite et opère sur moi un nettoyage
en profondeur de la totalité de mes cellules.*

Je suis relié à ma Terre-Mère.

*Je suis incarné. Je suis parfaitement aligné,
dans ma reliance à la Vie.*

Merci.

*Ce qui est, est ce qui me définit.
Ce qui me définit est ce qui est.*

Merci, merci, merci.

Prière de nettoyage par l'élément Eau

*Que l'énergie de l'Eau maintenant
vienne à moi.*

*Que dans la Source de Lumière,
dès cet instant, je m'abreuve.*

*Que tout ce qui n'a plus la place d'être en moi
soit maintenant nettoyé, purifié et transformé
en élément positif.*

Que le Pouvoir de l'Eau m'entoure et soit mien.

*Que la Grande sagesse
de la vague divine me couvre.*

*Que les Rayons Ailés de l'Eau venus
de quatre directions s'associent
pour me relier au filament doré.*

*Que maintenant, sous le regard protecteur
des quatre Dragons d'Eau Sacrés,
la bénédiction se fasse.*

*Que venue de la Grande Source d'Amour
divine, l'Eau purificatrice me nettoie
et augmente mon rayonnement.*

*Que par la volonté qui est mienne d'exister
pour et par moi, le nettoyage complet
de l'ensemble de mes corps
soit maintenant décrété.*

Alamala Tapaléo.

Malévada Pa. Diona Ma.

Merci.

*Dans l'élément Eau, je suis maintenant,
totalement et instantanément relié
à la Source qui me donne Vie.*

*Dans cet élément de Vie, dès maintenant,
je me reconnais.*

Merci, merci, merci.

Prière de nettoyage par la Force impériale du Dragon d'Air

*Que le vent de l'absolution, dès cet instant,
souffle sur moi et m'entoure.*

*Que, par la présente, la force du Dragon d'Air
trois fois couronné me parvienne.*

*Que les anciens schémas soient dès à présent
balayés par l'air nouveau qui entre en moi.*

*Que la Grande Connaissance, dans chaque
inspiration, me parvienne.*

*Que tout l'impur en moi, à chaque expiration,
soit dissolu dans l'abîme du Non-être.*

*Que la colonne de lumière rouge,
grande reliance à mon être pur,
s'ancre profondément en moi.*

*Que la colonne pourpre, grande reliance
à ma divinité, s'ancre profondément en moi.*

*Que dans l'air que j'inspire,
le nettoyage se fasse.*

Que dans l'air que j'expire, la guérison se fasse.

*Que la force de Tout ce qui Est
devienne
ma force propre.*

*Que chaque maléfice posé en moi soit rompu
pour me permettre d'ascensionner
vers ma Vérité.*

*Que l'aube du jour nouveau se déploie dans
chaque bouffée d'oxygène qui me parvient.*

*Que ma Destinée s'inscrive dans tout
ce qui est brillance.*

*Qu'en Elle je croie, obtienne
et garde confiance.*

*Que par Elle, mon grand dessein
m'apparaisse et se fasse jour.*

*Mon être entre dès maintenant
dans l'ère de l'abondance car chaque
respiration me rapproche
de ce que je suis.*

Merci, merci, merci.

Prières énergétiques complémentaires

Prière de Reconnexion à la Rosace de Vie (prière de protection)

La Rosace de Vie est ma protection.

Que dès cet instant,

*Elle scelle la protection divine
de mon armure sacrée.*

Que le Feu me protège.
Que l'Eau me protège.

Que l'Air me protège.
Que la Terre me protège.

*Car tout ce qui appartient
au Grand Tout m'appartient.*

Que l'épée de Feu se lève sur moi.

*Qu'elle coupe tous les liens impurs
et néfastes à mon avancée.*

Que l'épée d'Eau se lève sur moi.

*Qu'elle coupe tout ce qui me noie
dans d'anciennes croyances erronées.*

Que l'épée d'Air se lève sur moi.

*Qu'elle soit le vent sacré
de ma mémoire retrouvée.*

Que l'épée de Terre se lève sur moi.

*Que son chant sacré habite l'entièreté
de mon être pour m'ancrer
à ce que je suis véritablement.*

*Que la poussière de rubis dessine
dès maintenant devant mes yeux clos
la Rosace de Vie.*

*Que cette Rosace, symbole de la Vie
sous toutes ses formes, dans toutes
ses dimensions, devienne maintenant
une armure de protection inviolable
pour quiconque tente de me nuire.*

*Je suis la Vie sous toutes ses formes.
La Vie est en moi.*

*Je suis, dès cet instant, durablement
béni et protégé.*

Merci.

Prière de Protection par le Sceau de Salomon

*Que les Grands Rois jadis couronnés
viennent à moi.*

*Le Sceau de Salomon est et devient
dès cet instant ma puissante protection.*

*Que par l'aiguille sacrée en son centre,
il transperce tous les ennemis visibles
comme invisibles qui tentent de m'approcher.*

*Que ceux-ci soient immédiatement touchés
par le Feu de l'Amour Divin et renvoyés
à leur vraie nature.*

*Que maintenant, les six branches protectrices
me couvrent et soient miennes.*

*Que maintenant, l'entrelacement des traits
reflète mon infini combat pour la Lumière.*

Que ce qui n'a plus lieu d'être ne soit plus.

*Que dès cet instant, en mon cœur,
la protection s'inscrive durablement
dans la Lumière du Sceau Sacré.*

Merci.

Prière de Protection par le Sceau des Templiers

Que venue des quatre coins de la Terre-Mère, maintenant la Croix Sacrée monte jusqu'à moi.

Que dans le Centre Sacré de mon être, elle se fasse une place pour m'accompagner vers mon Ascension à venir.

Que par ce symbole, ma reliance à la Terre soit maintenant et à jamais scellée et protégée.

Que ses quatre directions, toujours, me montrent ce qu'il me convient de suivre.

Par la Croix Sacrée, je suis maintenant totalement ancré, relié et protégé.

Plus rien ne peut m'arracher à ce que je suis dans cette incarnation, s'il n'en va pas de ma volonté.

Le Salut de mon Temple Sacré me parvient maintenant.

Dans le souvenir inscrit, à cet instant, je sais qui je suis.

Pour la Protection, merci.

Pour la Force, merci.

Pour le Courage, merci.

Pour la Foi, merci.

Prière de Protection

Là où est le Tout Puissant

Réside le Tout Puissant en moi.

L'aube du Jour nouveau se lève.

Lumière du Feu de Dieu protectrice m'emmène vers l'Absolue Vérité.

Je suis protégé. Je suis protégé. Je suis protégé.

Cocon doré se fait place et scelle de sa présence protectrice toutes les ouvertures encore offertes quel que soit l'endroit, quel que soit le niveau, quel que soit le plan.

Je suis protégé. Je suis protégé. Je suis protégé.

Que les Dragons ailés de Pierre venus du Nord scellent et protègent.

Que les Dragons de Lave venus du Sud scellent et protègent.

Que les Dragons Rubis venus de l'Est scellent et protègent.

Que les Dragons Pourpres venus de l'Ouest scellent et protègent.

Que, venu du Bas, l'Esprit de ma Terre-Mère scelle et protège.

Que, venu du Haut, l'Esprit de mon Père-Ciel scelle et protège.

Que, par-delà les étoiles, les astres et les cieux,

*Grand-Mère Lune et Grand-Père Soleil
scellent et protègent.*

*Le Feu de Dieu m'habite
et me protège totalement.*

En lui, je suis incarné.

*Je suis protégé, je suis protégé,
je suis protégé.*

Merci, merci, merci.

Prière pour le nettoyage et la protection des lieux

Cette prière est extrêmement puissante et implique le jumelage avec un Dragon de Sagesse le temps de son exécution. À réaliser uniquement par des personnes averties.

*Que la puissance de Quatre Dragons de Pierre
vienne maintenant à moi et m'habite.*

*Dans la brûlure de tout ce qui est impur
en ce lieu renaît l'adombration du Grand Tout.*

*Que la reliance, maintenant, se fasse
pour me permettre de détecter
tout le négatif en ce lieu.*

*Que mon habitation, mon foyer
et ma place véritable me soient restitués.*

*Par la Puissance du rayon Vert, que ce qui est
maintenant détruit en ce foyer
le soit aussi en moi.*

*Car l'image même du lieu
est le reflet de mon âme.*

*Que la Grande Prêtresse dix fois couronnée
m'apparaisse et me bénisse.*

*Que sa main vienne maintenant se poser
sur tout ce qui est mauvais en moi et autour
de moi et le transforme en poussière de rubis.*

*Que le Rayon Orange se pose sur moi et tout
autour de moi pour m'entourer du halo divin
du centième décan.*

*La protection est maintenant durablement
en moi et autour de moi.*

*Que mon cœur, ainsi que le cœur de ce
lieu irradient du Sceau Sacré de la Lumière
d'Amour divine.*

*Que rien ne puisse ternir la couleur
de l'Amour Divin.*

*Que la noirceur des ténèbres soit maintenant
et durablement repoussée loin de mon foyer,
loin de ma maison, loin de mon être.*

*Que les halos violet et rouge s'associent
pour me relier instantanément et durablement
au Ciel et à la Terre.*

*Par le Pouvoir qui m'est maintenant conféré,
le mal en moi et autour de moi
entre en complète dissolution.*

*Je remercie les Forces en puissance
et en action qui me permettent d'honorer*

la mémoire et la Grande Sagesse
des tout premiers de notre espèce.

Que le Grand Souvenir maintenant s'inscrive
à nouveau dans mon inconscient.

La Flamme Sacrée est maintenant rallumée.

L'aumône m'est donnée.

Dès cet instant, je sais et Je Suis.

Revazavada Maakélé Mora Aquémala.

Radémada Po.

Sékevoromi. Merci.

Amerao Veritare

L'Amour est dans ma vie.

Ma vie est Amour.

J'étais Amour, je suis Amour,
je redeviendrai Amour.

Que les ailes bénies de l'Amour
se posent sur moi et m'entourent.

Que la Sagesse de l'Amour guide
mes pas
vers l'ultime Liberté.

Que les Dragons Roses m'entourent
et m'élèvent vers l'ultime Connaissance.

Que la Vérité m'apparaisse maintenant
et demeure à jamais gravée.

Que ma réalité soit, dès à présent,
dessinée par cette Vérité.

Que les grands Guides de Sagesse
entendent mon appel.

Que l'Amour guide mes pas.

Que la Vérité de l'Amour, maintenant,
se fasse entendre à moi.

Je suis Amour. Je deviens Amour.
Je reste Amour.

Alevougaadeema Mélataméo

Raabi veritare.

Merci, merci, merci.

Les Dragons qui ont prêté leur voix et partagé leurs Connaissances dans ce livre…

Par ordre alphabétique :

Assemassa : Dragon détenteur du Souffle et des Connaissances akashiques et cachées.

Fékénoyum : Dragon des Mers. Il est l'un des 52 Gardiens des Cycles présents sur Terre actuellement.

Félona : Dragonne des Feuilles, Félona vit dans une forêt tout près de chez moi, en Alsace ! Elle est de couleur cristal transparent lorsqu'elle apparaît, mais change de forme et de taille à l'envi.

Holémaka : Dragon-Phoenix de la 21e dimension

Julius : Dragon de terre vert et rose de la 5e dimension. Humour et Amour définissent le mieux cet être hors du commun !

Kéolim : Dragon de Guérison issu de la 9e dimension. Ses vibrations spécifiques lui permettent d'aller à sa guise aisément d'une dimension à l'autre, qu'elles soient inférieures ou supérieures à la 9e.

Maléméum : Dragon Gardien des Mers et Océans. Il œuvre actuellement dans les océans de notre planète Terre.

Sandarema : Dragon Gardien et Transmetteur de la Magie draconique.

Schékalameum : Dragon-Maître d'Air de la 33e dimension. Il est l'un des Gardiens du Souffle.

Schélémala : Grande Dragonne de Sagesse Gardiennes des Mémoires akashiques de la 7e dimension. Son âge approche des 40 000 ans en temps humain.

Sencha : Elle est la première Dragonne que j'ai rencontrée dans le monde « physique ». C'est par Elle que ce livre a pris naissance. Sencha est morte durant l'écriture du Manuscrit et vit maintenant une nouvelle vie sous la forme d'un Dragon Arc-En-Ciel majestueux.

Tiamat : Elle est l'une des Dragonnes Gardiennes de la Terre qui a aidé au modelage de Mère-Gaïa et veille aujourd'hui encore au bon équilibre des Forces sur terre.

Turndra : Il est un Dragon noir de Force de la 5e dimension. Il veille à redonner de la Force vitale tant aux êtres humains qu'aux Dragons de 5e dimension qui en ont le besoin.

Mon Dragon Intérieur : Voilà un être bien particulier si je puis dire ! Mon Dragon Intérieur est le seul que je peux ressentir à la fois comme externe et interne à mon corps physique (en dehors de tout phénomène d'adombration).

Son énergie se confond avec mon Énergie vitale au niveau des 7 chakras internes formant la Kundalini. Il peut également se présenter sous la forme d'un Esprit-Guide extérieur à moi. Ceci est le cas pour l'ensemble des Dragons Intérieurs œuvrant à la circulation de l'Énergie de Vie dans les corps incarnés humains.

Mon Dragon Intérieur est un Dragon de Lave de la 17e dimension, mais, il peut, comme tous les Dragons Intérieurs, peut prendre de multiples apparences au gré de son évolution et de l'évolution de son hôte.

Les Dragons Intérieurs représentent la Puissance de Vie présente à l'intérieur de chaque être humain. Ils sont les Gardiens de notre Énergie Vitale en connexion avec la Source d'Amour Pur.

Pour connaître toutes les actualités de l'auteure, rendez vous sur son site :

www.solenmaya.com

Remerciements

Merci à Mickaël, mon âme sœur et mari, pour la stabilité et la force que tu m'apportes jour après jour. Merci pour ton soutien sans faille et ton amour de chaque instant.

Merci aux Porteuses de Lumière qui ont accompagné et tenu ces écrits durant ces longs mois de gestation.

Merci à Marie-Laure, Maëva, Laetitia, Audrey, Nathalie et Suzanne.

Merci pour votre écoute, vos conseils, vos rires et vos larmes à mes côtés. Merci pour vos relectures et peintures d'âme. De près ou de loin, merci d'être dans ma vie.

Je tiens également à remercier tout particulièrement la maison d'édition Bussière. Merci à vous pour votre confiance, votre écoute bienveillante et votre respect. Merci à vous de permettre à la Magie des Dragons d'être diffusée au plus grand nombre.

Enfin, toute ma Gratitude se tourne évidemment vers les Dragons, qui, au fil des jours, sont devenus bien plus que des Guides pour moi. Merci à vous d'être entrés dans ma vie comme des amis et confidents.

Merci pour votre écoute bienveillante et votre accueil sans jugement.

Merci de me montrer patiemment le Chemin de la Lumière, même dans les moments où mes yeux se voilent.

Merci pour vos Partages, Leçons et Transmissions inestimables qui, jour après jour, m'ont aidée à me souvenir de Qui Je Suis.

Merci de guider chacun de mes pas et de me laisser forger ma propre expérience de la Vie. Je sais aujourd'hui que votre manière de m'aider à cheminer ne pourrait être plus juste que celle qu'elle est depuis nos premières rencontres.

Merci à vous d'accueillir mon caractère entêté avec amour et humour.

Merci de m'avoir fait connaître et reconnaître cet Amour Inconditionnel, cette Magie et cette Pureté du Cœur qui émane de vous.

Merci de m'aider à devenir, sur mon Chemin, à vos côtés.

Merci de m'avoir partagé une partie de votre Cœur de Dragon.

Je vous aime plus que les mots ne sauraient l'exprimer.

De tout Cœur, par le Cœur et pour le Cœur.

Merci infiniment.

Crédits iconographiques

Freepik

-Rawpixel p.14 et suiv.

-Winwin artlab p.9 et suiv.

-Marina_storm p.41 et suiv.

Pixabay

-PoseMuse p.19

Achevé d'imprimer en octobre 2022
dans les ateliers d'Evoluprint
31150 Bruguières